Kristina

FRANK

ICH BIN DA

Seltsame Düfte schweben heute Morgen, zwei Wochen vor Weihnachten, in der unruhigen Winterluft an der Küste. Das ominöse Meer liegt da wie blumenbekränzt, das weckt Erwartungen bei den Leichtgläubigen.

Es ist, was sonst, das Aroma umfänglicher Renovierungen und Sanierungen. Frisch geschnittenes Bauholz, sauberes weißes PVC, der Laugendunst von *Sakret*-Mörtel, beißende Dichtmasse, süßliche Teerpappe und denaturierter Alkohol. Der mehlige Muff von *Tyvek*-Vlies mischt sich mit dem leichten Schwefelhauch des Ozeans und dem auflandigen Gestank der Barnegat Bay. Totalkatastrophe hängt in der Luft. Für meine Nase – die mal ganz geübt in diesen Dingen war – riecht nichts so intensiv nach Desaster wie die ersten Rettungsversuche.

Zum ersten Mal fällt es mir an der Ampel der Hooper Avenue auf und dann wieder, als ich bei der *Hess*-Tankstelle meinen Sonata auftanke, kurz vor der Brücke zwischen Toms River und Sea-Cliff. Hier in den Benzinschwaden zaust mir eine Winterbrise durchs Haar, während meine Dollars wegklackern, als wär's ein einarmiger Bandit. Dezemberwolken ziehen sich zusammen. Die Brise bringt die silbernen Windrädchen bei *Große Neueröffnung: Bed Bath & Beyond* in der Ocean-County-Mall zum Wirbeln (»Mit dieser Bettwäsche stehst du nie wieder auf«). Der *Home-Depot*-Bau- und Technikmarkt – hoch aufragend wie der Kreml, aber ein rätselhafterweise immer noch freundlicher Kreml – hat auf der anderen Seite des hektargroßen Parkplatzes, der um zehn Uhr morgens ein Zehntel voll ist, seine Türen frühzeitig weit aufgesperrt. Kunden wanken heraus, balancieren Kisten mit neuem WC-Zubehör, neuen Motherboards, neuen Kabelbäumen, eingeschweißten Türangelbausätzen, Wabentüren, sogar eine komplette Eingangstreppe schwankt auf einem riesigen Einkaufswagen. Alles ist unterwegs zu irgendeinem Domizil, das nach dem Hurrikan noch steht, aber mit Schlagseite – sechs Wochen her, aber unvergessen. Der Schock ist noch deutlich zu spüren bei den Leuten hier, alle sind reizbar, verschreckt, ungerecht-behandelt-aber-fest-entschlossen. Das allgemeine Motto lautet »Wir kommen zurück«.

Hier draußen unter der *Hess*-Markise hat jemand für uns Kunden lautstark einen Sportsender eingespeist – *Pat & Mike* von Magic 107 in Trenton. Früher war ich mal ihr treuer Fan. Jetzt sind sie von gestern. Eine dröhnende Stimme – Mike – verkündet: »Holla, Patrick. Da hat Trainer Benziwicki aber einen Hurrikan von Flüchen losgelassen, eine F-Bombe nach der anderen, ich kann dir sagen. Dreißig Sekunden über Tokio ist nichts dagegen.«

»Da hören wir noch mal rein«, sagt Pat aus einem Lautsprecher tief in der Zapfsäule. »Ich fass es nicht. Fass es einfach nicht. Das ist im Fernsehen gelaufen, auf dem Sportkanal!«

Noch eine kollerige, erschöpfte Stimme vom Band – Trainer B. – legt los, fuchsteufelswild: »Okay. Jetzt hört mir mal verF-bombt gut zu, ihr verF-bombten Sportreporter. Alles klar, ihr F-Bomber? Wenn *ihr* es irgendwann schafft, eine Mannschaft von neunjährigen verF-bombten Grundschulmädchen zu trainieren, dann kriegt ihr vielleicht, *vielleicht* einen Funken verF-bombten Respekt von mir. Aber bis dahin könnt ihr F-Bomber euch kreuzweise ins Knie F-bomben, bis zum Ende aller F-Bomben. Da habt ihr's, live und in Farbe.«

Der junge *Hess*-Angestellte mit dem weißen Anzug und den leeren Augen, der mir den Tank auffüllt, hört nichts. Er sieht mich an, als wäre ich nicht da.

»Das sagt ja wohl genug«, kommentiert Mike.

»Mehr als genug«, pflichtet Pat bei. »Lassen Sie Ihre Schlüssel einfach auf dem Schreibtisch, Herr Trainer. Sie haben fertig. Am besten fahren Sie mit dem verF-bombten Bus nach Hause in ihr verF-bombtes Chillicothe in Hinter-Ohio.«

»UnF-bomben-fassbar.«

»Wir machen eine kurze Pause, du F-Bomber.«

»Ich? Du bist hier der F-Bomber. Ha-ha-ha. Ha-ha-ha-ha.«

In den letzten Wochen habe ich angefangen, meine persönliche Liste von Wörtern anzulegen, die meines Erachtens nicht mehr gebraucht werden sollten – ob in mündlicher oder irgendeiner anderen Form. Und zwar aus der Überzeugung heraus, dass das Leben ein stetiges Weniger-Werden ist, bis wir bei einer solideren, immer annähernder vollkommenen Essenz angelangt sind, wonach es mit jeglicher mentalen Aktivität vorbei ist und wir uns auf den Weg zu unserem jeweiligen virtuellen Chillicothe machen. Ein reduziertes Reservoir an besseren Wörtern könnte da durchaus helfen, finde ich, als Modell für klareres Denken. Das ist ungefähr so, als würde man nach Prag ziehen und die Sprache nicht lernen, was dazu führt, dass das Englisch, mit dem man sich irgendwann zu verständigen versucht, besonders klar, einfach und gehaltvoll sein muss. Wenn man alt wird, so wie ich, lebt man sowieso weitgehend inmitten der Anhäufungen seines Lebens. Es passiert nicht mehr viel, außer an der medizinischen Front. Da empfehle ich Rückbau. Und wo ließe sich besser damit anfangen als bei den *Wörtern*, mit denen wir unsere immer selteneren, immer fahrigeren Gedanken ausdrücken. Es wäre für einen tschechischen Muttersprachler doch eine ziemliche Herausforderung, die Worte »Kacke« oder »verdemmelt« in allen ihren semantischen Nuancen auszudeuten, oder die Sätze »Wir sind schwanger« oder »Was springt dabei heraus?«. Oder, wenn wir gerade dabei sind, »Respekt!«, wenn nur »akzeptabel« gemeint ist. Oder »Opfer« oder »Mentee« oder »Altlasten«. Oder »kein Problem«, wenn man eigentlich »gern geschehen« sagen will. Dito bei »sanfte Landung«, »die Family«, »Bonding«, »dehydriert« (wenn man bloß »durstig« ist), Kunst »machen«, »teilen« (statt »mitteilen«), »etwas zurückgeben«, »das versendet sich«, »da bin ich ganz bei Ihnen« und … apropos Magic Einsnullsieben: die »F-Bombe«. Also, für mich funktioniert »Fuck« immer noch ziemlich gut als Substantiv, Verb oder Adjektiv, es hat eindeutige und differenzierte Einfärbungen in seiner überaus reichen Geschichte. Wie sagte der Dichter? Die Sprache imitiert das Gebrüll der Straße. Und wie soll man das Leben heutzutage denn finden, wenn nicht zum Brüllen?

Gestern wurde um kurz nach acht mein Erwachen von einem unerwarteten Anruf gestört. Meine Frau Sally ging dran, holte mich aber dann für das Gespräch aus dem Bett. Ich hatte in Licht und Schatten der frühen Sonne wachgelegen und mich in Träumereien verloren, irgendwo, irgendwie geschah gerade etwas Gutes, das mich schon bald erreichen und glücklich machen würde, bloß wusste ich noch nichts davon. Seit ich mich (nach mehreren Jahrzehnten) aus der Immobilienbranche zurückgezogen habe, vermisse ich diese Vorfreude besonders schmerzlich. Sonst allerdings nichts, kein Wunder, wenn man bedenkt, wie sich der Immobilienmarkt entwickelt und was ich alles durchgemacht habe. Hier in Haddam bin ich froh und zufrieden, ich bin achtundsechzig und genieße die Nächste Stufe des Lebens – wohl auch die letzte: Demografisch gehöre ich zur »Leertisch-Fraktion«, endlich frei, um Gutes zu tun, falls mir danach sein sollte, durch und durch Gutes, überall auf der Welt.

In diesem Geiste fahre ich einmal pro Woche mit einer Gruppe Veteranen hoch zum Flughafen Newark Liberty, um die Soldaten aus Afghanistan und Irak zu begrüßen, die ermattet und verwirrt für ihre einsatzfreie Zeit nach Hause kommen. Ehrlich gesagt finde ich nicht, dass ich mich damit »engagiere« oder etwas »zurückgebe«, denn es ist ja kaum eine Leistung, sich lächelnd mit ausgestreckter Hand da hinzustellen und laut zu verkünden: »Willkommen zu Hause, Soldat (oder Matrose oder Flieger)! Danke dafür, dass du gedient hast!« Es ist eher Selbstdarstellung als ernstgemeint und soll vor allem demonstrieren, dass *wir* noch immer zählen – mit anderen Worten, ein garantierter Beweis für das Gegenteil. Jedenfalls habe ich meine persönlichen Fühler ausgestreckt, um etwas zu finden, das ich *tun* kann, und zwar vereinbar mit der Ende-meiner-Tage-Phase – die sonst unter »Ruhestand« läuft.

»Frank? Hier ist Arnie Urquhart.« Eine unwirsche, überlaute männliche Stimme knarzte aus dem Hörer, unterlegt mit dem fernen Reifensirren und Rauschen des Autoverkehrs. Irgendwo im Hintergrund lief Musik – Peter, Paul & Mary sangen »Lemon Tree«, im lang vergangenen Anno 65. »Le-*mun* tree, ve-ry pritty / and the le-mun flower is sweet ...« Da stand ich im Schlafanzug am Fenster und beobachtete den städtischen Wasserableser von Elizabethtown, der von der Straße auf unseren Wasserzähler zuschlenderte, und plötzlich entfleuchte mein Geist zu dem deftigen Gesicht der megasinnlichen Mary – mit dem grausamen Mund, dem scharf aufblitzenden blonden Haar und ihrer Altstimme, voller Verheißung auf einen handfesten Koitus, für den du auch kriechen und betteln würdest, obwohl du ganz genau wusstest, du wärst sowieso nicht gut genug.

13

Als sie viel später starb, war sie Lichtjahre entfernt von ihrer alten Ausstrahlung – wallegewandet, nicht wiederzuerkennen. (Welcher von den anderen beiden war noch der Schniedelschwenker? Einer ist nach Maine gezogen.)»… *but the fruit of the poor lemun is im-poss-i-bul to eat* …«

»Stell mal irgendwas leiser, Arnie«, sagte ich durch den Lärmmüll hindurch zu ihm, wo immer er auf dem Planeten war.»Ich versteh dich nicht.«

»Na klar. Okay.« Ein schlürfendes Windgeräusch von einer Glasscheibe, die hochgefahren wurde. Die arme Mary wurde so stumm wie der Stein, unter dem sie begraben liegt.

Die Verbindung war zuerst besser, dann hing sie ziemlich lange im Nichts. Ich telefoniere nicht mehr sehr oft.

»Warum wünschen einem die Wetterfrösche immer, dass die Scheißsonne lacht?«, sagte Arnie, jetzt ein Stück vom Hörer entfernt. Er hatte den Lautsprecher eingeschaltet und schien aus der Vergangenheit zu mir zu sprechen.

»Das haben sie in ihrer DNS«, sagte ich von meinem Fenster aus.

»Jepp, jepp.« Arnie stieß einen langen, rasselnden Seufzer aus. Wo immer er war, zischten hörbar Autos vorbei.

»Wo bist du gerade, Arnie?«

»Auf dem beschissenen Garden State Highway rechts rangefahren, bei Cheesequake. Unterwegs nach Sea-Clift, oder was zum Henker davon übrig ist.«

»Verstehe«, sagte ich.»Wie geht's deinem Haus?«

»Schnallst du's jetzt, Frank? Na, da bin ich aber froh, dass du es endlich schnallst.«

Damals in den Goldrauschtagen der inzwischen geplatzten Immobilienblase habe ich Arnie nicht nur *ein* Haus verkauft, sondern *mein* Haus. In Sea-Cliff. Einen stolzen Strandpalast aus Glas und Redwood, von Architektenhand entworfen, direkt am Meer, das damals noch friedlich glitzerte. Ein Traum von Zweitdomizil. Ich sorgte dafür, dass Arnie ordentlich was auf den Tisch legte (zwei-acht, wegen Privatverkauf ohne Provision). Sally und ich hatten beschlossen, landeinwärts zu ziehen. Ich war so weit, meinen Laden dichtzumachen. Diesen Herbst werden es acht Jahre – zwei Wochen vor Weihnachten, wie jetzt.

Zu meiner Verteidigung sei gesagt, dass ich ein paarmal in Arnies Hauptwohnsitz in Hopatcong angerufen hatte, um mich zu erkundigen, wie sein/mein Strandhaus durch den Sturm gekommen war. Ich hatte mit einigen alten Kunden telefoniert, auch mit meinem früheren Firmenpartner. Was sie zu berichten hatten, war schlimm, schlimm, schlimm. In Haddam hatten Sally und ich nur zwei kleine Eichenschösslinge verloren (von denen einer schon vorher eingegangen war), das halbe Dach ihres Gartenschuppens plus die Frontscheibe meines Autos. »Viel Wind um nichts«, wie meine Mutter sagen würde, gefolgt von einem knappen Furzlaut ihrer Lippen und lautem Gelächter.

»Ich hab dich angerufen, Arnie, bestimmt drei Mal«, sagte ich und fühlte mich so koddrig und schwummerig, als hätte ich gerade gelogen – dabei bin ich kein Lügner, war's jedenfalls gerade nicht.

Der Typ von der Stadt reckte den Daumen in meine Richtung und strebte zurück zu seinem Truck. Unser Wasserverbrauch im November – kein Problem.

»Ja, ja, herzliches Beileid an die Leiche.« Arnies Freisprechanlage hatte schlechten Empfang in Cheesequake. »Und, was schlägst du vor, Frank? Willst du mich zum Essen einladen? Dein Haus zurückkaufen? Da unten gibt's kein Haus mehr, du Dödel.«

Darauf wusste ich keine Antwort. Naheliegende Bekundungen von Güte, Mitleid, Mitgefühl, geteiltem Leid und Empathie – im Kampf gegen echten Verlust sind sie alle schlappe Schwestern. Ich hatte ja nur hören wollen, dass das Schlimmste nicht eingetreten war – und wie ich sah, war's das ja auch nicht. Wobei die große Faust genau auf Sea-Clift niedergegangen war, das reinste Dünkirchen. Keine Chance, da ungeschoren rauszukommen.

»Ich geb *dir* doch nicht die Schuld, Frank. Deshalb bin ich hier nicht an der Strippe.« Arnie Urquhart ist wie ich ein ehemaliger Wolverine-Sportler von der Uni Michigan. Abschlussjahrgang 68. Hockey. Rhodes-Kandidat, Endrunde. Lambda-Chi-Verbindung. Navy-Cross-Orden. Strippe. So redeten wir alle in diesen unruhigen, stürmischen Zeiten. Strippe. Scheißhaus. Schnarchkoje. UB. Bimbos. Schlitzaugen. Chassis. Möpse ... Ein Wunder, dass auch nur einer von uns einen Job mit regelmäßigem Gehalt ergatterte. Arnie besitzt und führt – früher tat er das zumindest – einen Edelladen für Meeresfrüchte in Nord-Jersey und hat sich mit dem Verkauf von Maifischrogen, iranischem Kaviar und importierten Schwarzmeerdelikatessen, von denen die Lebensmittelbehörde nichts weiß, eine goldene Nase verdient. Das alles wird in unidentifizierbaren geschlossenen weißen Lieferwagen an Exxon-Bosse geliefert, für exklusive Partys, von denen man nie hört, auch Präsident Obama nicht, der sowieso nicht eingeladen wird, denn für prassende Republikaner gehören Schweinekutteln und sonstiges Soulfood nicht auf die Speisekarte.

»Was kann ich für dich tun, Arnie?« Ich sah dem Elizabethtown-Truck nach, der die Wilson Lane hinuntertuckerte. Die naheliegende Zielscheibe des Kunden, wenn ein Hausverkauf schiefgeht – ganz egal wann –, ist fast immer der Makler, der fast immer gute Absichten hegt.

»Ich bin gerade auf dem Weg da runter, Frank. So ein italienischer Dreckskerl hat bei mir angerufen. Will das Grundstück und das Haus – was halt davon übrig ist – für 500 Riesen kaufen. Ich brauche Rat. Hast du einen?« Vorbeirauschende Autos, endlos.

»Keinen, den ich empfehlen könnte, Arnie«, sagte ich. »Wie sieht die Lage da unten denn aus?«

Das wusste ich natürlich. Wir hatten es doch alle auf CNN gesehen, immer und immer und immer wieder, bis es uns egal war. Nagasaki-am-Meer – und das Spiel der Giants und Falcons war nur einen verlockenden Fernbedienungsklick weiter.

»Du wirst deine Freude daran haben, Frank«, sagte der körperlose Arnie in seinem Auto. »Wo wohnst du jetzt nochmal?«

»In Haddam.« Sally war in ihrem Yoga-Outfit aus der Küche an die Tür gekommen, sie blies den Dampf von einer Teetasse und sah mich an, als hätte sie gerade etwas Aufwühlendes gehört und ich sollte lieber auflegen.

Da, wo Arnie war, zerriss eine laute LKW-Hupe die Stille. »Arschloch«, brüllte Arnie. »Haddam. Okay. Schön da. Früher jedenfalls.« Arnie stieß mit irgendetwas gegen den Lautsprecher. »Mein Haus – *dein* Haus – liegt jetzt sechzig Meter weiter landeinwärts, Frank. Auf der Seite – wenn man das Seite nennen kann. Die Nachbarn hat es alle noch schlimmer erwischt. Die Farlows wollten das Ganze in ihrem Schutzraum aussitzen. Die sind hinüber. Die Snedikers haben in letzter Sekunde die Kurve gekratzt. Die sind in der Bucht gelandet. Barb und ich waren bei meinem Sohn in Lake Sunapee. Wir haben zugeschaut. Ich hab mein Haus im Fernsehen gesehen, bevor ich es höchstpersönlich wiedersah.«

»Das kann man wohl als gute Nachricht bezeichnen.«

Arnie antwortete nicht.

»Was soll ich tun, Arnie?«

»Ich fahre jetzt da runter, um mich mit den Wichsern zu treffen. Restegeier. Schon mal davon gehört? Spekulanten.« Arnie sprach jetzt im knurrigen Jersey-Gangster-Slang eines echt harten Kerls.

»Ja, von denen hab ich gehört.« Ich hatte in der *Times* was darüber gelesen.

»Dann weißt du ja Bescheid. Ich brauche deinen Rat, Frank. Du warst früher immer ehrlich.«

»Ich bin seit einiger Zeit aus dem Immobiliengeschäft raus, Arnie. Meine Lizenz ist abgelaufen. Ich weiß auch nur, was ich in der Zeitung lese.«

»Das macht dich höchstens verlässlicher. Weil Profit kein Motiv mehr ist. Aber keine Sorge, ich hab nicht vor, dich zu erschießen.«

»So weit hatte ich noch nicht gedacht, Arnie.« Dabei hatte ich das sehr wohl. Es war schon passiert. Einmal in Ortley Beach, einmal in Sea Girt. Makler, die an ihren Schreibtischen saßen und Angebotslisten tippten, wurden niedergeschossen.

»Also. Kommst du jetzt? Ich könnte ja sagen, du bist mir was schuldig.« Die nächste LKW-Hupe trötete verhallend vorbei. »Himmel. Diese Säcke. Hauptsache, ich schaff's hier lebend raus. Also?«

»Ist gut, ich komme«, sagte ich, um Arnie bloß von der Böschung runterzuholen. Auf, auf zum Ort der Zerstörung.

»Morgen früh um elf. Beim Haus«, sagte Arnie. »Da, wo es früher war. Vielleicht erkennst du es ja wieder. Ich fahre einen silbernen Lexus.«

»Ich werde da sein.«

»Findet die NHL-Meisterschaft dieses Jahr statt oder streiken die noch, Frank?« Hockey. Relativiert jede Zerstörung.

»Ich bin da nicht auf dem neuesten Stand, Arnie.«

»Diese Spatzenhirne«, sagte Arnie. »Hatten schon so ein gutes Angebot. Und jetzt müssen sie sich mit weniger zufriedengeben.

Klingt bekannt, was?« Wie immer stand Arnie auf der Seite der Manager.»Ein Hoch auf den Sieger, Frank.«

»Die Besten im Westen, Arnie.«

»*Mañana en la mañana*.« Offenbar Arnies Art, sich zu bedanken.

Auf dem Little League World Champions Boulevard in Toms River sehe ich keine großen Veränderungen hurrikanhalber. Rein vom optischen Eindruck her hat die Inselbarriere quer vor der Bucht ihre gottgegebene Funktion zugunsten der Gemeinden landeinwärts erfüllt, obwohl auch weiter hinten in den Wohnvierteln vieles in Trümmern liegt. Über die ehemalige Wundermeile in Richtung Brücke tröpfelt anämischer Verkehr. Aber es springt schon ins Auge, dass Toms River sich zu den Überlebenden zählt. Ein bartloser Weihnachtsmann (eindeutig ein Mexikaner) sitzt vor der Kaffeebude *Startrampe* auf einem roten Plastikkasten für Milchflaschen, an seinem Knie lehnt ein bedrucktes rotes Pappschild: KAFFEE MACHT DIR MUT. FELIZ NAVIDAD. Ich winke ihm zu, aber er starrt bloß zurück, als hätte ich ihm den Stinkefinger gezeigt. Weiter vorn, vor dem Kautionsagenten ENDLICH FREI, parkt nur ein einziges Auto, vor den asbestverkleideten, kastenförmigen Häuschen, in denen, ein Stück zurückgesetzt auf dem Schottergrundstück, Bars betrieben werden, sieht es nicht anders aus. Früher gab es Zeiten – bevor die Küste wiederentdeckt wurde und die Preise durch die Decke gingen –, da konnte man von Pottstown herfahren, seine Süße und die Kinder übers Wochenende einpacken, das Ganze für ein paar lumpige Hunderter. Davon kann man jetzt nur noch träumen, selbst nach dem Hurrikan. Ein großes Schild – zum Teil vom Wind abgerissen – wirbt für die Abschiedstournee von Glen Campbell. Glens lächelndes, allzu gutaussehendes Gesicht ist noch zur Hälfte da, ein Foto aus den Sechzigern, also vor Tanya und dem Suff und dem Kokain. Vor einer der Bars steht ein Plakat, nach den Wahlen aus irgendeinem Vorgarten geklaut und umfunktioniert: statt »Obama-Biden« steht da jetzt: »Wir sind wieder da. Fuck you, Sandy.«

Coplands *Fanfare* erfüllt den Innenraum meines Wagens, vormittags um halb elf. Ich habe mir das Gesamtwerk übers Internet gekauft. Wie immer empfinde ich ein Kribbeln bei den als Erste einsetzenden Oboen, die den Streichern Platz machen, den Kesselpauken und den Kontrabässen. An diesem Morgen hängt der Himmel hoch in Wyoming. Joel McCrea galoppiert über eine windige Prärie. Barbara Britton, frisch aus Vermont, steht vor ihrer Bauernkate. *Warum kommt er so spät? Ist er in Schwierigkeiten? Was kann ich schon tun, eine Frau allein?* In diesem Herbst habe ich schon drei CDs davon verschlissen. Fast jede Copland-Aufnahme (heute ist es das Pittsburgh Symphony, dirigiert von irgendeinem Israeli) kann mich fast immer davon überzeugen, dass ich nicht bloß ein alter Mann bin, der tut, was alte Männer eben so tun: zum Laden fahren, um Sojamilch zu holen, zur Zahnprophylaxe gehen, zum Flughafen fahren, um junge Soldaten zu begrüßen – manchmal gegen ihren Willen. Meist braucht es nicht viel, um meine Sicht auf die Dinge zu ändern, an einem bestimmten Tag, in einer bestimmten Minute oder einer bestimmten Situation. Letztes Jahr steckte Sally eine Copland-CD in meinen Weihnachtsstrumpf (*Billy The Kid*), und die hatte positive Auswirkungen. *Das Tibetische Buch vom Leben und Sterben* habe ich mir selbst geschenkt, bin aber nicht sehr weit damit gekommen – obwohl ich es gebrauchen könnte.

Ich hatte keine Zeit mehr, mir die Unterlagen vom Hausverkauf 2004 an Arnie Urquhart anzuschauen – ob er einen Finanzierungsplan hatte, ob er eine Hypothek mit hoher Endfälligkeitstilgung aufgenommen hatte oder ob er bloß Scheine von einem fetten Packen

Geld runterzählte. Ich sollte mich natürlich an die Transaktion erinnern, schließlich war es mein Haus und ich hab das Geld kassiert – um unser Haus in Haddam zu finanzieren, und nachher war noch eine Menge übrig. Aber wie so oft, wenn etwas einem bestimmten Bild entsprechen sollte, ist es bei mir anders. Es stimmt nicht, dass einem mit dem Älterwerden die Dinge wegrutschen wie Sirup vom Pfannkuchen. Aber es stimmt schon, dass ich mich an manche Dinge nicht so gut erinnere, was daher kommt, dass sie mir nicht so wichtig sind. Ich trage mittlerweile eine billige Swatch-Uhr, aber manchmal verliere ich den Überblick, welchen Tag im Monat wir haben, vor allem gegen Monatsende und Monatsanfang, dann komme ich durcheinander mit dem Knöchelabzählen, ob's nun gerade 30 oder 31 Tage sind. Das ist aber normal, glaube ich, und macht mir keine Sorgen. Es ist ja nicht so, als würde ich mir jeden Morgen die Hose falschrum anziehen, mir die Schnürsenkel der Schuhe zusammenbinden und mich auf dem Weg zum Briefkasten verlaufen. Permanent stört mich nur eine manchmal schmerzhafte Subluxation (das Wort wird mir bleiben) in den C-3- und C-4-Wirbeln. Davon kriege ich ein Knirschen und Mahlen im Nacken, als hätte ich da Rice Krispies sitzen, und wenn ich den Nacken vor und zurück bewege, tut es weh, deshalb mache ich das nicht so oft. Ich habe Angst, dass das die Signale an mein Gehirn einschränkt. Dr. Zippee, mein Orthopäde am Haddam Medical (er ist Pakistani und ein Arschloch erster Güte), fragte, ob er »ein paar Bluttests« in Auftrag geben solle, nur um sicherzugehen, dass ich kein Alzheimer-Kandidat sei. (Bei diesem Vorschlag wurde er ganz hämisch.) »Danke«, sagte ich, »ich denke nicht«, ich stand gerade in seiner winzigen grünen Untersuchungskabine, bekleidet mit einem blumenbedruckten Untersuchungskittel, in dem einem der Arsch abfriert. »Ich bin mir nicht sicher, was ich mit der Diagnose anfangen würde.« »Wahrscheinlich würden Sie sie vergessen«, sagte er grinsend. Er hat mir auch schon mitgeteilt, dass eine oft unbemerkte senkrechte Falte im Ohrläppchen ein »starkes Indiz« für Herzkrankheiten sei. Ich habe natürlich eine, aber tief ist sie nicht – hoffentlich ein gutes Zeichen.

Meiner Meinung nach verwandelt sich das »Große A« – sollte ich es je kriegen – wahrscheinlich zügig in seine eigene Komfortzone und ist gar nicht so schlimm, wie es immer dargestellt wird. Dr. Zippee, der in Karachi Medizin studiert hat und Assistenzarzt am Hopkins war, fliegt jeden Winter in die alte Heimat, um dort an einer Medresse zu arbeiten (was immer das ist). Er beklagt sich bei mir, Amerika habe in seinem rachsüchtigen Eifer, die Welt zu kontrollieren, das Leben dort, wo er herkommt, vollkommen zerstört; zu Anfang seien die Taliban doch die Guten gewesen, auf unserer Seite. Während jetzt, dank Amerika, die Straßen unsicher geworden seien. Dann sage ich zu ihm, für mich seien Pakistani und Inder dasselbe Volk, genauso wie Israelis und Araber und Nord- und Südiren. Sie benutzten die Religion nur als Entschuldigung, um sich gegenseitig zu zermalmen und niederzubrennen – weil sie sonst vor Langeweile sterben würden. »Respekt«, sagt er und lacht wie ein Affe. Neulich hat er sich ein Wochenendhaus auf Mount Desert Island in Maine gekauft, er will New Jersey bald hinter sich lassen. Seiner Meinung nach ist das ganze Leben nichts als Schmerzmanagement, daran müsse ich noch arbeiten.

Copland hebt ab, als ich auf die Brücke fahre. Barnegat Bay ist heute Morgen ein Meer aus Münzen, mit denen der Wind spielt, vor mir liegen die lange Insel und Seaside Heights und sehen im stechenden Sonnenlicht einen Moment lang unverändert aus. Möwen steigen auf. Einige kleine Segel mit Nummern drauf kräuseln weit draußen in der bögen Landbrise herum. Die Temperatur steht bei knapp 2 Grad, wärmer wird's nicht. Wer da aufs Wasser geht, muss ein Angeber sein. Ich bin bestimmt zu dünn angezogen, aber die Rückkehr an die Küste versetzt mich in Hochstimmung, selbst wenn dort das Desaster herrscht. Unsere wahren Gefühle sind nie konventionell.

Eine AirTran-Maschine – eine der alten 737er im Vibratorformat – reckt die Nase von Atlantic City in den tiefhängenden grauen Himmel hoch, drinnen lauter schläfrige Spielsüchtige auf dem Rückweg nach Milwaukee. Ich kann das kleine »a« am Heck erkennen, das zum Meer hin im Dunst verschwindet, dort wo mein altes Haus mal stand und anscheinend nicht mehr steht.

Gestern Morgen, nach meinem Gespräch mit Arnie, kam Sally nach unten, wo ich meine All-Bran-Flocken aß, und starrte nachdenklich durchs Fenster in den Garten auf das spätherbstliche Treiben der Eichhörnchen. Ich dachte angenehmerweise über nichts Nennenswertes nach, auch nicht über Arnie Urquhart, sondern atmete nur im Takt meines Kauens. Eine Weile schwieg sie, dann setzte sie sich mir gegenüber, in der Hand ein Buch, in dem sie gestern bis spät in die Nacht gelesen hatte – ihr Licht war noch an, als ich einschlief, dann wurde es ausgeschaltet und noch später wieder ein. Das ist nichts Ungewöhnliches für Menschen in unserem Alter.

»Ich hab gestern Nacht etwas Schockierendes gelesen.« Sie presste das Buch, das sie so gefesselt hatte, an ihr Yoga-Shirt. Ihr Blick war angespannt. Sie wirkte besorgt. Ich konnte den Buchrücken nicht erkennen, aber mir war klar, dass sie davon erzählen wollte.

»Erzähl mal.«

»Also.« Sie schürzte die Lippen. »1862, als der Bürgerkrieg in vollem Gange war, fand die US-Kavallerie genug Zeit, um eine Indianerrevolte in Minnesota niederzuschlagen. Wusstest du das?«

»Ja«, sagte ich. »Der Aufstand der Dakotas. Ziemlich berühmt.«

»Okay. Du weißt das. Ich wusste es nicht.«

»Ein paar Sachen weiß ich schon«, sagte ich und starrte auf ein Stück Banane runter.

»Okay. Aber. Im Dezember 1862 hängte unsere Regierung achtunddreißig Sioux-Krieger an einem großen Schaugerüst auf. Einfach alle auf einmal.«

»Das ist auch berühmt«, sagte ich. »Angeblich hatten sie achthundert Weiße massakriert. Was keine Entschuldigung ist.«

Sally atmete ein und wandte den Kopf ab, eine Andeutung, dass da vielleicht eine Träne, die sie ungern zeigen wollte, in ihren Augen schillerte. »Aber weißt du, was sie gesagt haben?« Diese Worte waren fast erstickt von Gefühlen, die ihr die Kehle abschnürten.

»Was *wer* gesagt hat?«

»Die Indianer. Sie fingen alle an zu schreien, als sie an den Galgen standen und auf den Augenblick warteten, in dem sie baumeln und nie wieder sprechen würden.«

Ich wusste es nicht. Aber ich sah sie an, um ihr zu zeigen, dass ich erkannte, wie wichtig es ihr war, und dass ihre nächsten Sätze auch mir wichtig sein würden. Kann sein, dass mein Löffel auf dem Weg zum Mund auf halber Höhe stehengeblieben war. Und womöglich schüttelte ich erstaunt den Kopf.

»Sie schrien alle: ›Ich bin da!‹ Das riefen sie in ihrer Sioux-Sprache, überall entlang dieser scheußlichen Konstruktion, die sie gleich umbringen würde. Wer dabei war, sagte, es sei Respekt einflößend gewesen.« (Also kein Fall von »Respekt!«.) »Unvergesslich. Und dann henkte man sie. Alle auf einmal. Im gleichen Augenblick. ›Ich bin da.‹ Als hätte es das für sie zurechtgerückt, den Tod erträglich und weniger scheußlich gemacht. Es gab ihnen Kraft.« Sally schüttelte den Kopf. Ihre Träne der Trauer um das ferne 1862 kam nicht zum Vorschein. Sie presste das Buch an ihre Brust und lächelte traurig über den Glastisch hinweg, an dem ich womöglich dreitausend Mal gefrühstückt habe. »Ich dachte nur, das wolltest du vielleicht wissen. Entschuldige, wenn ich dir das Frühstück verderbe.«

»Ich bin froh, dass ich es jetzt weiß, mein Schatz«, sagte ich. »Es hat mir überhaupt nicht das Frühstück verdorben.«

»Ich bin da«, sagte sie, fast peinlich berührt.

»Ich auch«, sagte ich.

Dann stand sie auf, ging um den Tisch herum, küsste mich ein Mal auf die Stirn, immer noch peinlich berührt, und brachte ihr Buch wieder zurück an den Ort im Haus, von dem sie gekommen war.

Mitten auf der Brücke, unterwegs ins finsterste Seaside Heights, wo mich werweißwas erwartet (Herzschmerz, Entrüstung, ein abgebrannter Spießer und alles Aufrechte verderbt), wird mir klar, dass ich eigentlich überhaupt nichts für Arnie Urquhart und sein Hausbesitzerleiden tun kann, nichts, damit alles wieder paletti ist. Paletti ist längst vom Winde verweht und so gut wie vergessen, jedenfalls nach allem, was ich aus dem Fernsehen weiß. Und doch: Irgendeine Verantwortung trägt man schon für den Menschen, dem man ein Haus verkauft hat. Keine finanzielle. Und sicher auch keine moralische. Aber eine, bei der – was höchst selten vorkommt – Berufliches und Menschliches auf derselben Schiene fahren. Eine priesterliche Verantwortung, eine aus Berufung. Wobei, wer weiß, vielleicht empfindet Arnie genauso gut *Erleichterung* darüber, dass dieses Haus ein Vor-die-Wand-Totalverlust ist. Vielleicht hat er im Bett gelegen und genau davon geträumt – so wie der Tag, an dem du dein Innenborder-Lyman-Boot, einen holzverschalten Oldtimer, verkaufst: der zweitbeste Tag deines Lebens, gleich nach demjenigen, als du das Boot gekauft hast. Mit dem Besitz von Zweithäusern geht es oft genauso. Lange bevor die Leute den Vertrag unterschreiben, wissen sie schon, dass sie es bereuen werden – aber sie tun es trotzdem. Vielleicht ist das bei Arnie nur gespielte Trauer. Schließlich besitzt er jetzt einen fetten Brocken erstklassiges, unerschlossenes Land direkt am Meer – selbst wenn die Steuern weiter hoch bleiben. Er kann die Sache aussitzen und aufs Schicksal warten – vorausgesetzt, dass irgendwer je wieder direkt am Meer bauen will.

Aber mein Ex-Makler-Hirn registriert noch etwas anderes: Vielleicht soll ich mir einfach nur die Mühe machen, da zu sein – Arnies Zeuge zu sein. Danach sehnen sich doch alle Frömmler von früh bis spät. Deshalb gibt es Trauzeugen, Sargträger, Paten und geladene Gäste bei Hinrichtungen. Alles ist wirklicher, wenn zwei dabei zusehen. Ein UFO. Ein Yeti. Das Gesicht des Erlösers in einer Öllache vor der Autowerkstatt. Und heute bin ich willens, zu jedem, der mich hören kann, zu sagen »Ich bin da«. Was immer es Mensch oder Tier bringen mag.

Ein ungewöhnlicher Anblick begrüßt mich, als ich im Bogen von der Brücke hinunterfahre in den Ort, der früher Seaside Heights war (Central Avenue, nördlich von Ortley Beach, südlich von Sea-Clift). Ein Kommandopostentrailer der Polizei von New Jersey ist quer über die Straße gestellt worden, um unbefugte Fahrzeuge fernzuhalten. Absperrungen sind vor Betonleitwände gestellt worden, rot-silberne Blinklichter drehen sich auf einem Streifenwagen der Staatspolizei, der daneben parkt – fehlen bloß noch NATO-Draht und ein Maschinengewehrposten –, und jenseits all dessen ist die Wunde der Sturmschäden ein Angriff aufs Auge. Weiter oben an der Central Avenue, zu meinem alten Büro hin, hat das städtische Leben, soweit ich auf der Strandseite der Straße erkennen kann, einen schweren Schlag erlitten – abrasierte Hausdächer, abgerissene Außenwände, hinter denen sich voll möblierte Wohnzimmer auftun,

Bilder auf Nachttischen, Schränke voller Kleider, Herde und Kühlschränke, die weiß und nackt aufleuchten. Andere Häuser sind komplett weg. An jeder Ecke erhebt sich ein Mont Klamott (einer sogar mit Weihnachtsbaum obendrauf), in dem sich Bautrümmer, Schutt, Sand, verwüstete Halloween-Dekorationen, Kotflügel, Schränke, Klos, Briefkästen türmen – da könnte man überall reindonnern, dass die Fetzen fliegen. Was damit werden soll, ist nicht klar. Währenddessen sind unter dem getüpfelten Himmel, die Hauptstraße hoch und in den quer verlaufenden Wohnstraßen zwischen Ozean und Bucht, Himmel und Menschen zugange. Häufig ist, wie ich sehe, die Polizei unterwegs – wuchtige Männer in der Uniform von Spezialeinheiten, Nationalgardisten in Wüstenkluft auf Patrouille, und um die Brust geschnallt tragen sie alle ihr kleines, tödliches Waffenarsenal. Ich sehe Fahrzeuge vom Gesundheitsamt mit Arbeitern in weißen Schutzanzügen, Elektrohandwerker vom Stromversorger mit Hebebühnen (die kommen in ganzen Konvois aus Texas und Minnesota, nicht aufzuhalten). Und dann Last- und Lieferwagen aller Gattungen – Datsuns, wie sie die Terroristen in Kabul benutzen, neue Ford F-150, höhergelegte Dodge-Muskeltrucks bis hin zu elefantengroßen Kippern und ausrangierten Müllwagen – einbestellt, um Zerstörung, Schmerz und die Erinnerung an Zerstörung und Schmerz zu bergen, hoch, raus und weg in irgendeine Aufschüttung in Elizabeth, wie damals die Trümmer von 9/11. Nichts ist nutzbar oder OFFEN. Es gibt keinen Strom. Ein Teppich aus Meeres- und Strandsand ist auf die Straßen und Freiflächen gespült und unter allen verwüsteten Autos verteilt worden, als hätte sich die Küste hier über Nacht in Riad verwandelt. Es ist eine Kriegszone nach der Schlacht und dabei alles auf seine Weise absolut friedlich und ordentlich. Fast erwarte ich Bussarde, die in der dunstigen Luft ihre Kreise ziehen. Stattdessen schwebt eine Schwadron brauner Pelikane am Strand entlang, auf der Suche nach etwas Vertrautem oder Essbarem oder beidem.

In allem ist der gespenstische Drang zu verspüren, das, was war, »zurückzubringen«. Obwohl es aus meiner Sicht – der des frisch Angekommenen – schade ist, dass nicht alles noch ein bisschen länger so bleiben kann, wie ein Geist, der weiter spuken darf. Vor Jahrzehnten, während meiner unbefriedigenden Dienstzeit bei den Marines, wurden ein paar von uns einfachen Soldaten als Kundschafter von Camp Pendleton nach Ensenada runtergeschickt, um die Zusammenrottung des Feindes in den Bordellen und Mezcalerias vor Ort zu beobachten. Damals fiel mir auf, dass sich unmöglich sagen ließ, ob die baufälligen mexikanischen Häuser, an denen wir vorbeikamen, eher bau*fällig* waren oder im *Bau* begriffen, mit zukünftigen Bewohnern irgendwo in den Kulissen. Ortley Beach sieht – soweit ich bis jetzt sagen kann – genauso aus, und das gilt ganz sicher auch für all die früher strahlenden Küstenstädte weiter nördlich und südlich: eingeschlossen in einen Augenblick der Unentschiedenheit zwischen Sein und Nichtsein. Dieser Streifen jetzt versalzener Erde hat mir einst ein ansehnliches Einkommen beschert. Da sollte ich doch die Körnchen des Möglichen in den Überresten erkennen können. Aber vorerst gelingt mir das nicht.

VORSICHT, PLÜNDERER! Ein Schild am Straßenrand der Ausfahrtkurve warnt alle, die etwa eindringen wollen und Böses im Schilde führen. Ein Schädel mit zwei gekreuzten Knochen ist in Rot dazugemalt worden, um es unmissverständlich klarzumachen. AUSGANGSSPERRE AB 18 UHR: DU BIST GEMEINT! gibt dem Ganzen noch den Touch der persönlichen Ansprache. Überall sprießen Schilder aus dem Boden, ein ganzer Wald politischer Vorgarten-Kunst: WIR KAUFEN IHR HAUS (ODER WAS DAVON ÜBRIG

IST). MARTELLO BROTHERS – TRÜMMERABFUHR. HABLA IN-GLÉS – RÁPIDO! TRAUERBEGLEITUNG SCHNELL GELERNT, 10-TAGES-KURS. SCHIMMELENTFERNUNG JETZT. INFORMIE-REN SIE SICH ÜBER IHRE RECHTE. AUTORENKOOPERATIVE. KENNENLERN-ABEND FÜR WAFFENFREUNDE IM HAMPTON INN VON TOMS RIVER. EIN BETRUNKENER FAHRER HAT MEI-NE TOCHTER GETÖTET. FLOW-YOGA. TANTRA-WORKSHOP. GRATIS-SPAGHETTI FÜR NOTFALLHELFER. Auf einem Schild steht bloß NICHTS WEITER BLIEB (für Opfer mit geisteswissen-schaftlichem Abschluss).

Als ich mich, mit leise gestelltem Copland, dem Kommando-postentrailer nähere, tritt ein Polizist aus einer Seitentür und hinun-ter auf den sandigen Asphalt. Hier darf keiner rein außer: Bauunter-nehmer, Besitzer und ortsansässige Obrigkeit (plus Präsident Obama und unsere dicke kandierte Süßkartoffel von einem Gouverneur). Aber ich habe Glück. Der Cop, der da gerade seinen schweren Cop-Gürtel hochzieht und seine blaue Mütze auf seinem großen Cop-Schädel zurechtrückt, ist mir bekannt. Es ist Corporal Alyss vom Polizeirevier Sea-Clift. Ich habe vor Jahren sein Haus in Seaside Park verkauft, als er noch Berufsanfänger war und sich bei ihm die Anzahl der Familienmitglieder urplötzlich verdoppelte, so dass er ein größeres, billigeres Haus brauchte – in Silverton.

Mit vorgestreckter Handfläche verwandelt sich Corporal Alyss jetzt in eine menschliche Betonleitwand, die Plünderer, unbefugte Gaffer und Einschleichlinge wie mich zurückdrängt. Als ich mein Fenster herdutersurren lasse, kommt er, die schwere Rechte auf sei-ner schweren schwarzen Glock ruhend, auf mich zu, um seine ab-wehrenden Worte loszuwerden. Als ich ihn das letzte Mal sah, war er noch nicht so massig. Sein Format und seine Form – in der Uni-form – sehen aus, als hätten sie zusätzlich eine Schicht Portland-

zement drauf. Seine Bewegungen sind etwas unnatürlich – durch
die komplett kugelsichere Kleidung, dazu die schweren Kampf-
stiefel so dick wie Moonboots und der schwarze lederne Taillengurt
mit der Cop-Ausrüstung: augenverätzender Anti-Täter-Spray, silberne Handschellen, ein Walkie-Talkie in Handbuchformat, ein
Kopfhieb-Gummiknüppel mit Metallschlaufe, mehrere Extra-Ma-
gazine Munition, eine Reihe zugeknöpfter Lederfächer, in denen
alles Mögliche stecken könnte, plus ein Paar finsterer schwarzer
Handschuhe. Er ist der Michelin-Mann der Nothelfer, und er trägt
seine Polizistenmütze mit den goldenen Insignien und dem chitin-
glänzigen Lackschirm tief in die Stirn gezogen. Am liebsten würde
ich lachen, weil er tief drinnen eigentlich ein Schätzchen ist. Aber so
unwohl, wie er sich fühlt, hat er jede Sympathie verdient. Und einen
Polizisten auslachen stellt in New Jersey einen Fehltritt erster Güte
dar.

»Okay, Sir. Sie müssen jetzt sofort …« Corporal Alyss spult seine
»Einmal wenden und ab zurück über die Brücke«-Nummer ab. Wie
ich mir schon dachte, hat er mich nicht richtig gesehen. Doch da
schleicht sich ein kleines Lächeln auf seine Züge, er schiebt sein
schweres Gesicht zur Seite, beugt sich zu meinem Fenster herunter,
fast wie ein Junge (ein massiger Junge). »Ach so. *Ach so*«, sagt er, das
Lächeln bricht durch, und im Nu ist er der fröhlichste Gendarm
unter der Sonne. Ich bin als Freund erkannt. (Er wird ständig wegen
seines Namens – Alyss/Alice – gehänselt, hat aber eindeutig bestens
in seinen Job reingefunden.) Wie mir auffällt, weisen seine schweren ukrainischen Ohrläppchen – ein fettes rosa Gependel – nicht
die geringsten Falten auf. Offensichtlich macht er sich um nichts
auf der Welt Sorgen. Alle seine Bedürfnisse sind von seiner ordentlichen Silvertoner Familie, der Dienstmarke und Dienstwaffe abge-
deckt. »Sie sind wohl runtergekommen, um uns allen zu zeigen, wie

schlau es von Ihnen war, rechtzeitig hier die Kurve zu kratzen, was«, sagt er. Er strahlt mich an und scannt mit seinen großen blauen slawischen Augen intensiv das Innere meines Wagens ab. Er ist erst fünfunddreißig, spielte früher als Tight End in der Footballmannschaft der Uni Rider, ging für ein Jahr in pfingstlicher Mission nach Ecuador und drängte den Eingeborenen Jesus auf. Sein Vater war Streifenpolizist in Newark und hat sich »aufgeopfert«. Solche Dinge erfährt man als Makler. Seine Frau Berta war eine der Schwestern, die mich pflegten, als ich fast erschossen worden wäre und lange im Krankenhaus lag.

»Ich bin nur hier, um einen alten Kunden zu beraten, Pete. Sein Haus ist weggeblasen worden.« Ich muss ihm ja nicht erzählen, dass es mal *mein* Haus war. Nur die nackten Tatsachen.

»Tja, wem sagen Sie das.« Corporal Alyss' Lächeln welkt dahin. Er ist kein gutaussehender Junge – seine Züge sind viel zu grob, zu rosig, zu fleischig, eine Kreuzung zwischen einem Farmer aus Minnesota und seinem Vieh. Er kann froh sein, dass er eine Frau gefunden hat. Sein kleines Schultermikrofon knistert, aber es kommt keine Stimme heraus. Wahrscheinlich wurmt es ihn, dass ich weggezogen bin, obwohl er das kaum sagen würde – und obwohl er selbst vor Jahren weggezogen ist. »Ihr altes Büro ist jetzt eine Brache«, sagt er. »Die hintere Wand einfach eingedrückt.« Jetzt ist er ganz polizeigeschäftig, als wäre in seinem dicken Kopf plötzlich irgendeine Fortbildung, die er mal abgesessen hat, hochgepoppt. Unsere Freundschaft verblasst.

»Hab ich gehört«, sage ich durch die Fensteröffnung. Kühle Luft ist hereingeweht, säuerlich geschwängert vom Meer, vom Diesel und von Corporal A.s Lederzeug. Ein schwarzer Cop von der New Jerseyer Nationalgarde in Reithosen und ohne Kopfbedeckung ist in die Tür des Trailers getreten und mustert uns mit ernstem Blick.

Er notiert mein Nummernschild und geht wieder hinein, wo sie wahrscheinlich Hearts spielen. »Habt ihr alles gut überstanden?« Damit meine ich ihn und seine Sippe.

»Bloß Stromausfall. Paar Dachreparaturen«, sagt er trocken und schiebt die Unterlippe vor. »Kein Vergleich zu hier unten. Aber unsere Schäden zahlt die Versicherung auch nicht. Die kommen angeblich vom Wind, nicht vom Wasser.« Er steckt einen fetten Daumenknöchel in seinen Gehörgang, kurz mal kratzen, und zieht den Mund schief, während seine andere Hand immer noch auf seiner Polizeiausrüstung liegt. Am wohlsten fühlt er sich, wenn er sich nicht bewegen muss. »Meiner Frau gehen immer dieselben Gedanken durch den Kopf. Immer nur Sorgen, verstehen Sie?« Er hat vergessen, dass ich sie kenne und ihren Namen auch. Für einen Polizisten ist alles Polizeiarbeit. Und der Rest der Welt erscheint ihm wie Lebensmittel im Regal.

»Ist eigentlich ganz normal.«

»O ja.« Er schaut selbstbewusst drein und sagt nichts weiter, während er darüber nachdenkt, was »normal« ist und was nicht.

»Kann ich zur Poincinet Road runterfahren?« Ich versuche so zu tun, als wäre ich schon zwanzigmal da gewesen und wollte nur wieder hin, um weiterzumachen.

»Da unten ist jetzt alles anders«, sagt er. »Durch den Hurrikan, sogar schon vorher. Erkennen Sie wahrscheinlich gar nicht wieder. Aber kein Problem. Passen Sie halt auf.« Er nimmt seinen Daumen aus dem Ohr und wischt sich damit über die Nase, dann tritt er von der Wagentür zurück. Aus seiner Flakwestentasche zieht er ein kleines rotes Notizbuch und schreibt mit einem Kuli meine Autonummer auf. »Ich schreib Sie mal auf, falls Sie da reinfahren und wir nie wieder was von Ihnen sehen. Dann wissen wir ja, wen wir anrufen müssen.« Er lächelt über sein Aufschreiben. Er ist rätselhaft – so eindeutig er auch wirkt. Gar nicht so einfach, sein Leben einzuschätzen: Eben kann noch alles freundlich sein; dann eine Geiselnahme; und dazwischen wäre er wohl am liebsten zu Hause und würde mit seinen Kindern Bratwürste grillen und in den Tag hineinlächeln.

»Super«, sage ich. »Ich passe auf.«

»Kein Thema.« (… Muss auf meine Liste; eine Zwei-Wort-Fehlbezeichnung, die eigentlich bedeutet: »Sehr gern geschehen. Ich freue mich, dass ich Ihnen helfen konnte. Schließlich sind wir in diesen schweren Zeiten aufeinander angewiesen. Also, ich denke an Sie. Und passen Sie auf sich auf.«) *Kein Thema* ist vielleicht doch besser.

Ich lasse mein Fenster wieder hoch. Corporal Alyss tritt noch einen Schritt zurück, zieht die Absperrung des Staates New Jersey nach links, winkt mich an Totenschädel und Knochen und dem Shelley-Zitat vorbei. Ich entbiete ihm meinen zweihändigen Gemeindegruß und fahre weiter. Er kehrt mir schon den Rücken zu. Er vergisst gerade, dass ich existiere. Ich bin da. Er ist da. Aber andererseits sind wir es auch wieder nicht.

Sea-Clift zeigt, als ich auf der Central Avenue südwärts fahre, der Welt den traurigen Anblick einer Ansiedlung, die einen beinahe tödlichen Schlag aufs Maul bekommen hat. Die Strommasten stehen größtenteils, aber ohne Leitungen. Sand ist über alles Flache hinweggewirbelt. Die Häuser – selbst die wenigen, die unversehrt aussehen – wirken schockstarr. Dächer, Fenster, Hauseingänge, Außenwände, Garagen, Boote, die in blaues Polypropylen eingeschweißt sind – all das sieht aus, als wäre ein Riese aus dem grauen Meer geschlendert gekommen und hätte alles zu Klump getreten. Das sind Orte, wo Menschen *gelebt* haben. Also nicht bloß gewiefte, morgendunstsehnsüchtige Sommergäste, die für neunzig Tage ab Memorial Day buchen, sondern eine standhafte Truppe altgedienter »Clift-Siedler« plus glückliche Rentner, daneben eine ältere Staffel von Hedgefonds-Couponschneidern, die sich seit den siebziger Jahren hier eingekauft haben und den Ort ihr Zuhause nennen. Jeder frequentiert auf seine Weise die Pizzerien, die Tante-Emma-Läden, die Autowerkstätten, den Lieferservice vom Chinesen, die Lokale mit gebratenen Meeresfrüchten, wo der Fernseher in der Bar rund um die Uhr läuft und immer eine Nische frei ist. Hier hat lange eine belebende Atmosphäre aus amerikanischem Pseudo-Egalitarismus geherrscht, die mich auch vor zwei Jahrzehnten von Haddam hierherlockte. Als ich ankam, waren siebenhunderttausend noch siebenhunderttausend und konnten einem ein Stückchen Paradies erkaufen. Ich hatte Sally Caldwell an meiner Seite und hätte nicht glücklicher sein können.

Dieses ganze Leben ist nun zerlegt und in alle Winde verstreut worden, so dass sich selbst ein hartgesottener Katastrophentourist, der in allem eine Gelegenheit wittert, fragen müsste: »Was lässt sich jetzt damit anfangen? Soll man es der Natur zurückgeben? Weggehen und in einem Jahr wiederkommen oder in zehn? Nach Nova Scotia ziehen? Sich erschießen?«

Auch hier ist heute Morgen alles geschäftig, allenthalben Aufräumen-Abreißen-Abräumen, Neuverlegen von Leitungen, Frontlader- und Baggeroperationen. Die Bewohner sind überall unterwegs – viele allerdings stehen einfach nur herum, Hände in den Hüften, und starren ihre verwüsteten Behausungen an. Wie Corporal Alyss sagte, man kann sich leicht vorstellen, wie jemand auf eine Kundschaftermission geht und einfach nie wieder auftaucht; als hätte das Unheil ein Loch in die Welt gerissen, an dessen Rand alles Zivilisierte und Zuversichtliche ins Taumeln gerät – Tatkraft, Bemü-

hungen, Hoffnungen, Träume, Erinnerungen … und Gebäude sowieso –, alles in Gefahr, in einen Abwärtsstrudel zu geraten. Und ich
komme mir tatsächlich clever vor, weil ich weggegangen bin, als die
Gelegenheit günstig war. Aber wenn man ein Haus verkauft, in dem
man glücklich gewesen ist, hat das nie viel mit Cleverness zu tun.
Bei solchen Entscheidungen spürt man eher die Schramme des
Scheiterns.

Am Ende der Central Avenue, wo mein Haus stand, gab es nie
eine richtige Straße, nur ein Schild – Poincinet Road – und eine
holprige Sandpiste am Meer entlang und fünf große, alteingesesse-
ne Domizile, vor denen sich der Ozean und der Perlmuttstrand aus-
breiten wie in einem Traum. Zwischen dir und dem Paradies nur
noch das dämliche Portugal. Jetzt ist es eine richtige Straße geworden – bzw. war es, bevor die Klimadampfwalze drüberging. Keine
Spur von Arnie oder seinem Lexus, als ich auf den sandigen Asphalt
einbiege. Mein früheres Zuhause aber, die Nummer sieben – einst
eine hohe, lichtdurchflutete Strand-Augenweide aus Holz und
Glas –, liegt wie angekündigt auf der Seite, überraschenderweise auf
der linken, nicht der rechten, es ist rückwärts von seinem Fundament gespült worden, holterdiepolter über den Asphalt geschoben
und dabei weggekippt, auf die Seite in die grasig-sandige Strand-
böschung gerammt und (durch Wasser, Wind und des Teufels Beitrag dazwischen) seines Daches beraubt. Auf der rückseitigen Au-
ßenwand ist die Doppelgarage ebenso weg wie die rote Tür, durch
die ich früher hineinging; das Innenleben der Wände, Armierung,
elektrische Leitungen, Rohre, alles, was das Haus irgendwie mit
dem Rest der Welt verband, ist gekappt und lässt seine baumelnden
Enden nun schlaff aus dem entblößten »Hintern« des Hauses hängen, den man früher nicht sehen konnte. Der Schornstein aus gelben Ziegeln ist weg – der Steinkamin allerdings nicht, den erkenne

ich noch im aufgeschlitzten Wohnzimmer. Die Außentreppe mit Geländer ist verschwunden. Die Panoramaterrasse, auf der ich viele glückliche Nächte damit verbrachte, mir Sternbilder anzuschauen, die ich nicht identifizieren konnte, ist abgeknickt und hängt mit schweren Metallbolzen, deren Schrauben ich jeden Herbst pflichtbewusst nachzog, an dem weggebrochenen Überbau. Wo früher Glas war, gähnen jetzt Löcher. Metallstifte ragen aus dem »offenen Wohnraum« hervor, wo in früheren Zeiten süßes Spätnachtgemurmel mit Sally stattfand oder ein feuchtfröhlicher Abend mit irgendeinem alten Kumpel aus Michigan, der überraschend aufgekreuzt war, eine Flasche Pouilly-Fuissé unterm Arm … wo, mit anderen Worten, gelebt wurde.

Intakt geblieben ist das gegossene graue Fundament – ein erstaunlich kleines Rechteck mit einem Rest Holztreppe, der ins Nirgendwo führt. Die große Wärmepumpe der Firma Trane steht noch an Ort und Stelle, mitten in dem dumpfigen Wasser, das sich angesammelt hat. Alles andere aus dem »Keller« aber – Fahrräder, alte Aussteuertruhen und Uniformen, Generationen von Schuhen, Weinregale, verbeulte Koffer, die früher dem Vater von irgendwem gehörten, Kisten über Kisten voll Zeug, das man vor Jahrzehnten hätte wegschmeißen sollen – ist hochgesaugt und weggeblasen worden, auf das Feld eines Farmers in Lakehurst, und wird gefunden werden, vielleicht zurückerstattet oder in ein Museum gebracht, um daran zu erinnern, wie viel Respekt dir Mutter Natur einflößen kann, wenn sie sich in den Kopf gesetzt hat, dich an den Eiern zu kriegen.

Die anderen vier Häuser an der Poincinet sind komplett weg, übrig sind *nur* leere Keller wie bei meinem früheren Haus. Wobei durch das Freiräumen der Grundstücke, die diese Häuser bis vor kurzem belegt hielten, ein neuer schöner Ausblick entstanden ist –

Ozean und Strand, so wie sie immer waren, seit grauer Vorzeit. Ein einzelner Fischer in hüfthohen Wathosen ist zu sehen, der seine lange Angel nach Streifenbarschen in die ansteigende Flut hält. Er trägt einen klobigen Zopfmusterpullover, dicke Handschuhe und eine orange Rollmütze und hat anscheinend noch nichts gefangen. Draußen auf dem Meer, zwischen dem Land und der Nebelbank, unermesslich weit weg von meinem Platz hinter dem Steuer, steht ein großes weißes Kreuzfahrtschiff, ein satter Zwölfdecker, reglos vor dem Grau. Carnival, Princess, Norwegian – eins von denen. Ich stelle mir Passagiere an der Reling vor, die mit ihren Smartphones Fotos schießen und sie heimwärts nach Ashtabula und Boise schicken, während das Schiff weiter Richtung Great Abaco stampft. Ich bin mir nicht so sicher, wie viel Empathie sie für unser Leben an der Küste aufbringen.

Aber mir fällt etwas auf, woran ich noch nie gedacht habe – nicht einmal in meiner Rolle als Wohnexperte, der den Bedürftigen ein Dach über dem Kopf suchte. Und zwar: Wie wenig fällt ein Haus ins Gewicht, sobald es weg ist. Wie mühelos, fast zärtlich macht die Welt ihre alten Ansprüche geltend und nimmt wieder ihre ursprüngliche Gestalt an. Die Leute ringen die Hände und schreien Zeter und Mordio, wenn irgendwo ein aufdringliches neues Gebäude emporwächst und hässliche Schatten wirft; oder wenn ein Parkplatz hinter dem Supermarkt eine heilige Müllhalde der Lenape-Indianer zuasphaltiert oder ein Feuchtgebiet, wo Reiher gebrütet und ziehende Wildenten gerastet haben. Als hätten diese Untaten auf ewig Bestand. Das haben sie nicht. Vielleicht ist nicht alles eitel (vieles aber schon); jedenfalls ist nichts von Dauer. Die starke Hand eines ordentlichen Hurrikans hat etwas für sich, sie macht dem Leben unsanft klar, wie relativ alles ist. Wann immer wir ein bisschen anders auf etwas reagieren, als wir eigentlich erwartet hatten, lohnt es sich, genauer hinzuschauen. Was natürlich leicht gesagt ist, ich wohne ja nicht mehr hier.

Weiter oben an der Küste kann man jetzt, da so viele Häuser weg sind, bis Ortley Beach schauen, sogar noch weiter, bis zu der Stelle, wo das Gerippe der früheren Achterbahn im Salzwasser festsitzt. Zwei winzige Gestalten gehen da hinten mit ihrem Hund an der Brandung entlang. Ein Frontlader – durch mein offenes Fenster höre ich sein fernes Piepen – bringt langsam Sand von den bedeckten Straßen an den Strand zurück. Ich höre – außer Sicht, jenseits der Böschung – das Poltern von Hämmern, die auf Holz schlagen, und das fröhliche Summen des Spanischen. Wie merkwürdig ist das Leben. An einem Tag Reynoso, am nächsten Sea-Cliff. »O ya«, ruft einer von ihnen (sie sprechen jetzt Englisch). »Is grroße Fotzmief.« Jedenfalls glaube ich das zu hören. Ausgelassene Musik kommt aus ihrem Radio und dringt über die Böschung. Sie weiden ein Traumhaus aus oder schaffen Trümmer weg oder entschimmeln es, bestimmt mit OP-Masken und Gummihandschuhen gegen die Sporen. »Sí, sí, sí pero. Ssie hat eine Man von die Navy-SEALs.« »*Pendejo!*«, antwortet ein anderer. »Sso gut kann Sex nicht ssein. *Comprendes?*« Sie lachen alle. Glück ist ansteckend.

Aber wo ist Arnie? Werde ich gerade versetzt? Oder lauert er im Hinterhalt, ein Stück entfernt, in seinem Lexus? Wenn es nach Desaster riecht, misstrauen die Leute den Maklern. Wir sind die Joker im Stapel, die Karte, die jede Hand zum Sieg führt. Ich allerdings nicht. Nicht mehr.

Mein Magen gurgelt und rumpelt herum. Ich hätte mir bei der *Hess*-Tankstelle Cashewnüsse holen sollen. Es ist fast elf. Meine All-Bran-Flocken sind nur mehr eine schwache Erinnerung. Ich stecke mir einen Streifen Spearmint in den Mund, soll das die Dinge beruhigen. Ob man »Dritte« trägt oder nicht (ich tu's nicht), ob man

Knoblauch oder Zwiebeln oder Pizza oder *Choucroute garnie* gegessen hat und sich achtmal täglich die Zähne putzt: Wenn man »älter« ist, macht man sich automatisch Sorgen, aus dem Hals zu stinken wie ein Affenkäfig. Sally beteuert, das täte ich nicht, sie würde mir rechtzeitig »das Zeichen« geben. Aber wenn die Maschine langsamer wird, fangen ihre Teile an zu verrotten. In letzter Zeit bürste ich mir morgens, mittags und abends die Zunge, denn dort sitzt die Petrischale für alles denkbar Widerliche. Im Allgemeinen lässt sich feststellen, dass mit zunehmendem Alter die Beziehung zu allem, was geschieht, immer komplexer wird – irgendwie genau andersherum, als es sein sollte.

Ich sitze in meinem Auto, neben den Trümmern meines Hauses, und warte kauend. Nichts Richtiges zu lesen dabei. Die *Times* habe ich zu Hause gelassen. Hier habe ich als Einziges eine Broschüre von dem süffisanten Dr. Zippee, mit genau abgebildeten Übungen, die bewegungsbehindernde Nackenschmerzen lindern sollen. Ein kleines, rundköpfiges Strichmännchen lässt seinen Wasserkopf rotieren und grinst dazu, um den goldenen Weg zu einem glücklichen Nacken anzuzeigen. Auf weiteren Bildern zieht es die Mundwinkel missbilligend nach unten, um »falsche Bewegungen« zu kennzeichnen – die zu Verspannungen führen, zu invasiven Eingriffen durch die Kehle, zu Schmerzmitteln, Sucht (Betty Ford), Suchtkriminalität und Knast (nach Rahway, o weh). In Schulterhöhe verspüre ich tatsächlich neue Rice Krispies und kurbele unweigerlich an meinem Nacken herum. Die Anspannung ist schuld; die Anspannung, dass Arnie Urquhart verdammt nochmal nicht hier ist, wie er angekündigt hatte.

Ansonsten kann ich mir nur noch ein Exemplar von *Salut!* anschauen, der Publikation, die wir Freiwillige jedem Heimkehrer aus Irak und Afghanistan in die Hand drücken, gleich nachdem wir diese Hand geschüttelt und ausgerufen haben: »Willkommen zu Hause! Danke, dass Sie gedient haben!« *Salut!* ist ein nützliches Kompendium lebenswichtiger Informationen rund um alles, was ein Soldat oder eine Soldatin zwischen zwei Einsätzen zu Hause brauchen, sich wünschen oder in den ersten sechs Stunden in unserem Staat antreffen könnte (für den Fall, dass ihn oder sie keiner abholt, was erstaunlicherweise häufig vorkommt). Eine rechtslastige Seilschaft von Freiheitsfetischisten im hinteren Ohio lässt *Salut!* drucken, und trotz allem machen die das verdammt gut, weil sie *unsere* Broschüre nicht mit dem üblichen Bullshit vollstopfen, den sie in ihren regelmäßigen Anti-Obama-Serienbriefen verbreiten, gegen Waffenkontrolle, gegen Abtreibung, zurück in die Steinzeit. Ich weiß Bescheid, weil mir dieses Zeug ständig geschickt wurde, bis ich bei der Post Beschwerde einlegte, wonach es weiter kam, zumindest bis zur Wahl – aber vielleicht haben die Spinner aus Ohio mittlerweile begriffen, dass ihre Botschaft nicht angekommen ist.

Für jeden möglichen Heimathafen in den USA gibt es eine eigene Ausgabe von *Salut!*: L.A., New York Newark, Boston, Houston, Seattle, sogar Detroit. Zwanzig graue Seiten im Zeitungsdruck (eine digitale Ausgabe ist in Arbeit) enthalten wichtige Telefonnummern, Mail- und Postadressen für jegliche Region – wo auch immer ein Soldat oder Marine oder Flieger zuerst den Fuß auf heimatliche Erde setzt. Hotlines für Panikattacken, Suizidgefahr, Drogen- und Alkoholprobleme sind aufgeführt, Taxifirmen, die Veteranen unterstützen, Wegbeschreibungen zu Verkehrsknotenpunkten. Wie man eine Telefonkarte erwirbt. Jede erdenkliche Glaubensgemeinschaft steht drin, auch Muslime, Atheisten und die Anonymen Agnostiker. Natürlich kann man anders an diese Nummern rankommen – aber nicht so leicht, gratis und entpolitisiert. Auch weniger erwartbare Infos finden sich zuhauf: saubere vietnamesische Massagesalons.

Ausstatter für Eseltouren in den Sierras. Ein Onlinefilter für Websites, um Ex-Freundinnen aufzuspüren, die einen verlassen haben. Chatnummern, für die Bearbeitung von Rachegefühlen. Private Telefonnummern sämtlicher Kongressabgeordneter und Senatoren. Websites, auf denen man kubanische Zigarren und Kondome en gros kaufen kann. Eine *LGBT-Gemeinsam-sind-wir-stark*-Anlaufstelle. Sogar eine Nummer für ein Forum namens *Sokrates – Würdig sterben* gibt es, wo Psychologen mit einem Diplom von Oberlin und Macalester versuchen, einen Soldaten zur Rückkehr ins Leben zu überreden, voller Verständnis dafür, dass der Tod vielleicht die einzige verbleibende Option ist.

Natürlich scheitert unsere Mission gelegentlich auch. Ein junger Matrose aus Piscataway, gerade drei Tage aus Kandahar zurück, verstopfte die Auspuffrohre seines Trans-Am mit gestohlenen Exemplaren von *Salut!* und entschlüpfte den freudlosen Fesseln der Erde auf dem Parkplatz des Nationalparks von Washington Crossing – am Steuerrad hing ein Zettel mit dem Text: »Das ist die Zukunft. Stellt Euch drauf ein.« Wenn jemand gehen will, kann man nichts tun, aber vermutlich hat der Handschlag auch nicht geschadet.

Meine Autouhr zeigt 11:15 an. Der Streifenbarsch-Bursche packt sein Zeug in den Eimer und hängt den Haken in den Angelgriff. Die Flut ist da. Er hatte dem Chaos an Land den Rücken zugedreht und geangelt, als wäre es gar nicht da.

Die kleinen Gestalten am Strand mit dem nebenhertrottenden Hund sind jetzt deutlich sichtbar. Sie entpuppen sich als die Glucks, ungesellige Nachbarn von damals. Arthur war früher Professor an der Rutgers (der Titel wurde ihm wegen Plagiat entzogen – die üblichen »übersehenen« Dinge und »Unaufmerksamkeiten«). Er zockelt neben seiner plumpen Gattin Allie Ann und einem fast bewegungsunfähigen, hängebäuchigen braunen Hund her, den sie, das könnte ich schwören, vor zehn Jahren auch schon hatten, so dass er heute bestimmt achtzehn ist. »Pups«. Die Glucks, die Ende achtzig sein müssen, haben sich nicht viel besser gehalten als ihr Hund, ihr Gang über den flutbedrängten Strand ist altersbedingt schwerfällig, sie tappen untergehakt und mit gesenktem Kinn dahin, ausstaffiert wie Eskimos und aneinandergelehnt wie ein einziger Kloß Mensch. Sind sie hier, frage ich mich, um die Trümmerlandschaft zu besichtigen? Ihr Haus ist weg. Oder sind sie rechtzeitig davongekommen (wie ich) und haben sich in eine Seniorenresidenz mit abgestufter Betreuung in Somerville eingekauft, wo sie per Bus zum Biosupermarkt gebracht werden, wo rund um die Uhr Dr. meds von der Uni Columbia vor Ort sind und wo sie ihren Electra Baujahr 95 behalten können, bis der Staat ihnen die Schlüssel wegnimmt? Bevor ich mit denen rede, springe ich lieber in mein vollgelaufenes Kellerloch. Was für ein verdrucktes Wiedererkennen würde in ihren Knopfaugen aufschimmern? »O ja, natürlich, Mr. Bascombe. Natürlich, natürlich, NATÜRLICH!« Wie oft erhaschen wir an einem unerwarteten Ort einen flüchtigen Blick auf alte Bekannte, Nachbarn, frühere Lehrer, Militärkameraden und tauchen schleunigst in eine Seitenstraße ab, um ihnen bloß nicht zu begegnen? All das, weil 1) wir es nicht wollen; 2) es viel zu viel Unausgesprochenes gibt, das nicht ausgesprochen werden muss – eine chinesische Mauer aus Worten, die auf uns niederstürzen und uns unter sich begraben würde; 3) wir wissen, dass es den anderen mit uns genauso geht. Wir sind doch die Letzten – jedenfalls die meisten von uns –, mit denen einer, der recht bei Sinnen ist, reden will, selbst zu Weihnachten.

Ich rutsche auf meinem Sitz tiefer und schließe das Fenster, falls die Glucks mich sehen. Aber sie werfen nicht mal einen Blick auf das Auto, das fünfzig Meter von der Stelle geparkt ist, wo früher unerschütterlich ihr Haus stand. Sie stapfen, den Hund um ihre Knie, über den leeren Strand wie Gespenster. Wohin können sie schon zurück, außer in den Nebel?

Und dann will ich plötzlich nicht mehr hier sein – überhaupt nicht. Welcher Schutz des Binnenlandes mich auch immer umgab, er hat sich abgenutzt und macht mich jetzt zu einer – Zielscheibe. Des Verlustes. Der Trauer. Zu genau dem, was ich nicht sein wollte, weswegen ich in den letzten Wochen bewusst nicht hier war und auch jetzt nicht sein sollte. Diese Empfindungen bedrücken mich mehr, als ich zugeben möchte, denn sie ähneln einer schlimmen Vorahnung – wie ein Schatten, der auf dem Spielfeld über die Grasfläche fällt, genau dort, wo ich zufällig stehe. Wenn der Schatten den letzten Grashalm verdunkelt, kommt die Luft plötzlich zum Halt, kalt, und alles ist vorbei für mich. So, wie es letzten Endes ja auch eintreten wird. Wer wollte mir vorwerfen, dass ich es hier und jetzt schon empfinde?

Aber wenn die Unterlassungsaufforderung kommt, bin ich bereit. Hier zu sein macht mich kontextlos schuldig. Als wäre man dabei, während ein Mensch, den man kennt, aber nicht gut kennt, urplötzlich in einen Abgrund der Verzweiflung stürzt und in Tränen ausbricht, und man kann nichts machen, nur wünschen, er oder sie würde verdammt nochmal aufhören. Ich fühle mich nicht im Geringsten schuldig für irgendetwas, das hier passiert ist, und doch ist mir, als wäre ich in den Verfall und die traurige Zukunft von allem verwickelt. Damit hatte ich nicht gerechnet, überhaupt nicht, aber so ist es auch gar nicht. Dumm, sonst nichts, dumm, dumm, dumm. Also ich. Mal wieder.

Aber soll ich nun einfach nur dasitzen – bei surrendem Motor, in der Hoffnung, dass mich das Gefühl, am Kontinentalrand zu sitzen, wieder aufbaut? Soll ich die *Fanfare* wieder anstellen (in Obamas Gedenkrede für Lincoln hat sie funktioniert)? Soll ich aussteigen, in die neblige Kälte, und um mein altes Haus herumstöbern, womöglich etwas erspähen, das ich vor zehn Jahren dort vergaß? Einen Wäschekorb aus Plastik? Eine Fahrradpumpe, auf der in rotem Nagellack *Bascombe* steht? Was verflucht nochmal soll ich jetzt tun? Jeder andere würde wegfahren. Ich aber habe natürlich Angst, dass ich mir einen Dachnagel in meine Gürtelreifen fahre.

Vor meinem Wagenfenster steht Arnie Urquhart, oder ein Mann, den ich für ihn halte, und redet, unhörbar durch die geschlossene Scheibe. (Wo hat er den Lexus versteckt?) Er zeigt auf etwas jenseits der Böschung, hinter den Trümmern meines alten Hauses – seines alten Hauses –, hinter diesem wie vom Himmel gefallenen Klafter Bauklötze. Womöglich hatte ich gerade eine Kohlenmonoxid-Absenz. Ist er schon lange hier? Ist unser Termin schon vorbei? Habe ich alles wieder gutgemacht, wie früher?

Anscheinend redet Arnie gerade über die Zwillingstürme, wahrscheinlich zeigt er deshalb gen Norden. Früher glaubte ich immer, ich könnte sie von meiner Terrasse aus sehen, dabei waren das nur Wolken und optische Täuschungen. »Um so was durchzuziehen, musst du echt Mumm haben«, sagt Arnie gerade, als ich das Fenster herunterlasse. Plötzlich ist er ganz nah. »Wenn dieser riesige Wolkenkratzer direkt auf dich zurast, mit vierhundertfünfzig Sachen, scheiße. Echt faszinierend.« Ich kann die Tür nicht aufmachen, weil Arnie im Weg steht. Feuchte, dunstige Meeresluft weht mit dem Luftzug herein, dabei hatte ich es hier drinnen schön warm. Als ich in Ann Arbor auf dem College war, liebte ich die Kälte. Vorbei. »Wir ziehen unsere Katastrophen auf unser eigenes Niveau runter, stimmt's, Frank«, sagt Arnie. »Aber das konnten diese armen Leute nun wirklich nicht. Wir hier unten haben also im Grunde Glück gehabt. Verstehst du?« Arnie wendet sich dem zerschmetterten Kadaver seines Hauses zu. »Erinnerst du dich an das hier? Junge, Junge.« Das Zischen des Ozeans wird vom Stöhnen eines Nebelhorns übertönt. Komisch, dass ausgerechnet das funktioniert, als Einziges.

»Die Natur hat wohl immer etwas mit uns vor, Arnie.« Dieses Theodore-Roethke-Zitat ist und bleibt eine sichere Bank und passt zu den meisten menschlichen Situationen. Als ich Arnie das Haus verkaufte, tauschten wir ein paar Anekdoten über den armen alten Ted aus.

»Raus an die frische Luft, Frank«, sagt Arnie und geht auf das entwurzelte Haus zu, als hätte er jeden Gedanken an mich fallengelassen. »Komm jetzt endlich raus, verdammt nochmal, und sag mir, was ich mit diesem Wrack anfangen soll.« Er spricht in den Wind. »Ich hab hier ein Problem, das kann man doch sagen, oder?«

Arnie Urquhart hat sich verändert, seit ich ihn das letzte Mal beim Vertragsabschluss vor zehn Jahren sah, und zwar dramatisch. Jedes Jahr schrieb er mir zu Weihnachten, immer mit einem Hochglanzfoto, das mehrere strahlende, vor Gesundheit strotzende Menschlein präsentierte, entweder auf einem dichten, golfplatzgrünen Rasen im Eichenschatten, vor einem weitläufigen weißen Haus mit roten Fensterläden; oder dieselbe Meute in Strandklamotten, ein grinsendes Menschenknäuel im Sand, dahinter ein funkelndes Meer und vorne, mittig, ein Golden Retriever. Ich ging immer davon aus, dass das Strandfoto mehr oder weniger da aufgenommen worden sei, wo wir jetzt stehen, und dass es zeigen solle, wie der angemessene Erfolg eines wunschgemäß gelaufenen Lebens aussieht. Irgendwann gesellte sich ein lächelndes *braunes* Gesicht zu der Weihnachtspräsentation (weiblich, hübsch, jung, in irgendeinem folkloristischen oder Stammeskostüm). Zwei Jahre später war das Gesicht dann ersetzt worden durch eine noch breiter grinsende Blondine, die ich aus irgendeinem Grund für eine Russin hielt. Da hätte mir Arnies verändertes Aussehen auffallen können, wenn ich genau hingeschaut hätte. Aber so langweilig war mir nie.

Irgendwann im Laufe dieses Jahrzehnts hat Arnie aufwendig »etwas machen lassen«. Der Arnie Urquhart, dem ich mein Haus verkaufte, war ein 54-jähriger, stämmiger, bierbäuchiger, plump-knöchliger alter Wolverine-Torhüter mit beginnender Glatze, einziger Sohn eines hartschaligen Hummerfischers aus Eastport, Maine. Dank seines Hockey-Talents hatte es Arnie vom Boot runtergeschafft, Geschichte studiert und sich akademische Sporen verdient. Nach seinem Abschluss fuhr er pflichtschuldigst nach Eastport zurück, um bei seinem alternden Vater achtern mitzuschippern, aber »der Alte hat mich rausgeschmissen, zu meinem eigenen Besten«. Danach studierte er BWL an der Uni Rutgers, arbeitete zehn Jahre als Lebensmittellieferant für Großunternehmen, zog dann mit seinen eigenen Ideen los und machte einen Haufen Geld mit einem schicken Fischladen, der in Bernardsville und Basking Ridge an Leute mit dem ganz großen Geld lieferte. Arnie, der verlässliche Junge aus Maine, ein athletisch-zäher, in der Wolle gefärbter Fisch-Gnostiker, hatte begriffen (ein Schnellmerker war er auch), dass sein eigentliches Produkt die Authentizität war, seine eigene und die des Asiatischen Arowana und Goldenen Ossietra. Die Bosse von Exxon und Cantor Fitzgerald fanden ihn alle toll. Er tauchte höchstpersönlich mit hochgekrempelten Ärmeln und entblößten fleischigen Unterarmen im Lieferwagen auf, um mit breitem Grinsen beste Dienstleistung zu höchsten Preisen anzubieten. Er schleppte Tabletts, arrangierte Kanapees, fuhr unermüdlich x-mal zum Laden zurück, alles, damit jedes einzelne fischige Detail perfekt war, wenn nicht besser. Er rief seinen reichen Kunden in Erinnerung, wodurch unsere Republik groß und mächtig und auf immer unbezwingbar geworden war, nämlich durch das Arbeitsethos Neuenglands, wo man sich die Hände schmutzig (und stinkig) machte. Und dass sie nach Harvard, Yale und Dartmouth gegangen waren, damit sie höchstens auf Armeslänge, auf Arnies verschwitzte Unterarmeslänge, an dieses Ethos herangerieten, bloß nicht näher.

»Ich kann nur den Kopf schütteln, Frank«, sagte Arnie damals zu mir, als wir 04 den Hausverkauf durchzogen. »Mein Alter würde jeden Einzelnen von diesen Schwanzlutschern ersäufen wie einen winselnden Welpen. Aber ich mag sie. Sie bringen mir mein täglich Brot. Wenn die weg vom Fenster sind – und das wird nicht ausbleiben, denk an meine Worte –, stehe ich immer noch da oben in Hopatcong, Fischlaich an den Händen, und beliefere die nächste Limousine voller Kleingenies mit Hummer.«

Arnie verstand was von der Zukunft. Wie viel er davon verstand, hätte jedem, der sich 08 für unsere Wirtschaft interessierte, was wert sein können.

Doch wie sich Arnies Äußeres seither verändert hat, ist fast beängstigend. Sein großes Gesicht, einst schrundig und zerfurcht von einer Kindheit in der Salzluft, wirkt jetzt wie lackiert, als hätte er sich eine Auszeit auf der Insel genommen und dabei gleich ein paar neue Gesichtszüge geholt. Seine Haare sind auch irgendwie komisch. Wie Corporal Alyss war Arnie nie ein gutaussehendes Viech. Und auch jetzt, mit all den komischen Neutapezierungen und Umfräsungen, die er hat machen lassen, sieht er kein bisschen besser aus als früher, und jünger auch nicht – was doch das Ziel gewesen sein muss. Er hat denselben zähnefletschenden Mund, dasselbe streitsüchtige Kinn, dieselbe Backsteinstirn über den zu eng stehenden

Augen und den fleischigen Ohren. Ich hatte das neue braune Gesicht auf den Weihnachtsfotos für die junge Frau eines Sohnes gehalten. Aber wahrscheinlich gehörte sie zu Arnie, der in der Zwischenzeit viel Kohle gemacht und seine Erstfrau gegen ein Upgrade ausgetauscht hatte, zuerst eine reizende Shu-Kai, dann eine vollbusige Swetlana. Und unterwegs hatte er das Bedürfnis verspürt, die alte Arnie-Oberfläche dem temperamentvollen, energischen, scheinbar alterslosen inneren Arnie-Wesen anzupassen. Oder so was. Und das erforderte dann auch eine drauftransplantierte Joe-Biden-Tolle als Ersatz für seine alte Footballspieler-Brikettfrisur – ein Follikelforst, der jetzt eingewachsen ist, aber nie im Leben natürlich aussehen wird. Außerdem ist die zentrale Kluft zwischen Arnies dicken Augenbrauen zugespachtelt worden – die Stelle, die er früher benutzte, um im Hafen jedem hartnäckigen Friss-oder-stirb-Starren zu trotzen, wenn der Heilbutt und die Krabbenscheren zu teuer waren. Das alte Rinnensystem auf seinem früher pockennarbigen Hals ist eingeebnet und sieht jetzt so glatt aus wie auf dem Wolverine-Mannschaftsfoto von 68. Damals lief er unter dem Spitznamen »Gumper 2«, weil er als Torwart so zäh und unüberwindlich war wie der legendäre Gump Worsley, brüllte gern mal zwischen den Rohren raus und trat jedem in den Hintern, der es seiner Meinung nach nötig hatte.

Ich muss einfach daran glauben, dass der alte Arnie da irgendwo drinsteckt. In Wahrheit sieht er mit seinem neu formulierten »Look« kompromittiert, ein bisschen dümmlich und (das ist das Schlimmste) leicht feminin aus – das wird ihm der Arzt kaum versprochen haben. Solche Entscheidungen sind nie empfehlenswert.

Arnie ist noch ein ganzes Stück weiter weggegangen und vor (beziehungsweise an der Seite von) unserem verwüsteten Haus stehengeblieben. Er späht in das durch Wind und Wasser bloßgelegte Innere – schockierende Räume, in denen Möbel, Rohre, Armaturen, Deckenbefestigungen, weiße Kabelbäume herumfliegen und -baumeln, was dem Gerümpel ein seltsam hoffnungsvolles Aussehen von Unfertigkeit gibt, wie ein Bühnenbild, so als ließe sich da noch was machen. Irrtum. Die Wetterfahne – in Gestalt des Esels der Demokraten –, die ich 99 unter großer Gefahr für Leib und Leben an den Dachfirst nagelte, hängt verbogen und verbeult herum – nicht zu identifizieren, wenn ich nicht wüsste, was sie ist und wofür sie steht. Opposition gegen »W« Bush.

Arnie trägt einen flotten, mittellangen Übergangsmantel aus braunem Leder, glänzende, flach geschnittene italienische Slipper, eine Tweedhose ohne Aufschläge, die bei Paul Stuart wahrscheinlich einen Tausender gekostet hat, und einen dunkelbraunen Kaschmir-Rolli, so dass er insgesamt eher an einen Mafiapaten erinnert als an einen hochpreisigen Fischhändler.

Ich habe mich aus meinem Wagen gekämpft, das Kaugummi weggeworfen und sofort angefangen zu frieren – vor allem an den Rippen –, als hätte ich unter der Jacke kein Hemd an. Das mit der klimamildernden Auswirkung des Golfstroms ist natürlich totaler Quatsch. Ich trage eine alte Newburyport-Jacke von L.L.Bean, Chinos und Bootsschuhe – Hauskleidung für den Rentner aus der Vorstadt, der noch nicht ganz in der Wirklichkeit angekommen ist. Außerdem mache ich mir Sorgen, selber womöglich auch in einen Nagel zu treten. Seit Sally einen ganz bestimmten Satz zu mir sagte, habe ich das Bedürfnis, beim Gehen bewusster meine Füße zu setzen – das »Opa-Schlurfen« ist schließlich ein nicht zu maskierendes Anzeichen dafür, dass die letzte Reise näher rückt. So werde ich auch nicht stürzen und mir die Gräten brechen.

Was haben die alle mit dem Stürzen? »Er ist bös gestürzt und das war's dann.« »Der Ärmste ist nach seinem Sturz nie wieder auf die Beine gekommen.« »Er brach sich die Hüfte bei einem Sturz und war danach nicht mehr derselbe.« »Er verschied relativ bald, nachdem er im Garten gestürzt war.« Wie tief stürzen diese Leute denn, bitte schön? Von Gebäuden runter? Über schäumende Wasserfälle hinweg? In Kanalisationsschächte hinein? Ist es weiter bis zur Erde als früher? Wenn ich früher auf Glatteis ausrutschte, fiel ich hin, sprang wieder auf und dachte nicht weiter drüber nach. Jetzt ist so was ein Todesurteil. Sally sagte nämlich Folgendes zu mir: »Pass auf, wenn du die Eingangsstufen runtergehst, Schatz, die sind ein bisschen uneben, nicht dass du stolperst.« Warum bin ich neuerdings ein wandelnder Unfall, der jeden Augenblick passieren kann? Warum macht mir das größere Sorgen als die Frage, ob es ein Leben nach dem Tod gibt?

Nebel hat sich auf den überfluteten Strand geschoben. Mir brennen die Wangen und die Hände von der feuchten Kälte. Die Luft schwebt um den Kondensationspunkt, kurz davor, zu Wasser zu werden und, sobald die Temperatur fällt, zu gefrieren. Irgendwo in der Nähe verstummt eine fies jaulende Motorsäge. Eine LKW-Tür schlägt zu, der Motor startet, heult auf, erstirbt. Das mexikanische Abrisskommando, unsichtbar hinter der Böschung, hat sich für ein frühes *almuerzo* verdrückt. Die ruhige, wundersame Schönheit der Meeresküste senkt sich herab. Außer dem Zischen des Ozeans und dem Nebelhorn ist nichts zu hören.

Und mich schlägt, als wär ich ein Pilger in Agra, die solide Ortsfeste meines früheren Hauses in Bann, eines Wracks, das nur durch sein eigenes Gewicht am Platz gehalten wird. Nun, da seine früheren Nachbarhäuser alle fort sind, hat es sich auf der Böschung niedergelassen. Feierlich und still liegt es da, scheint fast zu trauern in seinem leichten Schwanken, als wüsste es um seine Unbewohnbarkeit, sei aber fest entschlossen, seine Würde in schierer Größe wiederzufinden. Ich schaue zu meinen Füßen hinunter, um festzustellen, ob ich festen Stand habe. Da fällt mir etwas auf, neben meinem sandverkrusteten Schuhleder. Ein hellblaues Kondom liegt vor der einen Schuhspitze – ohne Verpackung, langgezogen und verbraucht, seine jugendlichen Benutzer in weiter Ferne. Ich könnte das als ein Scherzgeschenk Poseidons betrachten. Lieber sehe ich es aber als Zeichen, dass die Menschen bereits an diesen Ort zurückstreben – nun, da er leer ist – und den Strand so nutzen, wie sie es immer taten und auch tun sollten. Hier wird komplexes Leben weitergehen, wahrscheinlich schneller als vorhergesagt, und die Zeit wird voranschreiten.

»Also. Sagt dieser Typ zu mir. Dieser Schmock-Spekulant«, tönt Arnie von da, wo er steht. Vertreter der Obrigkeit haben einen roten Kreis auf die abgerissene Seitenwand des Hauses gesprüht, ihn wie in Kuchenstücke aufgeteilt und rätselhafte Zahlen und Buchstaben hineingeschrieben – als Code für den aktuellen Zustand des Gebäudekörpers und seine Zukunftsaussichten. In Kurzform: Totalschaden. Arnie redet immer weiter. Eigentlich egal, zu wem – wenn denn noch jemand da wäre. Mir fällt auf, dass er seinen alten Maine-Akzent abgelegt hat, kein *njak-njak* mehr.«... sagt dieser Spekulant: ›Wir kaufen Ihr Grundstück, bezahlen den Abtransport der Trümmer. Wir stellen Ihnen auf der Stelle einen Scheck aus. Weil Sie nämlich Steuern auf das Scheißding zahlen müssen, ob mit Haus oder ohne. Die Versicherung zahlt nichts. Und falls Sie wiederaufbauen wollen, gehen die Prämien durch die Decke – vorausgesetzt, es versichert Sie überhaupt einer. Aber sobald die Lakaien von unserm Scheiß-Obama eine neue Hochwasserkarte veröffentlicht haben, sitzen Sie auf unbebaubarem Land. Wenn es nicht schon wieder überflutet worden ist. Und das Scheißding muss dann auch noch auf

Scheißstelzen. Wer will denn so ein afrikanisches Gebastel? Strand-
lage, ha! Großes Kino.« Arnie schüttelt den Kopf und starrt zu der
leeren Hülle hoch. Er schnüffelt, räuspert sich, hustet, auf die neue,
vom Gesundheitsamt befürwortete Weise – in die Ellbogenbeuge.
Garantiert hat seine neue Frau ihn darauf gedrillt, von selber täte er
so was nie. »Also, Frank, wie siehst du das? Als neutraler Beobachter?
Was würdest du tun? Vor genau einem Jahr hab ich nein zu drei Millionen gesagt. Und da stand es schon scheiße um den Markt. Im
Klartext: Ich bin am Arsch.«

»Was bietet der Kerl denn?« Arnie steht ein, zwei Meter höher auf
der Böschung. Ich weiß nicht, ob er mich hört.

»Fünf und ein paar Gequetschte. Hab ich doch gesagt«, antwortet Arnie bitter. »Ich wollte das Ding den Kindern hinterlassen. Meine Tochter ist im diplomatischen Dienst in Indien. Mit eigenem
Wagen und einem bewaffneten Scheißchauffeur.«

»Brauchst du das Geld?« Jetzt bin ich höchstens einen Meter von
ihm entfernt, aber ich rede immer noch nach oben.

Die wattige Weiße des Nebels hat eine Wolke aus glasigen
Schwimmkörpern wie einen Schwarm in mein Blickfeld geschickt,
was mich etwas desorientiert. Kleinste Kaulquappen aus Blutzellen,
die da umhertreiben und bleiben, wie Weltraummüll – Folge eines
lang vergangenen Schlagstockhiebs bei den Marines, direkt aufs
Auge. Sie sind harmlos und wären sogar hübsch, wenn mir nicht
schwindlig davon würde.

Arnie glaubt offenbar, dass die Frage nach dem Geld keine Antwort erfordert, denn er hat die Hände in die Taschen gesteckt und
sein großes Kinn vorgereckt wie Mussolini.

»War alles abbezahlt, Arnie?« Wie gesagt, ich habe nicht in meinen Akten nachgeschaut. Ich glaube, da ging Bargeld über den
Tisch – aber eine zweite Hypothek ist natürlich möglich.

»Nee«, sagt Arnie. »Fehlanzeige. Ich hab dich in bar bezahlt. Du verlierst den Überblick, Frank.« Er wirbelt herum und betrachtet mich abschätzig, wie ich da ein paar Schritte hinter ihm an der Böschung stehe. Natürlich gibt es eine Standardberechnung für Katastrophenschäden: Man ziehe die Wiederaufbaukosten vom Wert des Hauses am Tag vor der Katastrophe ab (das war der 28. Oktober); plus fünfundzwanzigtausend als Zuschlag für die Ungelegenheiten, und dann verkaufst du den Scheiß für keinen roten Heller weniger. Das kann natürlich auch schiefgehen, wenn man sich nicht sicher sein kann, dass der Grund und Boden in zehn Jahren noch Grund und Boden ist und nicht Meerwasser. Normalerweise rate ich in den meisten Fällen zu Geduld. Geduld ist allerdings ein prälapsarisches Konzept in einer postlapsarischen Welt.

»Wenn einer von diesen Spekulanten dasselbe erleben müsste wie ich, weißt du, was ihm passieren würde?« Arnie hat sich umgedreht und kommt, immer mehr Sand in den Slippern, die Böschung runter. Er hat seinen Ruin und seine Ruine lang genug angestarrt. Er will gar keinen Rat von mir.

»Er würde reicher werden, Arn«, sage ich.

»Also scheiß drauf«, sagt Arnie. »Scheiß mit ß.« Wie bei den meisten Gesprächen zwischen mündigen Erwachsenen ist nichts Entscheidendes ausgetauscht worden. Arnie hat bloß jemanden gebraucht, dem er sein zermalmtes Haus zeigen konnte. Und es gibt keinen Grund, warum dieser Jemand nicht ich sein sollte. Durchaus kein unerhörter menschlicher Impuls.

Arnie geht direkt an mir vorbei auf mein Auto zu. »Du bist da gründlich raus, Frank«, sagt er. Von nahem sehe ich die Elemente seines neuen, verweiblichten Gesichtes besser. Vielleicht vergisst er manchmal, wie er aussieht, dann fällt es ihm wieder ein und er sucht erschrocken nach einem Fluchtweg. Dann wird ihm klar, dass die anderen alle den neuen Arnie sehen, so wie er jeden Morgen im Spiegel, und dass das total schräg ist. Die geglättete, früher zerknitterte Gumper-Stirn, die dümmliche, baumgrenzenartige Haartransplantation, die neu gepflasterten Wangen und der entfurchte Hals. Ich für meinen Teil schaue einfach nicht mehr in den Spiegel. Das ist billiger als kosmetische Operationen.

»Also ich würde Folgendes tun, Arnie«, sage ich zu Arnies Rücken, der die Böschung hinunterstapft. »Verkauf das Scheißding, soll sich ein anderer Sorgen darum machen. Dann ist es NDP. Nicht dein Problem.« Keine Ahnung wieso, aber jetzt rede *ich* wie ein Gangster aus New Jersey.

Arnie hört mich nicht. Er steht im wabernden Nebel schon fast neben meinem Auto. Es ist kälter geworden, als ich mir in meiner dünnen Jacke eigentlich zumuten will. Meine Zehen brennen, durch die Schuhsohlen hindurch.

Arnie, neben meinem blauen Wagen, dreht sich nach mir um. Ich bin immer noch auf halber Höhe des sandig-krautigen Hangs, hinter mir die Trümmer des Hauses. Das Nebelhorn schickt seinen elendiglichen Ruf aus dem Nichts herüber. Der Streifenbarsch-Angler ist längst fort. Genauso die Glucks (die wir immer »die Glucken« nannten). Nur wir sind noch da. In männlicher, nicht schwuler Zweisamkeit, auf einer unbestimmten Mission des Tröstens und Getröstetwerdens, die sich mit einem Mal als sinnlos entpuppt hat.

Und das heißt, da könnte sich was zusammenbrauen. Arnie ist jemand, der sich nur mit seinem Namen am Telefon meldet – bei uns heißt das so viel wie: »Ja? Was ist? Sag, was du zu sagen hast, oder zisch ab.« Solche Männer sind überaus reizbar, man kann sich nicht darauf verlassen, dass sie das Richtige tun. Wie viele Frauen melden sich bei uns am Telefon, indem sie nur ihren Namen sagen? So viel zum Thema »Ich bin da«.

»Was ist das denn, ein Sonder-Honda? Ein Daihatschi?« Arnie lehnt sich an die Autotür, als fände er die Plastikkotflügel und den himmelblauen Lack besonders witzig.

»Ein Hyundai«, sage ich etwas beklommen, dann tue ich – mit prickelnd-tauben Zehen, sandklammen Socken und feuchten Händen – einen falschen Schritt auf dem sandigen Abhang. Es reißt mich halb auf die Seite, immerhin nicht ganz aufs Gesicht. Kein echter Sturz. »Scheiße. Verdammter Sand.« Ich hänge in der Schwebe wie Arnies Haus, halb auf dem Arsch, halb auf meiner Hand, und versuche wieder Tritt zu fassen, damit ich von diesem verfluchten Sandpfeiler runterkomme. Ich habe Angst, mir einen Schiefhals zu holen. Wahrscheinlich sollte ich den Rest des Weges lieber nach unten rollen.

Arnie hat nichts gemerkt. »Ein Hybrid, was.« Er ist immer noch mit meinem Auto beschäftigt. »Wie du, Frank.« Ganz plötzlich wirkt er überaus zufrieden – wer weiß womit. Verzweiflung und Trauerarbeit haben sich im Nebel aufgelöst. Ich rappele mich wieder auf. Aber ist irgendetwas geschehen? Das, was ich befürchtete – dass Arnie auf mich losgeht? Womöglich hat er eine Walther dabei und knallt mich gleich ab, weil ich ihm mal ein Haus verkauft habe, das heute nicht mehr als Hühnerfutter wert ist. Das habe ich mir selber eingebrockt. Männer sind eine komische Spezies.

»Was für ein Hybrid, Arnie«, bringe ich mühevoll hervor. »Aus was und was?«

»Ich trete dir nur ein bisschen auf die Hühneraugen, Frank. Du siehst verhärmt aus. Passt du auch auf dich auf?« Jetzt bin ich endlich von dieser Böschung runter, die Schuhe voll kaltem Sand, den Arsch klamm. Arnie hingegen sieht robust aus, das sollten die kosmetischen Arbeiten ja auch bewirken. Es ist, als wäre seine Brust um mehrere Zentimeter geschwollen, seine Stimme tiefer geworden.

Ich mag es nicht, verhärmt genannt zu werden. »Du solltest mal Yoga machen, Frank.«

Jetzt bin ich wieder auf Augenhöhe, wenn auch wacklig. »Ich schaue, dass sich die Maschine von selbst am Laufen hält, Arnie.«

»Okay«, sagt Arnie. »Wahrscheinlich nicht dumm.« Vielleicht denkt er gerade über seine Schönheitsoperationen in Kontrast zu dem verhärmten Frank nach. Neuer Kühlergrill. Neue Stoßstangen. Aber in meinen Augen sieht Arnie aus wie jemand, der *früher mal* Arnie Urquhart war. Alter und Veränderungen haben ihn ein bisschen jeck und unvorhersehbar gemacht – auch für ihn selbst. Das erlebe ich gerade hautnah.

Ich bleibe neben einem der Frontscheinwerfer meines Sonata stehen. Mir ist weihnachtskalt. Arnie verstellt mir jetzt den Weg in den Wagen – falls ich nicht außen herumgehen und zur Beifahrertür reinkrabbeln will. Am liebsten würde ich jetzt einsteigen und die Heizung hochdrehen. Aber ich will den Eindruck vermeiden, ich wäre quasi auf der Flucht. Hier hat immer noch Arnie – trotz aller wächsern-modellierten Merkwürdigkeit – sein Haus verloren und eine Verletzung erlitten, die mir erspart blieb. Er hat ein bisschen Nachsicht verdient. Unser Mitgefühl ist gerade dann am meisten gefragt, wenn es am wenigsten geboten scheint.

Der Nebel hat sich bis zum Saum des Wassers zurückgezogen, als hätte der Gezeitenwechsel ein Vakuum hervorgerufen. Überall hat sich strenger Fischgestank ausgebreitet. Ich schaue durch den blauweißen Dunst nach oben und erblicke noch einen AirTran-Jet, der sich nach oben schraubt. Ich hatte ihn gehört, aber nicht bemerkt.

»Werde wohl schnell handeln müssen«, sagt Arnie, wieder bei seinem Haus und der Scharade, dass mein Hiersein einem echten Zweck dient. »So läuft das doch, oder?«

»Manchmal«, sage ich und taste nach der warmen Kühlerhaube. »Wie im Fischhandel. ›Lässt du's einfach liegen, wärst du besser ausgestiegen. So ernährst du nur die Fliegen.‹«

Ich muss lächeln, als finge dieser Gedanke das ganze Leben ein. »Klingt besser als ›Schnell, schnell in den nächsten Stau‹.«

»Das ist Alte-Männer-Philosophie«, schnauft Arnie und betrachtet seine eigenen versauten Schuhe.

Während ich, bei diesem geringen Abstand von anderthalb Metern, meine Augen schweifen lasse, überallhin, nur nicht in Blickkontakt mit ihm, hat sich Arnie (in meiner sprühenden Fantasie) wie durch Zauberhand in einen anderen Jungen verwandelt, der auch mit mir auf die Uni Michigan ging – Tapper Spitz. Über die Jahre bin ich immer wieder an den merkwürdigsten Orten über Tap gestolpert. Im Wartezimmer der Urologieabteilung in der Mayo-Klinik. Auf dem Abholerparkplatz des Flughafens von Philadelphia. Auf dem Bürgersteig vor der *My-Office-Bar* Ecke 21. und Madison. Tap gehörte auch zu den Wolverines. Wahrscheinlich kannten sie sich, Arnie und er. Wie sagt der Dichter? »Jegliches Erinnern löst sich auf zu Hinschauen.« In diesem belasteten, leeren Augenblick kann ich mir viel leichter vorstellen, ich wäre mit dem alten Tapper hier als mit dem alten Arn. Zufällig weiß ich, dass Tapman L. Spitz bei seiner Lieblingsbeschäftigung den Tod fand – beim Paraskiing den Eiger runter, an seinem fünfundsechzigsten Geburtstag. RIP, alter Tapper.

»Meiner Frau gefällt es hier unten nicht.« Arnie/Tapper zieht seinen großen, noch unveränderten Zinken hoch und verschränkt die dicken Arme – gar nicht so einfach in dem knapp geschnittenen Mafiamantel. Er starrt wieder zu seinem Haus hoch, als wäre es genau da, wo es hingehörte. Ich soll wohl Bescheid wissen, dass er seine neue Frau meint, nicht das nette, teigig-plumpe Mädel aus

Ishpeming, das ich beim Vertragsabschluss kennenlernte und das zufrieden auf sein Leben schaute. Er schüttelt den Kopf. »Sie weigert sich herzukommen.«

»Ein Grund mehr, es loszuwerden«, sage ich. Tapper verblasst leider schon wieder, verschwindet dort, wo er herkam. Nach geleisteten Diensten.

»*Na klar.*« Arnies Stimme klingt einsam. Er lehnt sich immer noch an meine Wagentür und versperrt mir den Zugang. Eine Möwe hat uns erspäht und kreischt wild und rhythmisch. *Runter vom Strand, ihr Arschlöcher! Der gehört uns! Wir wollen ihn wiederhaben. Ihr habt euer Schlimmstes gegeben. HAUT AB!* »Was ist das Rätselhafteste, das du kennst, Frank?«, fragt Arnie mit einem spekulativen Blick über seine aufgeblähten Fettbacken hinweg. Wenn's nach ihm ginge, könnte unser Gespräch auch vorbei sein, er weiß nur nicht, wie er es beenden soll – sein Kopf rast schon voran zu Überlegungen, wie er seinen Fischhandel expandieren kann, seine Diplomatentochter nach Hause locken, damit sie den Laden schmeißt, seine junge Frau dazu bringen, sich mehr für *seine* Interessen zu interessieren, und wie er es schaffen kann, dass alles besser läuft, als er sich mit seinem Neustyling fühlt. Bis Silvester ist sein verwüstetes Haus weg, da bin ich mir sicher.

»Ich weiß nicht, Arnie. In welchem Universum steckt unser Universum? Warum haben urplötzlich so viele Leute Bauchspeicheldrüsenkrebs? Wie funktioniert eine Thermoskanne? Mir fiele da so einiges ein.«

Arnie löst die verschränkten Arme, schiebt beide Hände an den Seiten durch sein Haar, genau wie Biden, räuspert sich und tritt dann zur Seite, als wäre ihm plötzlich aufgegangen, dass er mir die ganze Zeit den Zugang zu meinem Auto versperrt hat (meine Chance, schleunigst aus der Kälte rauszukommen). Arnie hat Falten so tief wie der Kaimangraben in seinen beiden dicken Ohrläppchen. Vielleicht hat er düstere Vorahnungen, aber er würde sie nie eingestehen.

Ich taste mich vor. Mein Hals verhärtet sich schon, nach meinem Teil-Sturz. Irgendetwas habe ich mir gezerrt. Arnie tritt zurück, als hätte er mir mein Auto verkauft und wollte jetzt zuschauen, wie ich mich zum allerersten Mal daran freue. Ich versuche, nicht allzu hastig einzusteigen. Ich weiß nicht recht, was da gerade genau zwischen uns passiert. Ein eigenes, kleinformatiges Mysterium.

»Bist du Obama mal begegnet, Frank?« Arnies harter Mund kräuselt sich zu einem typischen Ausdruck des Ekels. Keine Ahnung, warum er mich das fragt.

»Nein, Arnie. Noch nie.« Meine Hand liegt auf dem Türgriff, packt fest zu. »Nicht so meine Kragenweite, der Bursche.«

»Du hast ihn gewählt, oder?«

»Beide Male. Ich finde ihn super.«

»Ja, ja. Dacht ich mir schon.«

Ich würde tippen, dass auch Arnie ihn gewählt hat, es aber nicht zugeben kann.

Jenseits der Böschung, von wo zuvor der Lärm der Säge und des Hämmerns herüberkam, läuft wieder das knisternde Radio, zuerst zu laut, dann leiser. *»You're once, twice, three times a la-a-dee ...«* Wer singt das? Peabo Bryson? Ludacris? »Is so wie, estell dir vor, Serena Williams wär eine Mann.« Eine spanisch gewürzte Stimme dringt durch die kalte Luft, übertönt die Musik. »Se-re-na Williams iis eine Mann!«, antwortet eine andere Männerstimme. *»Noooo! Hombreeee!«* Allgemeines Gelächter. Das Leben ist gut, wenn du *die* bist.

»Bist du größer als früher, Frank?« Arnie geht jetzt auf mich zu, und auf seinem seltsamen, halb weiblichen Gesicht breitet sich ein Lächeln aus – als wüsste er, dass er meine Zeit verschwendet hat, wollte das aber jetzt rechtzeitig wiedergutmachen, bevor alles verloren ist, bevor der Strand wieder zum Reich der Möwen wird, alle Spuren von uns dahin.

»Ich habe die Persönlichkeit eines kleineren Mannes, Arnie.« Ich versuche, schnell einzusteigen, bevor Arnie näher kommt. Ich fürchte eine Umarmung. Sie könnte meinen Hals beschädigen und mich zum Invaliden machen. *Bonding* steht ganz oben auf der Liste der von mir abgeschafften Wörter. Emerson hatte recht – wie immer: Eine unendliche Ferne wohnt uns allen inne. Und ist das nicht auch ganz in Ordnung? Ferne verbindet uns so, wie sie uns trennt, aber auf eine tatsächlich rätselhafte Weise, die zugleich dem weiterlaufenden Leben völlig angemessen ist.

Arnie (der Idiot) hat tatsächlich vor, seine erstaunlich langen, lederumhüllten Torhüterarme um mich zu schließen und mich – wie einen Puck – an seine Brust zu drücken. Eine Abwehrparade. Ich kann nirgendwohin flüchten, versuche mich aber zu ducken, als er mich umschlingt, grässlich.

»Lass«, sage ich, von seinem blöden Mafiamantel gedämpft, der nach dem Inneren seines Lexus riecht, aber auch nach einem geschlechtslosen Herrenduft, den sich Arnie bestimmt ansprüht, *après le bain*, unter den gestreng wachenden Augen seiner russischen Frau, die mit dem Zeh trommelt wie Maggie bei Jiggs.

»Ja, Franky, wirklich krass«, murmelt Arnie, damit ich mich nicht so schlecht fühle wegen – was immer er glaubt, weswegen ich mich schlecht fühle (umarmt zu werden). Ganz klar, er ist *für mich da* (ebenso auf der Liste). Ein heftiges Frösteln fährt mir in die Rippen, das ist die Kälte vom Meer – wobei Arnie womöglich glaubt, ich würde schlottern oder gar schluchzen. Warum sollte ich? Ist doch nicht *mein* Haus zerstört worden. Ich versuche mich zu befreien. Mein Rücken wird gegen den metallischen Türrahmen gepresst, je mehr ich kämpfe, desto übler für meinen Nacken; oder noch schlimmer, ich kippe rückwärts in mein Auto, Arnie auf mich drauf, und der Schalthebel bohrt sich in meinen C-4-Wirbel, so dass ich als Nächstes im Krankenwagen liege und ins Krankenhaus von Toms River komme, wo ich schon mal war und nie wieder hinmöchte. Ich kann nichts tun – das übliche Dilemma von Menschen meines Alters. Was tue ich also, aus schierer Verzweiflung, ich erwidere Arnies Umarmung, lege meine Arme um seine Lederschultern und drücke zu, und sei's nur, damit ich nicht umfalle. Wer weiß, vielleicht ist das auch sonst ungefähr der Grund, warum sich Menschen umarmen. Arnie drückt mich viel zu fest. Mir ist, als träten meine Augen hervor. Mein Nacken pocht. Hinter mir gähnt die Leere des Autositzes. »Könnte alles schlimmer sein, Frank«, sagt mir Arnie ins Ohr, so dass mir der Kopf vibriert. Da hat er sicher recht. Könnte alles schlimmer sein. Viel, viel schlimmer, als es ist.

KÖNNTE ALLES SCHLIMMER SEIN

Letzten Dienstag habe ich einen Artikel in der *New York Times* gelesen, der davon handelte, wie es sich anfühlen würde, in den luftleeren Raum geschmissen zu werden. Es war ein kleiner Kasten auf der linken Innenseite des dienstäglichen Wissenschaftsteils, und solche Stücke wagen sich selten an die interessanten, persönlichen Aspekte der Dinge – an Stoffe, die eine Kurzgeschichte von Philip K. Dick oder Ray Bradbury mit tiefen (wenn auch völlig irrelevanten) moralischen Konsequenzen ergründen würde. Diese *Times*-Geschichten sind im Grunde nur dazu da, um niederen Managerchargen von Schwab und Azubi-Lohnsklaven von Ernst & Young abgefahrene Themen zu liefern, mit denen sie in den ersten morgendlichen Aufwärmminuten im Büro als belesen auftreten können, und vielleicht wird ja sogar ein Thema für den ganzen Tag daraus. (»Pass bloß auf, Gosnold, sonst schmeiß ich deine ganze Marktanalyse in den luftleeren Raum und dich gleich hinterher ...« Hochgezogene Augenbrauen, Grinsen allenthalben.)

In den luftleeren Raum geschmissen zu werden hat nichts besonders Überraschendes an sich. Die meisten von uns würden höchstens fünfzehn Sekunden bei Bewusstsein bleiben, womit sämtliche weiteren Überlegungen bezüglich Sinneswahrnehmung und Einstellung ziemlich belanglos werden. Der *Times*-Autor wies allerdings darauf hin, dass besonders gesunde Exemplare (Astronauten, Perlentaucher von den Fidschi-Inseln) tatsächlich bis zu zwei

Minuten quick und lebendig bleiben könnten, sofern sie nicht den Atem anhalten (würde ich nicht tun), was die Lunge zum Explodieren brächte, interessanterweise aber nicht die Haut. Wie es wäre, in dieser Situation bei Bewusstsein zu bleiben, wurde nicht genauer ausgeführt – wie man sich fühlt, woran man in seinen letzten zarten Momenten denkt, die so lange dauern, wie ich mir die Zähne putze oder (scheint jedenfalls manchmal so) beim Pinkeln brauche. Dabei kann man sich doch unschwer vorstellen, wie man mondsüchtig in seinem Glashelm herumsinniert und klarzukommen versucht, um nicht seine letzten wertvollen druckausgeglichenen Sekunden mit sinnloser Panik zu verschwenden. Wahrscheinlich würde man alles sich Anbietende mit Interesse betrachten – die Sterne, die Planeten, das grünblaue Rund der fernen Erde, den seltsamen, nah-und-doch-so-fernen Anblick des stählern-weißen Mutterschiffs, auf dessen Rumpf die Stars 'n' Stripes stehen; und die Anziehungskraft des Abgrunds selbst. Mit anderen Worten, man würde versuchen, die letzte kurze Spanne möglichst gut zu erleben, auf nicht vorhergeplante Weise. Wobei ich mir ebenso vorstellen kann, dass diese zwei Minuten Lebenszeit einem irrsinnig lange vorkommen. (Ich muss übrigens sagen, dass vieles von dem, was ich noch lese oder im Fernsehen sehe, auf mich wirkt, als wollte es mich so schmerzlos und prompt wie möglich von der menschlichen Bühne runterholen – was dafür sorgt, dass das Unbekannte weniger Unbehagen bereitet. Obwohl die Endlichkeit der Dinge oft das Interessanteste an ihnen ist – insofern, als die meisten Dinge ruhig etwas früher enden könnten.)

Zehn Tage vor Weihnachten erblickte ich, als ich in der Wilson Lane in meine Einfahrt bog, eine Unbekannte auf der Eingangstreppe. Sie stand vor der Tür, hatte vermutlich gerade geklingelt und sich gestrafft (das kennen wir alle), um dem Fremden, der gleich die Tür öffnen würde, deutlich zu machen, dass sie jedes Recht hatte, dort zu sein – und wenn nicht *jedes* Recht, so doch genug, um nicht gleich ausgewachsene Feindseligkeit hervorzurufen.

Die Frau war schwarz und trug einen leuchtend roten Weihnachts-Wintermantel, schwarze, glänzende Stiefel und eine lastkahngroße schwarze Handtasche, die zu ihrem Alter passte – von hinten schätzte ich sie auf Mitte fünfzig. Sie trug außerdem eine weihnachtliche, grüngestrickte Schottenmütze, die sie wie einen Topfhut heruntergezogen hatte, keine junge Frau wäre so herumgelaufen.

Ich hielt sie sofort für eine klinkenputzende Spendensammlerin von der African Methodist Episcopal Church, die auf schuldbewusste Gaben für das neue Sonnenaufgangs-Gotteshaus aus war. Die letzten schwarzen Spuren von Haddam waren jenseits des Boro-Friedhofs zu finden. Die blitzsauberen Fachwerkhäuschen dort hatten mittlerweile Nicaraguaner und Honduraner rekolonisiert, die die Gartenarbeit, die Dachreparaturen und andere häusliche Pflichten wie Einbrüche im Stadtgebiet von Haddam übernommen haben, oder sie führen »mexikanische« Restaurants, wo ihre Kinder an schlecht beleuchteten Katzentischen für Stanford und Columbia büffeln. Vor kurzem hatten die Besitzer dieser Häuser hammermäßige Steuererhöhungen in der Post, die sie sich entweder nicht leisten können oder aus Geiz nicht leisten wollen. Deshalb sind die Häuser jetzt für eine neue Welle frischverheirateter weißer Paare verfügbar, die zwei Jobs haben, nie zu Hause sind, nicht mal an Kinder denken und stolz darauf sind, in einem »Kulturerbe«-Viertel zu wohnen statt in einem tristen Townhouse, wo alles funktioniert, aber nicht »historisch« ist.

Ein paar übriggebliebene Neger haben durchgehalten – aber

mit Hängen und Würgen. Seit meine Frau Sally und ich vor acht Jahren von der Küste nach Haddam zurückgezogen sind, in die üppig baumbestandenen Präsidentenstraßen – mit »weißer Besiedlung«, aber in Alter und Bestand noch ziemlich nah am früher ausschließlich schwarzen »Kulturerbe«-Viertel –, sind wir auf irgendwelchen Listen gelandet, die uns als geeignete Ziele für Hilfe-für-Tansania-Missionen und ähnliche wertvolle Projekte ausweisen. Zudem gehören wir zu der Sorte erwünschter Weißer, die sonntags nicht mit einem Grinsen in *deren* Kirche auftauchen und ihnen eifrig »Wir gehören zusammen, denn unter der Haut sind wir doch alle gleich« vorspielen. Wahrscheinlich sind wir das nicht.

Schneeflocken rieselten auf die Einfahrt herab, von der aus ich die schwarze Frau an meiner Haustür stehen sah, aber eine nasskalte Sonne versuchte zu scheinen, in einer Stunde würden Pfützen auf den Bürgersteigen stehen. New Jersey ist berüchtigt für dieses seltsame Wetter, weder typisch nördlich noch südlich, weswegen es als Wohngegend auch nie langweilig ist – von möglichen Hurrikanen ganz zu schweigen.

Jede Woche lese ich in unserem örtlichen Radiosender WHAD etwas für Blinde vor, daher kam ich gerade. In diesem Herbst habe ich aus Naipauls »Rätsel der Ankunft« vorgelesen (jeweils eine halbe Stunde, mehr halten sie oder ich nicht aus). In mancher Hinsicht ist dieses Buch wie gemacht dafür, im Dunkeln gehört zu werden, in einer kalten, finsteren Jahreszeit. Naipaul soll schroff und unsympathisch sein, ist allerdings denkbar geschickt darin, der Welt den Fehdehandschuh hinzuwerfen und ihren Bockmist in Frage zu stellen. Wenn ich danach gehe, was mir die Blinden in ihren Briefen erzählen, gehen ihnen genau dieselben Dinge auf den Sack wie ihm – dass die falschen Menschen alles bekommen, dass man dieselben Idioten zu lange erträgt und leicht mal zur falschen Zeit am falschen Ort ist. Verzweiflung, die als Gelassenheit missverstanden wird. Naipaul und mich hört man sich auch besser allein zu Hause an, statt einem tristen Lesekreis beizutreten, wo sich die Mitglieder mit Pinot Grigio besaufen und einander an die Gurgel gehen, weil dieser oder jener »Anti-Held« an den Exmann Herb erinnert oder eben nicht. Viele Zuhörer sagen, nach meiner halben Stunde schlafen sie mit einem siegesgewissen Gefühl ein.

Gegenüber stand bei meinem Nachbarn Mack Bittick immer noch das ROMNEY-RYAN GEBEN NICHT AUF-Schild im Vorgarten, obwohl seine Seite die Wahlen längst verloren hat. Gleich daneben stand ZU VERKAUFEN DURCH EIGENTÜMER in Rot und Weiß, als wollten beide Schilder dasselbe sagen. Er ist Ingenieur und ehemaliger Navy-SEAL, und sein Arbeitsplatz wurde durch eine Firma in Jamesburg plattgemacht, die Zubehör für Pipelines herstellt. Er steht vor einem Berg Kreditkartenrechnungen und der Zwangsvollstreckung. Mack hat Tag und Nacht die Stars 'n' Stripes gehisst und gehört zu den brüsk-robusten Typen, die für Hausunterricht sind, Konservendosen einlagern, nie Trinkgeld geben und dem freien Markt das Wort reden, aber niemals eine Kommission für irgendetwas bezahlen würden (»Ist doch bloß eine Scheißsteuer für unser natürliches Recht, das wir gratis kriegen sollten, verdammt ...«), und Migranten mag er auch nicht. Aber weil er ziemlich versponnene Ansichten über den Status des Menschen hat, findet er, Ungeborene sollten wählen, den Führerschein machen und Waffen besitzen dürfen, damit sie sich erheben und ihn vor der Revolution schützen können, wenn sie kommt. Er ist immer erpicht darauf, mein altes Maklerhirn zu aktivieren, und horcht mich nach Trends und Preisstrategien aus oder wie man kostengünstig die Attraktivität eines Objekts auf den ersten Blick hochfrisiert, damit er als Besitzer den Marktwert erhöhen und gleichzeitig immer noch seine Eigenheim-

Steuerbefreiung kassieren kann. Ich tue, was ich kann, um ihm meine übelsten Immobilienratschläge schmackhaft zu machen: Verhandle *niemals*; verlang deinen Preis oder scheiß drauf; verschwende keinen Cent auf oberflächliche Hübschigkeiten (dein Haus sollte »bewohnt« aussehen); sei nicht zu freundlich zu Kaufinteressenten (das macht sie misstrauisch); lass deinen Tea-Party-Lesestoff und das ganze Waffenzubehör ruhig auf dem Couchtisch herumliegen (die meisten Hauskäufer sind sowieso deiner Meinung). Er weiß natürlich, dass ich Obama gewählt habe, der seiner Meinung nach ins Gefängnis gehört.

Als die rotbemantelte schwarze Frau an meiner Haustür registriert hatte, dass keiner aufmachte und dass ein Auto knirschend in die verschneite Einfahrt gebogen war, drehte sie sich um und schickte ein breites, begrüßendes Lächeln zu mir, dem Ankömmling hinunter, wer immer ich auch sei, dazu ein scheues Winken, um mir zu versichern, dass alles in Ordnung war – niemand versteckte sich mit Einbrecherwerkzeug im Gebüsch, um gleich einen stoffumwickelten Ziegelstein durch das Hinterfenster zu werfen. Die Schwarzen haben eine schwere Last zu tragen, immer müssen sie versuchen, möglichst normal zu erscheinen. Kein Wunder, dass sie uns hassen. Das ginge mir genauso. Bestimmt beobachtete Mack Bittick sie durch die Gardinen.

Kurz hielt ich die Frau für Parlance Parker – die erwachsene Tochter meiner früheren Haushälterin Pauline, in den lang vergangenen Tagen, als ich in der Hoving Road auf Haddams Westseite wohnte, noch mit meiner ersten Frau verheiratet, als unsere Kinder klein waren und ich erfolglos versuchte, einen Roman zu schreiben. Pauline führte unser großes Tudor-Haus wie ein Erziehungslager – sie kommandierte die Kinder, arbeitete um Ann herum, schimpfte mit mir, weil ich keine Arbeit hatte, und saß rauchend auf der

Hintertreppe wie ein Drillsergeant. Wie ich stammte sie aus Mississippi und konnte mir, weil wir beide jetzt »oben im Norden« waren, voller Verachtung begegnen, weil ich alle Privilegien aufgegeben hatte, auch das Privileg, sie wie einen Untermenschen zu behandeln. Pauline starb vor dreißig Jahren an einem Hirntumor. Aber an einem Samstagmorgen erkannte mich ihre Tochter Parlance im *Shop-'n-Save*-Supermarkt und umhalste mich wie einen verlorenen Verwandten. Seither war sie zwei Mal an unserer Tür, wollte »den Kreis schließen«, mir erzählen, wie sehr ihre Mutter uns alle geliebt habe, Geschichten über die Kinder hören (die sie nie kennengelernt hat) und sich ganz allgemein mit einem verlorenen Teil ihres Lebens wieder verbinden, über den ich in ihren Augen Gewalt habe.

Ich stieg aus meinem Wagen und setzte ein begrüßendes »Ich weiß, dass Sie mich wahrscheinlich nicht ausrauben wollen«-Lächeln auf. Es war nicht Parlance. Irgendetwas sagte mir, dass es auch keine der Sonnenaufgangs-Gotteshaus-Ladys war. Aber dass sie jemand war, das konnte ich sehen.

»Hi!«, flötete ich in meiner liebenswürdigsten, weihnachtsfreudigsten Stimme. »Sie möchten wahrscheinlich zu Sally.« Es gab keinen Grund für diese Annahme. Mir war bloß nichts natürlicher Klingendes eingefallen. Sally war gerade in South Mantoloking und beriet trauernde Hurrikan-Opfer – das machte sie schon seit Wochen.

Immer noch lächelnd kam die Frau den Weg herunter. Ich fror jetzt schon, nur in Cordhosen, ein doppelt gestricktes Polohemd und eine Windjacke gekleidet – für die Blinden, nicht für den Winter.

»Ich heiße Charlotte Pines, Mr. Bascombe«, sagte die Frau strahlend. »Wir kennen uns nicht.«

»Großartig«, sagte ich und überquerte meinen Rasen, während

der Schnee flöckchenweise rieselte. Das immer noch grüne Gras trug ein allmählich schmelzendes Baiserhäubchen. Die Temperatur hing knapp über dem Gefrierpunkt.

Ms. Pines war mittelgroß, aber stattlich, und ihr glänzendes, hübsches Puppengesicht hatte eine Haut in solch schimmernden Braun-, Schwarz- und Rotbrauntönen, dass sich bei ihrem Anblick jeder, ob Mann oder Frau, gewünscht hätte, zumindest ab und zu auch schwarz zu sein. Sie war wohlhabend, das sprang ins Auge. Ihren roten Mantel mit dem schwarzen Pelzkragen identifizierte ich als Kaschmir, und die schwarzen Stiefel waren auch nicht billig gewesen. Als ich, immer noch dümmlich grinsend, näher kam, zog sie einen Lederhandschuh aus und streckte mir die Hand hin, packte und drückte meine mit einem überraschend groben »Hier hab ich das Sagen«-Griff. Ich fühlte mich wie ein Schuljunge, der seinen Direktor bei Walmart trifft und zum ersten Mal einem Erwachsenen die Hand schüttelt.

»Entschuldigen Sie, dass ich so unverschämt bei Ihnen eindringe, Mr. Bascombe.«

»Das macht nichts«, sagte ich. »Ich mag Eindringlinge.« Aus irgendeinem Grund blieb mir die Luft weg. »Ich habe gerade für die Blinden gelesen. Sally ist drüben in Mantoloking.« Ich hatte den Naipaul unterm Arm. Ms. Pines war eine Dame in den welkenden Fünfzigern. Schnee setzte sich in dem breiten Scheitel ihrer Schönheitssalon-Frisur fest, dort, wo ihn die Schottenmütze nicht bedeckte. Sie hatte sehr deutlich gesprochen. Durchaus möglich, dass sie kurz zuvor aus einem schlanken Lincoln mit Chauffeur gestiegen war, der nun diskret um die Ecke wartete. Ich blickte rasch die Straße hinunter, sah aber nichts. Allerdings meinte ich eine aufzuckende Bewegung an den Gardinen bei Bitticks wahrzunehmen. In unserem Viertel gibt es nicht so häufig schwarze Besucher, es sei denn, sie

70

lesen Zähler ab oder reparieren irgendetwas. Dass Ms. Pines aber einfach so aufgetaucht war, versetzte mich in eine äußerst angenehme Stimmung, so als hätte sie mir einen unerwarteten Gefallen getan.

»Ich habe Ihre Frau nie kennengelernt«, sagte Ms. Pines. Irgendwann früher, lange her, war sie eine beachtliche, kurvenreiche Erscheinung gewesen, eine echte Nummer. Das war auch in ihrem roten Luxusmantel unübersehbar. Und jetzt hatte sie ihre Schönheit zu einer würdigen, panafrikanischen Imposanz hin entwickelt.

»Sie ist großartig«, sagte ich.

»Ganz bestimmt«, sagte Ms. Pines und wandte sich dann ihrem Anliegen zu. »Ich bin in einer merkwürdigen Mission hier, Mr. Bascombe.« Ms. Pines straffte und reckte die Schultern, als wäre jetzt ein lang erwarteter Zeitpunkt gekommen.

»Erzählen Sie«, sagte ich und hätte fast gesagt, *ich bin ganz Ohr*, was ich im Leben noch nie gesagt hatte.

»Ich bin in Ihrem Haus groß geworden, Mr. Bascombe.« Ms. Pines stand kerzengerade vor mir. Doch dann verging ihr überraschend der Mut. Sie lächelte, aber anders, voll flehentlichem Bedauern, als wäre sie doch eine der Spendensammlerinnen und ich hätte gerade etwas Beleidigendes gesagt. Sie drehte den Kopf zur Eingangstür, als hätte die sich plötzlich aufgetan. Ihre Schulterbewegungen waren etwas steif, was sicher daran lag, dass ihr ebenfalls schimmernder Hals etwas kurz geraten war. Alles an ihr hatte sich auf einmal verändert. »Heute sieht es natürlich völlig anders aus.« Sie versuchte, immer noch liebenswürdig zu klingen. »Das war in den sechziger Jahren, damals. Es kommt mir viel kleiner vor.« Ihr Lächeln hellte sich auf, als sie zu mir zurückkehrte. »Es ist schöner. Sie halten es schön gepflegt.«

»Na, das ist aber auch großartig.« Jetzt hatte ich schon drei Mal Großartigkeit verkündet, dabei konnte eine nostalgische Rückkehr, wie Ms. Pines sie gerade unternahm, nie wahrhaft großartig sein. »Große Ergriffenheit.« »Zwiespältige Bestätigung.« »Bittersüßer Kummer.« »Herzzerreißende Traurigkeit.« Alles möglich. Aber großartig? Kaum.

Ich wollte ihr nur klarmachen, dass das alles nicht schlimm war. Nicht für mich. Sondern gut, weil es uns – uns beiden, die wir hier gemeinsam froren – eine *großartige* neue Verbindung schenkte, die zwar nicht weiter als bis zum Vorgarten reichen musste, aber durchaus könnte. So sollte am besten alles immer aufgehen.

Derartige Rückkehrbesuche früherer Bewohner kann man übrigens jederzeit erleben, ich habe sie jedenfalls schon mehr als einmal erlebt. Vielleicht nicht im Haddam des 19. Jahrhunderts. Aber in dem des 21. sehr wohl – wo die Leute Häuser kaufen und verkaufen wie einen Jeep Cherokee und wo Boom und Pleite so gnadenlos aufeinander folgen, dass die Makler das »ZU VERKAUFEN«-Schild oft in der Garage stehen lassen; und wo es durchaus passieren kann, dass du zur Apotheke fährst, weil du Maalox brauchst, und wenn du nach Hause kommst, hast du in der Zwischenzeit richtig Geld für das schmucke Haus im holländischen Kolonialstil angezahlt, das du schon länger im Auge hattest, bloß weil du zufällig gesehen hast, wie Bert, der Makler, mit den Auftragspapieren zur Tür herauskam. Keiner will mehr irgendwo bleiben. Hier zeichnet sich ein Wandel auf Gattungsebene ab. Das Haus, wo du immer gewohnt hast, wohin du deine Braut führtest, wo du deinem Kind in der Einfahrt Fahrradfahren beibrachtest, wo deine alte Mutter hinzog, nachdem dein Vater gestorben war, und dann selbst starb und wo du zum ersten Mal das merkwürdig kribbelnde Zucken in der linken Hand verspürtest, als du die *New York Review* ins Licht hieltest – dieses Haus liegt jetzt womöglich nur zwei Häuser entfernt von dem jetzigen (wo du am liebsten nicht mehr wohnen würdest), obwohl du gar nicht so oft daran denkst, dass du dort früher gelebt hast, bis du eines Tages beschließt, es dir doch noch mal anzuschauen.

Mindestens vier frühere Besitzer oder Bewohner haben die Häuser besucht, in denen ich über die Jahre lebte. Ich öffne ihnen immer bereitwillig die Türen, sobald klar ist, dass sie mir keine Sterbegeldversicherung verkaufen wollen, und ich mein Portemonnaie vom Tisch in der Diele geräumt habe. Ich stehe einfach neben ihnen wie ein Museumsführer und lasse sie durch die Zimmer schlendern, zu dieser oder jener Renovierungsmaßnahme grunzen – wo mal eine Wand gewesen ist oder wie das Badezimmer früher gerochen hat, am Sonntagmorgen vor dem Kirchgang. Und so weiter, bis sie in ihrem Kopf alles geradegerückt haben und bereit zum Gehen sind. Meistens dauert das nicht länger als zehn Minuten – das ist der Standard, den es für eine Vergewisserung von sechzig Jahren lebendigen Daseins braucht. Meistens tauchen über Fünfzigjährige auf. Wer deutlich jünger ist, hat alles auf seinem Smartphone festgehalten. Dies ist ein ziemlich überschaubarer Dienst an seinem Nächsten – ihnen bei der Sortierung ihres eigenen Narrativs zu helfen. Danach sehen wir uns doch alle, wenn ich mich nicht irre.

»Ich dürfte nicht vielleicht einmal ...« Ms. Pines spähte erneut sehnsüchtig zu meinem Haus, dann wieder zu mir, mit ihrem neuen unterlegenen Lächeln. »... Ich dürfte nicht vielleicht einmal ganz kurz eintreten und einen Blick hineinwerfen, Mr. Bascombe?« Trockene Schneekörnchen lagerten sich auf ihren Wangen, ihren Mantelschultern und den onyxschwarzen Kappen ihrer Stiefel ab. Meine Haare waren vermutlich weiß bestäubt. Wir gaben ein schönes Paar ab. Wobei mich in genau diesem Moment ein plötzliches, gespenstisch heranrauschendes Schwindelgefühl erfasste – das ist bei mir schon behandelt worden, entweder während oder aufgrund der C-3-Nackenprobleme. Die Flugbahn der Erde fängt mit einem

Mal an zu eiern – und es kann passieren, dass ich gleich auf dem Rücken liege. Wenn ich mich allerdings hinsetze, kann es auch fast angenehm sein – wie ein glückliches, spätsommerliches Samstagabend-Nickerchen, wenn du gerade ein Glas kalten Stoli getrunken hast und die Yanks im Fernsehen spielen. In meinem Nachttisch liegen Blätter mit Übungsanleitungen, als Abhilfe für solche Episoden. Mein momentaner »Anfall« draußen auf dem Rasen rauschte einfach nur heran und rauschte wieder weg, wie eine Fledermaus in der Dämmerung an einem Fenster vorbeizischt. Natürlich weiß man, dass solche Situationen Warnungen sind.

»Okay. Klar. Machen Sie nur«, das rief ich fast, um bloß nicht dement zu wirken. Ms. Pines warf mir einen unsicheren Blick zu und unterdrückte möglicherweise die Frage: »Geht es Ihnen gut?« (In der modernen Welt darf man Besorgniserregendes nicht mehr ansprechen.) »Kommen Sie mit«, sagte ich, immer noch zu laut, und packte ihren plumpen Arm, so wie es ein Achtzigjähriger täte. Wir schlichen auf die Eingangsstufen zu, die inzwischen schneebedeckt und gefährlich waren. »Geben Sie acht hier«, sagte ich, ebenso zu mir selbst wie zu ihr.

»Wie freundlich von Ihnen«, sagte Ms. Pines fast unhörbar und folgte meinem Griff. »Ich hoffe, es macht Ihnen keine Umstände …«

»Überhaupt keine Umstände«, sagte ich. »Nicht der Rede wert. *Su casa es mi casa* …« Mit dieser Verdrehung sagte ich das Gegenteil von dem, was ich meinte. Was aber auch nicht mehr so ungewöhnlich ist.

Der große LG-Fernseher, den ich im Wohnzimmer angelassen hatte, als ich zu der Blindenlesung aufbrach, befand sich in vollem Sportkanal-Geschrei, als ich die Haustür aufschloss, der Ton war extrem laut gestellt. Auf dem Bildschirm sah man einen bulligen, stämmigen Mann, dessen Gesicht mit selbstauflösender Farbe verschmiert war, in Tarnkleidung in einem entsprechend camouflierten Rollstuhl sitzen. Er drückte genau in diesem Augenblick ab. Sein schwarzes Gewehr mit riesigem Zielfernrohr und tödlich kurzem Lauf zielte auf einen gigantischen Elchbullen, der ungefähr zwei Kilometer entfernt durch eine unberührte Berglandschaft mit Walhalla-Echo stapfte.

BUMMMM!

Der ganze Berg – plus mein Wohnzimmer mit dem gewölbten Oberlicht – erzitterte, das furchtbare Geräusch war ohrenbetäubend.

BUMMMM! Wieder dieser schreckliche Knall. Die Sonne verdunkelte sich, Lawinen lösten sich, winzige Waldkreaturen an fernen Gebirgsbächlein spähten argwöhnisch gen Himmel.

Dem Elch – grasend, ruhig, in werweißwelche Elchgedanken vertieft – wurde plötzlich ganz komisch und weich in den Knien, als hätten seine Einzelteile alle gleichzeitig den Dienst quittiert. Danach hob er, das dauerte exakt eine Sekunde, den Kopf ganz leicht, als hätte er etwas gehört (hatte er auch), und kippte wie ein Kegel in die Staubwolke, die die Kugel aufgewirbelt hatte, nachdem sie durch das Tier hindurchgegangen war wie durch Butter.

»Hooo-hoo-hoo-hooo! Hoooo!«, fing eine Männerstimme irgendwo außerhalb des Bildes an zu johlen. »Mannomannomann!«

»Ich bin echt ein tödlicher Mordskerl, oder«, sagte der Scharfschütze im Rollstuhl (ich konnte seine Lippen lesen), das Gewehr über die fühllosen Knie gelegt. Er wandte sich dem Mann zu, der da johlte, ein breites irres Grinsen auf dem fetten Gesicht mit der Tarnschminke. »Besser kann's gar nicht mehr werden, was, Arlo? Sag selbst! Heiliger Himmel …«

Ich schmiss den Naipaul aufs Sofa, schnappte mir die Fernbedienung und drückte das Bild weg. Vorher hatte ich Football geschaut, das Update über die aktuell Verletzten in der NFL, um zu ermessen, ob die Giants am Sonntag auch nur den Hauch einer Chance gegen die Falcons haben würden. Hoffnungslos.

Ohne das ohrenbetäubende Fernsehgetöse wurde es in meinem Haus plötzlich so still wie im Weltraum. Und ruhig. Wie ein Raum, der von einer Sicherheitskamera bewacht wird – ein geheimer Anblick, den geheimen Zwecken eines Fremden dienlich. Ich stelle mir oft vor, wie ich als »Gestalt« in einem Fahrstuhl stehe, durch die körnige Linse genau so einer heimlichen Kamera betrachtet. Stumm. Unbedacht. Unspezifisch – auf meine Etage wartend, dann geht die Tür auf und (in meiner Fantasie) ein vermummter Mann drängt sich rein, bevor ich rauskann, und beschimpft oder schlägt oder erschießt mich aus nächster Nähe. (Ich sehe zu viel fern.) Die Seelenklempner in der Mayo-Klinik – wo ich meine Prostata-Nachsorgeuntersuchungen machen lasse – hätten ihre helle Freude an meinem Datensatz. In diesem kleinen Drama sehe ich nicht nur gut aus, das ist mir klar – keiner, dem man einen Kinderhort oder auch nur einen Rettungsdienst für Hunde anvertrauen würde.

Aber sollte das komplexe mentale Bild, das wir von uns selbst haben, nicht zumindest teilweise von einem solch neutralen Blick geprägt sein? Also nicht nur das schiefe Grinsen aus dem Rasierspiegel, sondern der einhertappende Einsame, dessen Bild wir im Schaufenster erhaschen, während er die Straße entlangschlurft, um sich *USA Today* zu holen, mit hängenden Schultern, zurückweichendem Haaransatz, schlappendem Kehllappen, gebeugt wie ein Baum vom Wind? Hat dieser Mensch nicht ein Fünkchen Aufmerksamkeit verdient? Wenn schon keine Runde Jubelschreie, so doch ein Tippen an den Hut? Einmal klatschen (oder zumindest abklatschen)? Ich teile nicht alle meine Ansichten mit Sally, die lachen würde, dass die Wände wackeln, wenn sie über sämtliche meiner innersten Gedanken Bescheid wüsste.

»Meine Güte«, sagte hinter mir Ms. Pines, jetzt in der engen Diele – das Ur-Ich meines stillen Hauses umgab sie mit einem Mal derart intensiv, dass man nur staunen konnte. Zu schade, dass wir uns nicht öfter auf unerwartete Situationen einlassen. Das Leben wäre weniger flüchtig und würde uns erhaltenswerter erscheinen. Angeblich sind ja die Vorstädte der Ort, wo nichts passiert (so wie Auden mal über Gedichte gesagt hat, was sie nicht leisten), ein übervölkertes Pseudoterrain, das träge vor sich hin döst, ab und zu aufgestört von einem »Columbine« oder einem »Oklahoma City« oder einem Hurrikan, damit wir nicht ganz vergessen, wie die wirkliche Wirklichkeit aussieht. Dabei passiert sehr viel in den Vorstädten – wie ein Tropfen Wasser unter einem Elektronenmikroskop Zivilisationen mit ihrer Geschichte, ihrem Schicksal und einer überwältigenden Gegenwärtigkeit sichtbar macht. »Na. Tja. Meine Güte, meine Güte«, sagte Ms. Pines in der Eingangsdiele immer wieder, die Sturmtür fiel mit einem leisen Sauggeräusch hinter ihr zu, wodurch Schnee von draußen hereinwirbelte und auf sie niedersank. »Ich weiß gar nicht, was ich sagen soll.« Sie schüttelte ihren Puppenkopf, dass sich so viel verändert hatte, oder umgekehrt so wenig. Wir haben die Betulichkeit der kleineren Räume beibehalten, die typisch für ältere Häuser ist, den zentralen Verteilerflur, eine eingebaute Telefonnische (aus Gips), offene Dachbalken und alle Originalarmaturen, außer in der Küche. Sally hasst die geistlose Nüchternheit von offener Raumgestaltung und Umnutzung. *Was soll ich mit einem Scheißtreibhaus anfangen?*, so lautete ihre Formulierung dafür.

»Ich möchte keinen Schnee hereintragen«, sagte Ms. Pines.

»Das Hausmädchen kann nachher saubermachen«, sagte ich.

Ein Scherz.

»Okay«, sagte sie, immer noch voller Verwunderung. »Ich …«

»Wann waren Sie das letzte Mal hier?«, sagte ich, immer noch im fernsehstillen Wohnzimmer. Ms. P. tastete sich in der Diele an den Anfang der Treppe heran. Der schmale Flur, an der Kellertür vorbei und Richtung Küche, lag vor ihr – genau dieser Grundriss findet sich in Tausenden Häusern an den Straßen hier, von der Muncie bis zur Minot.

Ihr Blick schweifte einen Moment die Treppe hoch, sie hielt den Mund leicht geöffnet. »Wie bitte?«, sagte sie. Sie hatte mich gehört, aber nicht verstanden.

»Waren Sie schon einmal zu Besuch hier? Seit Sie weggezogen sind?«

»Ah. Nein«, sagte Ms. Pines, die mich jetzt begriff. »Noch nie. Ich trat aus diesem Haus – durch diese Tür …« Sie drehte sich zu der Sturmtür mit der Glasscheibe um. »… das war 1969, ich war fast siebzehn. Ich ging auf die Highschool von Haddam. Zu Fuß.«

»Da waren meine Kinder auch.«

»Na sicher.« Sie warf mir einen seltsamen Blick zu, als wäre meine Anwesenheit eine Überraschung. Aus der Wärme ihres roten Mantels, verstärkt von der Wärme meines Hauses, drang ein blumigsüßer Duft. *Old Rose*. Ein Parfüm, das zu einer älteren Frau gepasst hätte. Vielleicht hatte es ihre Mutter immer oben vor dem Arzneischrank-Spiegel aufgesprüht, bevor sie abends mit ihrem Mann ausging. Wo in Haddam, fragte ich mich, gingen Neger vor 1969 hin, wenn sie abends Spaß haben wollten? Nach Trenton?

»Schauen Sie sich nur gern überall um«, sagte ich ganz besonders zuvorkommend.

»Das ist so freundlich von Ihnen, Mr. Bascombe. Mir ist ein kleines bisschen schwindlig.« Sie straffte die Schultern wieder und umfasste ihre große Lacklederhandtasche fester. Schnee hatte sich auf dem Teppich vor der Tür angesammelt. Sie war wie gelähmt.

»Ich hole Ihnen mal ein Glas Orangensaft«, sagte ich, ging an ihr vorbei und den Flur entlang in die Küche, in den Geruch von Sallys morgendlichem Bacon und der Krups-Kaffeemaschine, die den Frühstückskaffee zu Lakritz zerkochte. Ich griff nach der Minute-Maid-Tüte, suchte mir ein Plastikglas, goss es voll und kam, so schnell ich konnte, wieder heraus. Wieso Orangensaft jetzt das passende Gegengift zu ihrem Lähmungszustand sein sollte, war mir selber schleierhaft.

»Das ist sehr nett von Ihnen. Herzlichen Dank auch«, sagte Ms. Pines. Sie hatte sich nicht vom Fleck gerührt. Ich gab ihr das Glas in die unbehandschuhte Hand. Sie nippte anmutig, schluckte, räusperte sich zart und lächelte, tupfte sich mit dem Handschuh die Lippen ab und reichte mir das Glas zurück, auf dem sich Deko-Aufkleber von springenden grünen Tümmlern befanden, es stammte aus unseren Jahren an der Küste – längst dahin, bis auf die Gläser. Rund um Ms. Pines verdichtete sich der *Old-Rose*-Duft und vermischte sich mit einem schwachen Geruch nach Intimschweiß.

»Ich nehme Ihnen gern den Mantel ab.«

»O nein«, sagte Ms. Pines. »Ich werde Sie jetzt nicht länger stören.«

Unten im Keller erwachte die Heizungspumpe sacht zum Leben, ein fernes Murmeln.

»Schauen Sie sich einfach um«, sagte ich. »Ich brauche ja nicht mitzukommen. Ich setze mich in die Küche und lese Zeitung oder fülle das Futterhäuschen für die Eichhörnchen wieder auf. Ich bin in Rente. Ich warte nur auf den Tod oder auf die Rückkehr meiner Frau aus Mantoloking – wer immer zuerst kommt.«

»Nun«, sagte Ms. Pines mit schwachem Lächeln und ließ den

Blick die Treppe hochwandern, »das ist sehr großzügig von Ihnen. Wenn es Ihnen wirklich nichts ausmacht, schaue ich mir einfach mein altes Zimmer oben an. Besser gesagt, *Ihr* Zimmer.« Sie blinzelte bei dieser Aussicht, dann sah sie mich an.

»Großartig!«, sagte ich zum vierten Mal. »Lassen Sie sich Zeit. Sie wissen, wo die Küche ist. Viele Veränderungen werden Sie nicht entdecken.«

»Nun«, sagte Ms. Pines, »wir werden sehen.«

»Dazu sind Sie ja hier«, sagte ich und ging den Flur hinunter, damit sie anfangen konnte.

Eine Zeitlang hörte ich Ms. Pines – wie sie beim Erklimmen der Treppe die Stufen zusammenknarzte, wie sie von einem Zimmer zum anderen ging und die Bodenbalken raunten. Soweit ich es durch die Lüftungsgitter oder das Treppenhaus hören konnte, gab sie selbst keinerlei persönliche Geräusche von sich. Ich hatte die *Times* schon durch. Also saß ich zufrieden am Frühstückstisch, während der spärliche Schneefall die Luft im Garten erfüllte und die Rhododendren und den grünen Gartengrill glasierte. Ich hatte angefangen, mir ein paar Gedanken auf einem Notizblock zu notieren, für den monatlichen Artikel, den ich für das *Salut!*-Magazin schreibe. Das verteilen wir gratis auf Flughäfen an unsere heimkehrenden Soldaten aus Irak und Afghanistan oder wo unser Land noch alles heimliche Kriege führt und globale Missetaten im Namen der Freiheit begeht – Syrien, Neuseeland, Frankreich. *Salut!* enthält hilfreiche Infos aus allen Staaten und einfache Tipps – falls ein Heimkehrer sein Gedächtnis verloren hat –, zusammen mit Telefonnummern und Adressen und Kontaktdaten, die die Soldaten, Matrosen, Flieger und Marines im Lauf ihrer ersten kritischen Stunden draußen in der Welt gebrauchen könnten.

Meine Kolumne heißt »DAS SOLL EINE NEUIGKEIT SEIN?«. Sie enthält kuriose Dinge, die ich aus »den Medien« fische und die mit neuen Gedanken eigentlich nicht viel zu tun haben – vielmehr verletzen sie oft das Konzept des Denkens, weil sie oberplatt, strunzdumm oder beides sind –, aber trotzdem jeden Morgen auf unseren Frühstückstisch kommen oder durch unsere Smartphones gejagt werden (ich habe übrigens keins), als Neuigkeiten, als Nachrichten *verkleidet.* Die Veteranen kommen oft nach einem Jahr zurück, in dem sie sich unter Kugeln wegduckten, die Gliedmaßen ihrer Kumpel wegfliegen sahen, unerträgliche Hitze ertrugen, Sand aßen und lernten, niemandem zu trauen – auch nicht den Leuten, denen sie trauen wollten –, und haben ein ziemlich klares Gefühl dafür, dass kein Mensch zu Hause, keiner von denen, für die sie kämpfen, sterben und ihr Leben wegwerfen, einen Scheißdreck über irgendwas weiß, worauf es wirklich ankommt, die könnten sich genauso gut wieder in die dritte Klasse setzen oder von einem vorbeifahrenden Schützen abknallen lassen (deshalb sind so viele von unseren Soldaten scharf auf ihren nächsten Einsatz). Meine Kolumne versucht, da ein bisschen Druck rauszunehmen, indem ich den Soldaten klarmache, dass wir zu Hause nicht alle so dumm wie Knäckebrot sind, dass man einiges, was in den Nachrichten kommt, auch total lustig finden kann und dass man den Suizid entsprechend erst mal verschieben kann.

Für Januar füge ich eine Harvard-Studie bei, die einen direkten Bezug zwischen chronischem Schmerz und Schlafmangel herstellt. Wer vierundzwanzig Stunden täglich Schmerzen hat, schläft schlechter ein – haben die Wissenschaftler aus Harvard herausgefunden. *DAS* SOLL EINE NEUIGKEIT SEIN? Solche Dinge begegnen einem überall.

Im November hatte ich was aus einem hochkarätigen Think-

Tank der Sportmedizin in Fort Collins drin. Einigen Kinesiologen war aufgefallen, dass es über eine Spanne von zehn Jahren viel gesünder ist, langsam und nicht sehr weit zu laufen, als vierzig Minuten oder mehr als zwölf Kilometer – was hingegen, so stellte sich heraus, die Wahrscheinlichkeit steigert, früher zu sterben. DAS SOLL EINE NEUIGKEIT SEIN?

Eine Meldung, die ich am Vortag gesehen und mir am Frühstückstisch notiert hatte, stammte aus der britischen Zeitschrift *Lancet* und präsentierte Forschungsergebnisse der Duchess-of-Kent-Klinik in Shropshire (das ist die Frau, die den Wimbledon-Pokal überreicht, auch wenn sie immer so wirkt, als wäre ihr Tennis piepegal und sie hätte auch keine Ahnung davon). In Fällen von repetitiven Denkmustern, die zu psychischen Krisen, langwierigen Klinikaufenthalten bis hin zu Suizid führten, so war den Ärzten in Shropshire aufgefallen, lag die verbreitetste Ursache darin, dass die Patienten zu wenig versuchten, an etwas Positives zu denken. DAS SOLL EINE NEUIGKEIT SEIN?

Mein Autorenkürzel ist »HLM« – es kam mir passend vor, als Hommage an H.L. Mencken. Oft schickt mir die Zeitschrift Briefe von Veteranen, die schreiben, meine »Blüten« – die ich kommentarlos bringe – hätten ihnen die ersten Stunden zu Hause aufgehellt und sie von all dem abgelenkt, was fast jeder sofort denkt, wenn er vierundzwanzig Stunden zuvor noch unter feindlichem Feuer in Waziristan lag, jetzt aber auf dem Kfz-Amt steht, um den Führerschein erneuern zu lassen, und sich von einem Nicht-Muttersprachler anhören muss, er habe nicht die sechs notwendigen Ausweise plus eine gängige Kreditkarte, auf der sein Name exakt so wie im Pass geschrieben ist.

Amok. Das wäre eine große Verlockung. Und keiner würde es einem verübeln. Die Statistiken zeigen jedoch, dass sich große Sehnsüchte fast jeder Art, auch Mordgelüste, durch kurze, hinausschiebende Intermezzi überwinden lassen. Das kann sich kein Mensch vorstellen, aber es funktioniert wirklich. Das *IST* eine Neuigkeit.

Ms. Pines war jetzt fast schon fünf Minuten oben. Ich hörte ihre schweren, vorsichtigen Schritte die Treppe herunter, fast als ginge sie seitwärts. »Mmm-hmm, mmm-hmm.« Dieses Geräusch machte sie die ganze Zeit, ein »Mmm-hmm« pro Stufe, als sei sie dabei, etwas gerade Aufgenommenes zu verdauen. Ich drehte mich auf dem Stuhl herum, so dass ich Richtung Haustür schauen konnte, denn sie sollte sich zu Hause fühlen und wahrgenommen, wenn sie wieder in Sicht kam. Vielleicht wollte sie sich zu mir ins Wohnzimmer setzen und *Der Preis ist heiß* gucken, während ich noch ein paar häusliche Pflichten erledigte. Später würde ich dann die Lasagne von gestern Abend warm machen, und wir könnten uns besser kennenlernen, anders noch und weitreichender.

Ms. Pines – die gedrungene, rotbemäntelte Gestalt mit der lastkahngroßen Handtasche, der grünen Schottenmütze, den glänzenden Stiefeln – erschien am Fuß der Treppe. Sie wollte schon ins Wohnzimmer gehen, als sie den Flur neben sich bemerkte und dass sie aus sechs Metern Entfernung von »jemandem« (mir) beobachtet wurde. »Oh«, sagte sie und ließ ihr breites, erleichtertes, aber auch etwas peinlich berührtes Lächeln aufblitzen. Sie straffte die Schultern wie zuvor. »Ich bin da oben wohl kurz ins Träumen geraten«, sagte sie. »Das ist albern. Es tut mir leid. Entschuldigen Sie.«

»Es ist nicht albern«, sagte ich, den Arm über die Rückenlehne gelegt, à la *Unsere kleine Stadt*. Wir führten unser Gespräch über den Flur hinweg, so als befänden wir uns in zwei getrennten Lebensbereichen, was durchaus stimmen konnte. »Es ist schade, dass nicht viel mehr Menschen dasselbe tun wie Sie«, sagte ich. »Vielleicht wäre die Welt ein besserer Ort.« Fast alle Gespräche, die ich mit Afroamerikanern führe, lösen sich zu dieser Art von aufgesetztem, rassenneutralem Gequatsche auf, dass wir die Welt zu einem besseren Ort machen wollen und glauben, das allein schon durch unser Lebendigsein zu bewirken. Aber der Gedanke, die Welt würde ein besserer Ort, wenn mehr Leute unaufgefordert bei Fremden zu Hause hereinschneiten, ist idiotisch. Ich musste halt irgendwas sagen und wollte, dass es optimistisch und erbaulich und zumindest dem Anschein nach substanziell klang – auch wenn es keine Substanz hatte.

»Na«, sagte Ms. Pines, »ich weiß nicht.« Sie hatte sich erholt, wusste offenbar aber nicht, was sie jetzt tun sollte. Sie strebte nicht zur Haustür, ging aber auch nicht auf mich zu, Richtung Frühstücksraum/Sonnenveranda. Zaudernd statt zupackend. »Ist das immer noch die Tür zum Keller?« Sie beäugte die Kellertür, die auf halber Strecke zwischen uns lag. Ihre Augen fixierten den gläsernen Türknopf, dann wieder mich, als würde ihr die Tür gleich entgegenfliegen und werweißwas enthüllen.

»Stimmt«, sagte ich über meine Rückenlehne hinweg. »Da unten hausen lauter Gespenster.« Keine ideale Antwort.

Ms. Pines schürzte die Lippen und atmete hörbar aus. »Bestimmt.«

»Wollen Sie mal einen Blick riskieren?« Noch so eine Redewendung, die ich im Leben noch nicht benutzt hatte – aber ich war auf der Hut, die Welt nicht zu einem noch schlechteren Ort zu machen: »Tiefschwarze Nacht da unten ... und verflixt schmuddelig auch ... Wer sich da runterwagt, ist geliefert.« Mir fehlten noch mehr die Worte als sonst schon. Lieber weniger davon benutzen.

»Es gibt wahrscheinlich Orte, wo man lieber nicht hinsollte«, sagte Ms. Pines.

»So geht es mir mit Kalifornien«, sagte ich über die Rückenlehne hinweg. »Und Colorado. Texas auch.«

Ms. Pines warf mir ein geduldig-ungeduldiges Lächeln zu. Sie setzte an, etwas zu sagen, und tat es nicht. Durch diese Zurückhaltung bekam sie mit einem Mal nicht nur mich und unsere Situation in den Griff, sondern irgendwie auch das ganze Haus. Und im Grunde machte mir das nichts aus.

»Wie kam es, dass Ihre Familie hier wohnte?«, fragte ich. Hätte ich das auch eine Weiße gefragt? (»Dad ist mit uns allen von Peoria hier rausgezogen, 58 war das, und zu Anfang war's eine total tolle Zeit ...«) Auf die meisten Fragen gibt es eine Antwort.

»Na ja«, sagte Ms. Pines von der Diele aus. »Mein Vater ist in Haddam groß geworden. In der Clio Street.« Sie wagte sich einen Schritt weiter in den Flur vor. »Das ist die Muse der Geschichte.«

»Setzen Sie sich doch«, sagte ich, sprang auf und zog einen zweiten Kaffeehausstuhl mit Drahtgeflecht als Rückenlehne – Sallys – vom Tisch, damit sie sich setzen konnte.

Sie kam auf mich zu, schaute nach links und rechts und betrachtete, was wir mit dem Flur und der Küche und dem sonnigen Frühstücksraum gemacht hatten. Neue Thermopenscheiben, wo früher versiffte Terrassentüren gewesen waren. Grüne mexikanische Kacheln, nachgemacht. Vor zwanzig Jahren hatte ein früherer Besitzer den Raum zu einer »offenen Küche« umgebaut und war dann nach Bernardsville gezogen.

»Das ist alles sehr schön«, sagte Ms. Pines, die plötzlich in ihrem roten Weihnachtsmantel und dem mistelgrünen Deckel overdressed wirkte. Es war, als wäre eine Volkszählerin vorbeigekommen und überraschend zu einer Freundin geworden.

»Ich kann Ihnen eine Tasse Kaffee anbieten.«

Ms. Pines sah sich immer noch um, ihr Blick blieb an meiner geliebten, gerahmten Landkarte von Block Island hängen. »Wo ist das?«, fragte sie und runzelte die Stirn, als wäre die Landkarte ein Problem.

»Block Island«, sagte ich. »Da war ich vor Jahren mal. Es liegt in Rhode Island, was die meisten Leute nicht wissen.« Bla, bla, bla.

»Verstehe.« Sie stellte die große Handtasche auf den Boden und nahm etwas steif auf dem Kaffeehausstuhl Platz.

»Legen Sie doch ab«, sagte ich. »Es ist warm.« Sally, lebenslang eine Chicagoerin, friert immer.

»Danke sehr.« Sie knöpfte den roten Mantel auf und enthüllte ein grünes zweiteiliges Wollkostüm mit beträchtlichen Goldknöpfen und einem Peter-Pan-Kragen. Teuer, aber stilvoll und richtig für eine Frau ihres Jahrgangs. Ohne Mantel sah man an ihrem linken Arm jetzt auch das stumpfe Ende eines unförmigen weißen Gipsverbandes über ihrer schwarz behandschuhten Hand. »Ich muss mit dieser Verletzung zurande kommen.« Sie betrachtete missmutig die Gipskonstruktion.

»Wie haben Sie denn das geschafft?« Ich stellte einen gelben Kaffeebecher ab, die Zuckerdose, das Milchkännchen und einen Löffel. *Old Rose* schwebte wieder in der Luft, nicht ganz so passend zum Kaffeearoma. Sie zog den anderen Handschuh aus und legte ihn auf den Tisch.

»Ich bin ein Hurrikanopfer«, sagte sie und legte beide Hände, inklusive Gips, auf der gläsernen Tischplatte zurecht. Sie sprach es »Hehr-i-khan« aus und holte sehr tief Luft, bevor sie langsam wieder ausatmete. Schlagartig spürte ich, dass es gleich doch zu einer Spendenbitte für den Unterhalt des Mount-Pisgah-Friedhofs oder für irgendeine nationalistisch-chinesische Hilfsaktion kommen würde.

»Ich habe in Lavallette gelebt«, sagte Ms. Pines. »Wir sind schlimm getroffen worden. Ich kann von Glück sagen, dass ich mir nur den Arm gebrochen habe.«

»Es tut mir trotzdem leid für Sie«, sagte ich erfreut, weil ich mich getäuscht hatte. »Steht Ihr Haus noch?«

»Es wurde verwüstet.« Ms. Pine lächelte wehmütig in ihren Kaffee und rührte bedächtig Zucker hinein. »Ich hatte eine hübsche Eigentumswohnung.« Wieder machte sie den »mmm-hmmm«-Laut, wie auf der Treppe. Der Zuckerlöffel klirrte, während sie ihn bewegte.

Ich bekam kein Wort heraus. Nun können Worte manchmal auch die unfähigsten Unterhändler unserer Gefühle sein. Ms. Pines verstand offenbar die Bedeutung von Schweigen.

»Deshalb bin ich wieder hier«, sagte sie und hob beim Umrühren das Kinn, dann betrachtete sie mich mit unerwarteter Strenge, so sah es jedenfalls aus. »Ich habe Freunde in Haddam. In der Gulick Road. Bei denen kann ich wohnen, bis ich weiß, wie es weitergeht.«

»Bestimmt waren Sie versichert«, sagte ich, meine zweite, möglicherweise auch dritte idiotische Bemerkung in fünf Minuten.

»Alle waren versichert.« Ms. Pines führte den Kaffee mit der rechten Hand zum Mund. Ich hatte vergessen, eine Serviette hinzulegen, und sprang auf, schnappte mir eine aus dem Serviettenhalter und legte sie neben ihren Löffel. »Wir wissen einfach noch nichts«, sagte sie und setzte ihren Becher auf die Serviette. »Haddam CC 4-Ball« war darauf gedruckt – eine Erinnerung an ein Golfturnier meiner Exfrau Ann aus lang vergangenen Zeiten.

»Haben Sie Familie?«, fragte ich.

»Ich war verheiratet«, sagte Ms. Pines. »Wir haben uns 2001 getrennt. Drei Jahre später ist er gestorben. Ich habe unsere Wohnung behalten. Er war Sergeant bei der Polizei.«

»Verstehe.« *Das tut mir sehr leid* hätte auch nicht besser funktioniert als *Hey, das ist super. Er ist aus dem Weg. Und Sie sehen immer noch verdammt gut aus.* Worte.

»Ich unterrichte an der Highschool in Wall Township«, sagte

Ms. Pines und tupfte sich den Mund ab. »Nach dem Sturm wurde die Schule dichtgemacht. Was für mich unter den gegebenen Umständen nicht das Schlimmste ist.« Sie warf einen Blick auf ihren Armgips. »Natürlich hängen unsere Schüler jetzt in der Luft. Wir müssen uns was für sie überlegen, nach Weihnachten.« In grimmiger Weihnachts*un*stimmung lächelte sie mich an und nahm noch einen Schluck Kaffee.

»Was unterrichten Sie?«, fragte ich über den Tisch hinweg. Der Schneefall im Garten hatte nachgelassen, die Luft sah jetzt mehliggrau aus. Ein Krähenpärchen, riesig und aufgeplustert, räuberte zwischen den Dickmännchen unter dem Futterring aus Talg herum.

»Geschichte«, sagte Ms. Pines. »Ich habe in Barnard meinen Abschluss gemacht. 76. Als die Zweihundertjahrfeier war.«

»Großartig«, sagte ich. »Meine Tochter wäre fast dorthin gegangen.«

Wieder setzte sich Stille fest. Ich hätte ihr erzählen können, dass ich in Michigan studiert hatte, zwei Kinder habe, eine Exfrau und eine aktuelle, dass ich zwanzig Jahre lang hier und an der Küste als Makler tätig war, *ein* Buch geschrieben habe, in nicht bemerkenswerter Weise in der Marine gedient habe, in Mississippi geboren wurde – blabba-blabba-blabba-dabba-dubs. Oder ich konnte die Stille ihr machtvolles Werk tun lassen und abwarten, ob sich etwas Relevanteres auftat. Es wäre alles in allem ein Verlust, wenn irgendein hoffnungsvolles Thema jetzt nicht angesprochen würde. Nichts Persönliches, Heikles oder Entblößendes. Nichts, das die Welt zu einem besseren Ort machen will. Aber irgendetwas, worüber zwei beliebige Bürger miteinander sprechen können, wann immer sie wollen, zum beiderseitigen Nutzen – ungeachtet unserer verkomplizierenden Rassenzugehörigkeiten.

»Sie sagten, Ihr Vater sei hier aufgewachsen?« Ich lächelte ein vermutlich irres Lächeln, das aufscheinen ließ, wo unser Gespräch hinschweifen könnte, wenn wir es zuließen.

»Ja, stimmt.« Ms. Pines räusperte sich etwas förmlich. »Er ging als Erster seiner Familie aufs College. Und spielte an der Rutgers Football. In den Fünfzigern. Er war sehr gut. Hat Ingenieurwissenschaften studiert. Und promoviert. Er wurde der erste Neger, der auf hoher Ebene bei *Bell Laboratories* arbeitete. Er war ein Audio-Spezialist. Er war sehr klug.«

»Wie Paul Robeson«, platzte ich heraus – obwohl jede lebendige Zelle in mir schrie: Sag nicht »Wie Paul Robeson«.

»Hm-mmm«, machte Ms. Pines, die sich nicht für Paul Robeson interessierte. »Manche Leute sind als Idee besser denn als Menschen, Mr. Bascombe. So jemand war mein Vater. Ich glaube, er sah sich selbst auch mehr als Idee. Daran leidet unsere Rasse.«

»Unsere auch«, sagte ich, froh, dass Paul Robeson von dannen segelte.

»Wir haben von 1959 bis 1969 in diesem Haus gewohnt«, sagte Ms. Pines. »Mein Vater wollte unbedingt in einem weißen Viertel wohnen. Auch wenn das nicht sehr gut funktionierte.«

»Gefiel es Ihrer Mutter nicht?« Wie kam ich denn darauf?

»Genau. Meine Mutter war Opernsängerin. Oder wäre es gern gewesen. Egal wo, sie war immer fehl am Platz. Sie war Italienerin und stammte aus New York – da hätte es ihr besser gefallen. Ich war die Einzige von uns, die Haddam richtig mochte. Ich bin wahnsinnig gern zur Schule gegangen. Mein Bruder hatte es nicht leicht.«

»Das tut mir leid«, sagte ich.

»Tja.« Ms. Pines blickte durch die Schiebetür nach draußen, wo die Krähen auf der Kruste des schmelzenden Schnees standen und uns durch die Scheibe musterten. »Ich hatte überlegt, Sie vorher anzurufen.«

»Warum?«, fragte ich, lächeldilächel.

»Ich war nervös. Denn wenn Sie gewusst hätten, wer ich war – wer ich bin –, hätten Sie vielleicht nicht gewollt, dass ich vorbeikomme.«

»Wieso?«, sagte ich. »Ich bin froh, dass Sie gekommen sind.«

»Das ist ja nett.«

»Es klingt, als wären sie interessante Menschen gewesen. Schade, dass ich sie nicht kennengelernt habe. Ihre Eltern.«

»Also wissen Sie gar nicht Bescheid über sie?« Ms. Pines beäugte mich taxierend, das Kinn ein paar argwöhnische Zentimeter erhoben. Sie legte ihre unverletzte Hand auf den Gips und holte hörbar Luft. »Hartwick Pines?«, intonierte sie. »Sie haben noch nie von ihm gehört?«

»Nein«, sagte ich. »So hieß er?« Ein Name, der nach einem Holzbläser-Ferienlager in den Wäldern Michigans klang. Oder nach einem Richter der Nürnberger Prozesse. Oder einem Unterzeichner von Dumbarton Oaks.

»Ich dachte, sie wären berüchtigt.«

»Was haben sie denn getan?«

»Das wissen Sie wirklich nicht?«, fragte Ms. Pines.

»Erzählen Sie es mir.«

»Auf dieses Gebiet wollte ich mich eigentlich gar nicht wagen, Mr. Bascombe. Ich hatte nur das Bedürfnis, vorbeizukommen – nachdem ich so lange in der Nähe gewohnt habe. Es tut mir leid.«

»Ich bin wirklich froh, dass Sie es getan haben«, sagte ich. »Ich versuche, alle Häuser, wo ich mal gewohnt habe, zumindest einmal alle zehn Jahre zu besuchen. Es stellt die Dinge ins richtige Verhältnis. Alles wirkt kleiner – wie Sie ja auch sagten.«

»Das ist wohl so«, sagte Ms. Pines. Wie erwartet, waren wir mit Karacho auf eine saftige Geschichte gestoßen: unter den ersten

Negern zu sein, die in einer weißen Vorstadt wohnen, der Vater ein Junggenie, die weiße Mutter ein überspanntes Operntemperament. Da lag genau die Mischung aus Geschichte und Geheimnis drin, die den Vorstädten selten zugetraut wird – eine Geschichte, die sich für Reality-TV oder eine Reportage eignen würde; oder für den Sportkanal, wenn der Vater ein Spitzenfootballer bei den Crimson Knights gewesen war, von den Giants umworben wurde, sich dann aber für ein Leben als Wissenschaftler entschieden hatte. Noch besser, wenn die Mutter es mindestens in den Chor der Met geschafft hatte und der Bruder Priester oder Poet geworden war. Ich hätte das sogar aus der Ohrenzeugen-Perspektive schreiben können. Ich kriege viel erzählt. Ich höre auch gut zu und mache ein angenehmes, aufnahmefähiges, wertfreies Gesicht dazu, was mir einen guten Lebensunterhalt in meiner Maklerzeit eingebracht hat (heute allerdings gar nichts mehr einbringt).

»Träumen Sie manchmal von sich selbst, als Sie noch jung waren, Mr. Bascombe?«, fragte Ms. Pines blinzelnd. »Nicht dass Sie jetzt alt wären, natürlich.«

»Frank, bitte«, sagte ich. »Ja, das kommt vor. In meinen Träumen bin ich immer achtundzwanzig, trage einen Schnurrbart und rauche Pfeife. Ich versuche übrigens meistens, mich nicht an meine Träume zu erinnern. Vergessen ist besser.«

»Da haben Sie sicher recht«, sagte Ms. Pines und starrte den gelben Rand ihrer Haddam-CC-4-Ball-Tasse an.

Genau in diesem Augenblick machte sich leider Gottes eine der wolkigen kleinen Darmblasen, die wir alle kennen, auf den Weg von meinem Magen nach unten, und zwar so höllisch schnell, dass ich sie gerade noch erwischen und den Ausgang zukrampfen konnte. Eine Sekunde später, und hier hätte dicke Luft geherrscht. Mein Sohn Paul Bascombe nannte diesen Zustand »furzativ«. In der Zeit, als wir in der Cleveland Lane wohnten, lief Memps, der wieselige alte Langhaardackel unseres Nachbarn, eines Onkologen, ständig neugierig in unser Haus und ließ Riesenpupser in Serie ab. »Raus! Memps«, trompetete Paul dann (genüsslich). »Memps ist wieder furzativ! Raus, du böser Memps!« Der arme Memps wackelte zur Tür hinaus, als hätte er alles verstanden – aber nicht, ohne noch ein paar Salven abzuschießen.

Meine Situation war peinlicherweise eins vor Memps – aber, Gott sei Dank, nicht wahrnehmbar. An meinem verkniffenen Mund war es wohl abzulesen, denn Ms. Pines richtete ihre dunklen Augen auf mich, dann auf den Rand ihrer Kaffeetasse und wieder zurück auf mich, als »erlebte« ich gerade eine erneute Episode, wie den Schwindelrausch vor zwanzig Minuten, von dem ich geglaubt hatte, sie habe ihn nicht bemerkt, eine Episode, die nach dem Notarzt rief – wie bei ihrem Mann. Dabei war die Linsensuppe der Schuldige.

»Mein Gefühl sagt mir, dass ich zur rechten Zeit sterben werde«, sagte ich – keine Ahnung wieso –, als wäre das unser Gesprächsfaden gewesen und nicht, ob wir Erinnernswertes träumten oder wie es sich als Neger im Haddam der Apartheid gelebt hatte, mit überspannten Hochleistungseltern, für die gar nichts normal sein konnte. Ein Enddarmzwicken sorgte dafür, dass ich mich kurz winden musste, dann verging es wieder.

»Meinen Sie, jetzt im Augenblick?« Ms. Pines wirkte besorgt. Und ungeduldig – falls ich das tatsächlich meinte.

»Ich glaube nicht«, sagte ich. »Gestern dachte ich an all die Tierarten, die es auf der Erde gab, als ich zur Welt kam, und die es immer noch gibt. Aber nicht mehr lange, und sie sind weg. Es ist wahrscheinlich ein guter Zeitpunkt für den Abgang.«

Ms. Pines wirkte verwirrt. Kein Wunder. Wir hatten kurz vor einer Offenbarung gestanden, einer möglicherweise dramatischen.

Dahin wollte sie ganz eindeutig zurück. Sie funktionierte jetzt nach dem Gebot der Notwendigkeit. Anders als ich. »Ich …«, setzte sie an, dann hielt sie inne und schüttelte den Kopf, auf dem ihre Weihnachtsmütze saß; das hatte sie längst vergessen, aber sie gab ihr ein ganz leicht elfenhaftes, immer noch würdevolles Aussehen.

»Im Traum unterhalte ich mich mit meinem Sohn Ralph«, sagte ich. »Er starb 1979. In meinen Träumen ist er dreiundvierzig und Börsenmakler und berät mich bei meinen Investitionen. Ich stelle mir gern vor, es wäre wahr.«

Ms. Pines gab keine Antwort, sondern fing einfach an. »Während wir hier wohnten, Mr. Bascombe, wurde mein Vater misstrauisch. Und sehr engstirnig. Er war bei Bell durch redliches Bemühen und Talent weit gekommen. Aber aus irgendeinem Grund machte ihn das nicht besonders glücklich. Seine Eltern wohnten in der Clio Street, ein paar Blocks weiter. Aber wir trafen sie nie. Er ging auch kaum in seinen Garten. Das machte meine Mutter noch rastloser und unglücklicher, als sie sowieso schon war. Sie fand, sie gehöre auf die Bühne der Met, und die Heirat mit meinem Vater sei eine fürchterliche Fehlkalkulation gewesen. Obwohl sie ihn durchaus liebte, glaube ich. Aber sie musste meinen Bruder Ellis und mich großziehen. Deshalb saß sie hier in der Falle.«

»Das hört sich nicht gut an«, sagte ich. Aber hatten nicht weiße Bewohner nicht in jeder beliebigen Straße von Haddam ein Patent auf so etwas? Wir sind immer von unseresgleichen umgeben.

»Tja«, sagte Ms. Pines. »Ellis und ich wussten nicht, wie schlimm es geworden war. Wir waren eigentlich glückliche Kinder. Ellis hatte in der Schule wenig Erfolg, aber seine Singstimme war sehr schön, weswegen meine Mutter auf ihn setzte. Ich war sehr gut in der Schule, was meinem Vater gefiel. In dieser Hinsicht waren wir eine recht typische amerikanische Familie.«

»Das dachte ich gerade«, sagte ich. »Es hört sich an wie eine Geschichte aus dem *New Yorker*.«

Ms. Pines betrachtete mich verständnislos. Plötzlich war ich ein in der Schwebe hängender Leistungsschwacher aus Wall Township, der gerade einen unpassenden Witz über den Sklaverei-Kompromiss von 1850 gemacht hatte und ignoriert werden musste.

»Ich weiß nicht, ob Sie das alles wirklich hören müssen, Mr. Bascombe«, sagte Ms. Pines. »Ich jedenfalls muss es nicht erzählen. Ich kann jetzt sehr gut auch gehen. Sie waren überaus freundlich. Es ist keine glückliche Geschichte.«

»Aber Sie können sie erzählen«, sagte ich. »Sie haben überlebt. Was uns nicht umbringt, macht uns stärker, nicht wahr?« Natürlich glaube ich kein bisschen daran. Das meiste, was uns nicht umbringt, bringt uns später um.

»Daran wollte ich immer gern glauben«, sagte Ms. Pines. »Es gehört zu den Grundfesten eines Geschichtslehrers. Als Vorbereitung auf schlimme Zeiten.«

Geschichte ist bloß das *Krieg und Frieden* anderer Leute, das fiel mir dazu ein. Aber es gab keinen Grund zu widersprechen. Ich lächelte sie ermutigend an.

Glasiger Dunst stieg von dem schorfigen Schnee vorm Fenster auf und ließ meinen Garten verwahrlost und unschön aussehen. Das Haus gab ein knarrendes Geräusch von sich, es war alt. Ein Lichtspeer aus reiner, rarer Dezembersonne erhellte ein Rechteck auf dem Hickory-Stamm jenseits unseres Bambuszauns, hinter dem Schuppen, den der Hurrikan im Garten der D'Urbervilles beschädigt hatte, eines Rechtsanwaltsehepaars mit gemeinsamer Praxis. Es hätte April sein können, einen balsamischen Sommer auf den Fersen, statt der näher rückende, schmerzhaft kalte Januar. Die inspizierenden Krähen waren verschwunden.

Ms. Pines schnaubte in Richtung Garten. »Also«, sagte sie frisch, »ich mach's kurz.« (Warum hatte ich gesagt, ich wolle es hören? Hatte ich das ernst gemeint? Hatte ich das überhaupt gesagt? Irgendetwas gemahnte mich schmerzlich, noch einmal in mich zu gehen – der hoffnungsfrohe Sonnenstrahl, ein Warnsignal dafür, nicht an etwas Gutem herumzudoktern.) »Verstehen Sie, meine Mutter war sehr unglücklich«, sagte Ms. Pines, »und zwar in diesem Haus, wo wir gerade sitzen. Unser Vater fuhr jeden Tag zu *Bell* in die Firma. Er arbeitete an wichtigen Projekten und wurde geschätzt und bewundert. Aber dann kam er nach Hause und fühlte sich fremd. Warum, das werden wir nie erfahren. Aber irgendwann im Herbst 1969 begann meine Mutter eine Beziehung der gewöhnlichen Art mit dem Chormusiklehrer von der Highschool Haddam, der Ellis privaten Gesangsunterricht gegeben hatte.« Ms. Pines räusperte sich, als wäre ihr ein Schauer den Rücken hinuntergelaufen. »Ellis und ich wussten nichts von dieser Beziehung. Wir hatten keinen Schimmer. Aber nach Thanksgiving fingen meine Eltern an zu streiten. Und wir hörten Dinge, die uns auch über die derberen Einzelheiten informierten. Wir waren völlig verunsichert.«

»Jepp«, sagte ich. Aber … für mich nichts Neues unter den Sternen.

»Nicht lange darauf zog mein Vater aus ihrem gemeinsamen Zimmer oben aus und in den Keller.« Ms. Pines hielt inne und ließ den Blick wandern, bis zum Flur und der Kellertür. »Diese Treppe da ist er hinuntergestiegen – er war ein kräftiger, gut gebauter Mann.« Mit ihrem unverletzten Arm wedelte sie dorthin, als sähe sie ihren Vater nach unten stapfen. (Ich stellte mir natürlich Paul Robeson vor.) »Er hatte den Keller zu seiner Werkstatt umgebaut. Er schaffte seine Instrumente und Versuchsmessgeräte und Computerprototypen hinein. Er verwandelte den Raum in sein Privatlabor.

Ich glaube, er wollte etwas erfinden, das sich patentieren ließ, und dadurch reich werden. Mein Bruder und ich wurden oft nach unten zitiert, wenn er uns etwas vorführen wollte. Er war sehr intelligent.«

Zum ersten Mal wurde mir klar, dass der Keller bei dieser Gelegenheit und in dieser Weise »fertiggestellt« worden war – er stellte einen sekundären Wertfaktor für den Fall des Wiederverkaufs dar; außerdem handelte es sich um ein Stück ausgesuchter Vorstadtarchäologie, zudem eine gute Geschichte für ein Ohrenzeugen-Projekt – so als wäre das eigene Haus eine Station der berühmten *Underground Railroad* der Sklavereigegner gewesen.

»Er hatte da unten ein Feldbett stehen«, sagte Ms. Pines, »um ab und zu ein Nickerchen zu machen. Deshalb war es gar nicht so ungewöhnlich, als er nach Thanksgiving hinunterzog. Er war immer noch im Haus – obwohl wir mit meiner Mutter aßen und er, glaube ich, im Restaurant in der Stadt, und er ging morgens weg, während mein Bruder und ich aufstanden. In der Schule hatten schon die Weihnachtsferien begonnen. Die gesamte Situation war sehr angespannt.«

»Das fühlt sich an, als steuere alles auf einen Höhepunkt zu«, sagte ich, beinahe eifrig, aber dann doch nicht ganz. Für diesen Höhepunkt war wohl kein Lacher vorgesehen. Das hatte Ms. Pines ja schon gesagt.

»Ja«, sagte Ms. Pines. »Es gibt tatsächlich einen Höhepunkt.« Sie hob die orange getönten Fingerspitzen ihrer unverletzten Hand zu den schimmernden, runden Wangen und berührte dort die Haut, als müsste sie sich ihrer Anwesenheit vergewissern. Eine Geste der Verzweiflung. Ihre Hautpflegecreme stach mir in die Nase. »Worauf hoffen Sie, Mr. Bascombe?« Ms. Pines sah mich direkt an und blinzelte mit ihren dunklen Augen, um ernsthaft zu wirken. Langsam, aber sicher lief alles auf mich zu. Womöglich wurde mir gleich die Verantwortung für irgendwas zugeschrieben.

»Also, ich versuche, nicht auf allzu viel zu hoffen«, sagte ich. »Das würde in meinem Alter nur Druck auf die Zukunft legen. Wenn Sie wissen, was ich meine. Aber manchmal schleicht sich doch eine Hoffnung ein, wenn ich gerade nicht aufpasse.« Ich versuchte es mit einem verschwörerischen Lächeln. Das kann ich gut. »… Zum Beispiel, dass ich vor meiner Frau sterbe. Oder irgendwas mit meinen Kindern. Es ist ziemlich unbestimmt.«

»Diese Hoffnung hatte ich, bezogen auf meinen Mann«, sagte Ms. Pines. »Aber dann ließen wir uns scheiden, und ich war mir nicht mehr so sicher. Und dann starb er.«

»Ich bin auch geschieden«, sagte ich. »Ich kenne das.«

»Die Dinge sind nicht immer so klar, wenn einem das Herz bricht, nicht wahr?«

»Sie sind jedenfalls wesentlich klarer, wenn es einem nicht bricht.«

Ms. Pines wandte sich um und warf unerwartet einen Blick nach links und nach rechts, als hätte sie etwas gehört – ihren Namen, jemanden, der hinter uns das Zimmer betreten hatte. »Mr. Bascombe, ich habe Ihre Gastfreundschaft nun wirklich überstrapaziert.« Sie schaute mich flüchtig an, dann an mir vorbei, durch die Schiebetür in den diesigen Schnee. Sie runzelte die Stirn, aber ich konnte nicht erkennen, weshalb. Ihr Körper schien sich gleich erheben zu wollen.

»Aber nein«, sagte ich. »Es ist erst halb zwölf.« Ich schaute auf meine Armbanduhr, obwohl ich unheimlicherweise immer weiß, wie spät es ist – als würde in mir eine Uhr ticken, was ja vielleicht stimmt. »Sie haben mir den Höhepunkt noch nicht erzählt. Es sei denn, ich soll ihn nicht erfahren.«

»Ich bin mir nicht sicher, ob Sie ihn wirklich erfahren sollten«, sagte Ms. Pines und ließ ihren Blick wieder feierlich auf mir ruhen. »Vielleicht steht das dann zwischen Ihnen und Ihrem Haus.«

»Ich habe zwanzig Jahre lang Immobilien verkauft«, sagte ich. »Häuser sind mir nicht so heilig. Dieses hier hatte ich zwei Mal verkauft, bevor ich es selber kaufte.« (Von der Bank, nachschüssig.) »Eines Tages wird es jemand anderem gehören, der es bestimmt abreißt.« (Und hier beschissene Eigentumswohnungen hinsetzt.)

»Anscheinend müssen wir immer alles wissen, oder?«

»Die Geschichtslehrerin sind Sie«, sagte ich. Obwohl ich natürlich gerade den Glaubensgrundsatz verletzte, auf den ich in meinem Leben meistens gesetzt habe: lieber nicht zu viel wissen. Völlige Transparenz ist ein Mythos der Schmollbürger. Wer die Geschichte nicht kennt, hat kein höheres Risiko, die Geschichte zu wiederholen, als alle anderen, aber eine höhere Chance, sich in vielerlei Hinsicht besser zu fühlen. Aber nun war ich so entschlossen zu diesem substanziellen Austausch zwischen den Rassen, dass ich meinen Grundsatz glatt vergaß. Es wäre doch nicht rassistisch gewesen, wenn ich Ms. Pines jetzt hätte gehen lassen, oder doch? Präsident Obama hätte das verstanden.

»Na ja. Natürlich bin ich das.« Ms. Pines sammelte sich wieder. »Also. 1969, irgendwann zwischen Thanksgiving und Weihnachten ...« (das ist neuropsychisch eine spirituelle Todeszone, in der es von Suiziden wimmelt, als regnete es Sternschnuppen) »... muss etwas Zerstörerisches zwischen meinen Eltern vorgefallen sein. Vermutlich hätte ich herausfinden können, was es war. Aber ich war jung und tat es einfach nicht. Mein Bruder und ich sprachen nicht darüber. Vielleicht hatte meine Mutter meinem Vater gesagt, sie wolle ihn verlassen und mit dem Musiklehrer, Mr. Senlak, fortgehen. Ich weiß es nicht. Vielleicht war es auch etwas anderes. Meine Mutter konnte sehr dramatisch sein. Vielleicht hatte sie auch etwas Verletzendes gesagt, das nicht wiedergutzumachen war. Es stand mittlerweile schlimm.«

Zum ersten Mal, seit Ms. Pines in mein Haus gekommen war, konnte ich mir vorstellen, wie sie alle – alle vier Pines – in diesen Zimmern geatmet hatten, die Treppen hochgegangen waren, abwechselnd das einzige, feuchte Bad benutzt hatten, sich in dem damaligen »Esszimmer« versammelt und Erdnussbutter-Sandwiches gegessen hatten, alle als Satelliten der anderen im leeren Raum, die immer wieder versuchten, das Bild einer zusammenhaltenden, prototypischen, gemischtrassigen Familieneinheit abzugeben, und daran scheiterten. Es täte uns allen gut, wenn wir uns das Haus, in dem wir leben, bevölkert von unvollkommenen Vorgängern ausmalen würden. Das würde unser Mitgefühl anregen und das eigene Leben – sofern es nichts mehr zu wünschen übriglässt – ins richtige Verhältnis setzen.

Irgendwie merkte ich an der geordneten, halb widerstrebenden Art, wie Ms. Pines darauf hinarbeitete, was sie erzählen wollte, dass es mir nicht gefallen würde – aber ich würde es von nun an wissen, für immer. Sofort sprintete mein Gehirn voraus, probte, wie ich Sally davon erzählen würde, und stellte sich ihren neugierig-schockierten Blick vor – und all das, bevor ich wusste, worum es ging! Ich hätte die Situation am liebsten zu dem Moment vorhin zurückgedreht, in dem sich Ms. Pines umschaute, als hätte sie den geisterhaften alten Hartwick, den leistungsfähigen Kopf voll böser Absichten, aus dem Keller die Treppe hochtrampeln hören. Ich konnte sie zur Haustür und bis zur verschneiten Straße bringen, kaputtes Handgelenk hin oder her, und sie zurückschicken, wo sie hergekommen war, in die Gulick Road in Lavallette. Wenn sie nicht in Wirklichkeit ein Hirngespinst war – mein persönlich-privates Phantasma für alle Missetaten, die ich je begangen und für die ich nie gebüßt hatte und jetzt bezahlen musste. Bin ich der einzige Mensch, der manchmal meint, er würde träumen? Immer öfter geht es mir so.

Ich wollte unbedingt etwas sagen; langsames Heranmarschieren der Worte; Zeit zum Nachdenken gewinnen. Und dann sagte ich nur: »Ich hoffe, er hat nichts Schreckliches getan.« Hoffe. Bitte sehr, ich hatte einer Hoffnung Ausdruck verliehen.

»Er war kein schrecklicher Mensch, Mr. Bascombe«, sagte Ms. Pines nachdenklich. »Ein außergewöhnlicher. Ich habe seinen Hautton. Auch meine Mutter war auf ihre Weise ein guter Mensch. Wenn auch nicht so gut und außergewöhnlich wie er. Wie gesagt, er war wie eine wunderbare Idee, arbeitete sich aber an dieser Illusion ab. Und deshalb wusste er, als das Leben plötzlich nicht mehr wunderbar war, auch nicht mehr, was er tun sollte. So sehe ich es jedenfalls.«

»Vielleicht kam er mit Mehrdeutigkeit nicht gut zurecht.«

»Sein Leben war ein aussichtsloser Kampf gegen die Mehrdeutigkeit. Er wusste das von sich und hasste es. Zufall ist der Kern alles Geschichtlichen, nicht wahr? Das gilt allerdings ebenso für die Wissenschaft.«

»Es gab also einen furchtbaren Streit zwischen ihnen, und dann war alles zerstört? Und das geschah in diesen Räumen?« (Mit anderen Worten, genau so, wie die weißen Vorstädter die Dinge regeln?)

»Nein«, sagte Ms. Pines ruhig. »Mein Vater brachte meine Mutter um. Und er brachte meinen Bruder Ellis um. Dann setzte er sich ins Wohnzimmer und wartete, bis ich von meinem Debattierklub heimkam – die Sitzungen fanden auch in den Weihnachtsferien statt. Wir debattierten über die Funktionsfähigkeit der UNO. Er wartete, um auch mich zu töten. Aber ich kam zu spät nach Hause. Das gab ihm wohl Zeit, darüber nachzudenken, was er getan hatte und wie grausig das alles war. In seinem Haus mit zwei Toten zu sitzen, die er geliebt hatte. Er brachte die Leichen in den Keller hinunter. Und dann wurde er entweder ungeduldig oder stürzte in tiefe

Verzweiflung. Das werde ich nie erfahren. Denn ungefähr um sechs Uhr ging er wieder nach unten und erschoss sich selbst.«

»Kamen Sie nach Hause und fanden sie alle?« Mochte es nur nicht, nicht, nicht so gewesen sein. Ich war jetzt voller Hoffnung.

»Nein«, sagte Ms. Pines. »Das hätte ich niemals überlebt. Da hätten sie mich einliefern müssen. Nein, der Nachbar von nebenan hatte die ersten beiden Schüsse gehört und hätte beinahe die Polizei geholt. Als er eine Stunde später noch einen Schuss hörte, rief er sie dann. Jemand holte mich aus der Schule ab. Gesehen habe ich sie nicht mehr, das hat man mir nicht erlaubt.«

»Wer hat sich um Sie gekümmert? Wie alt waren Sie da?«

»Fast siebzehn«, sagte Ms. Pines. »An dem Abend habe ich bei der Mentorin des Debattierklubs übernachtet. Und danach traten die Verwandten meines Vaters auf den Plan – allerdings nicht sehr lang. Sie kannten mich nicht und wussten nicht, was sie mit mir anfangen sollten. Meine Schule, die Highschool Haddam – also die Vertrauenslehrer, der Direktor und zwei meiner Lehrer –, stellte einen Ausnahmeantrag für mich, damit mich die Cromwell-Aimes Academy in Maynooth, New Hampshire, mitten im Jahr aufnahm. Es fand sich ein ortsansässiger Mäzen. Ich wurde zum Mündel unserer Debattierklub-Mentorin gemacht und wohnte in ihrer Familie, bis ich nach Barnard ging. Was mir das Leben rettete. Und bei diesen Menschen wohne ich auch jetzt. Bei ihren Kindern.«

Ms. Pines ließ ihr weiches Kinn sinken und starrte in den Schoß, wo die unverletzte Hand die verletzte umklammerte. Die grüne Schottenmütze blieb fest sitzen. Ein feiner Hauch *Old Rose* stieg irgendwo auf. Ich hörte sie atmen, dann traurig aufseufzen. Ihre Körperhaltung sah aus, als rechnete sie mit einem Hieb. (Wo war ich, als sich dieses furchtbare Durcheinander ereignete? Fröhlich in der Perry Street im Greenwich Village, glücklich wie ein Goldfisch, jeden Abend auf der Piste, in Lust und Liebe einem großknochigen, pfiffig-skeptischen Mädchen aus Michigan verfallen und damit beschäftigt, mich an der literarischen »längeren Form« zu versuchen, wozu ich kein Talent hatte. Ich lebte das Leben des Noch-Unverletzten. Aber warum hatte ich niemals von alledem gehört? Ich war Makler. Städte geben nicht alle Geheimnisse preis.)

»Erleben Sie die Rückkehr heute als heilsam?« Ich bin verhalten, trauerbegleiterhaft und überspringe zwölf tröstliche, widersprüchlich unangemessene Äußerungen wessen? Eines Mitgefühls, das komplexer ist, als Worte erfassen könnten? Einer Trauer, die undurchdringlicher ist, als Herzen ertragen könnten? Ich habe niemals eine Trauerbegleitung in Anspruch genommen. Eine schwindende Anzahl von uns hält noch durch. Aber ich weiß durch Sally, was zu dem grundlegenden Auftrag gehört: erstens – das Vermeiden des plump-dumpfen Offensichtlichen; zweitens – die Frequenz von höchstens einer intelligenten Aussage alle fünf Minuten; drittens – schlichte Geduld. Es ist nicht so schwer, Trauernde zu begleiten. Ich hätte sagen können: »Damals, 1940, war Roosevelt eine viel bessere Wahl als Willkie.« Was ungefähr so trauerneutralisierend gewirkt hätte wie: »Was für einen Freund haben wir in Jesus«, oder: »Gnade uns Gott, ich kann Ihnen gar nicht sagen, wie sehr mich Ihr Verlust erschüttert.«

Aber war das überhaupt Trauer? Ihre Fassungslosigkeit stellte ein so merkwürdiges, finsteres Spektakel dar, dass man ihr vielleicht nur mit einer ganz neuen Art von Emotion beikam – einer unverbrauchten Gefühlsgattung, die zugleich eine besondere, passende Sprache brauchte.

»Ja, das glaube ich schon«, sagte Ms. Pines leise, bezogen auf mein Haus, ihr Darin-Sein und dass das half. »Solange ich noch nicht volljährig war, ließ man mich nicht hierher zurück. Ich ging an jenem Tag aus dem Haus, um zum Debattierklub zu fahren, und danach war nichts mehr so wie früher. Man meint, solche Dinge könnten gar nicht passieren. Und dann stellt sich heraus, das können sie, und sie tun es. Also: ja. Es ist eine Offenbarung, hier zu sein. Danke schön.« Ms. Pines lächelte mich an, fast eine Spur widerwillig. Das war also der grobkörnige, menschliche, nicht rassenbezogene Kontakt, den unser Präsident uns empfiehlt. Schade, dass die Kollateralschäden so hoch sind.

Ich wusste, dass Ms. Pines jetzt nach Worten des Aufbruchs suchte. Sie war zu klug, um die »S«-Karte zu spielen – »S« wie scheußlicher Schlussstrich. Sie wusste nicht genau, was sie suchte, und würde erst hinterher wissen, dass sie es gefunden hatte. Hätte sie eine Frage an mich formulieren können, so wäre es die uralte gewesen: Was soll ich jetzt nur tun, wie soll ich mein restliches Leben angehen, nachdem ich all das erlebt habe? Naturkatastrophen haben ein Händchen dafür, genau diese Frage aufzuwerfen. Aber warum fragte sie *mich*? Hatte sie natürlich gar nicht.

»Hm-hmmm«, konnte man Ms. Pines »sagen« hören, nachdem sie aus der kurzen Trance zurückgekehrt war, in die sie sich selbst, mein Haus und mich versetzt hatte. Sie war bereit zu gehen – hastig auf und raus aus ihrem Kaffeehausstuhl. Die große Lacktasche baumelte von ihrer unverletzten Hand, während sie mit einem Tätscheln den Sitz ihrer Schottenmütze sicherte. Sie spähte an ihrer grünen Kostümbrust hinunter, als hätte sich da Abfall ansammeln können. Ich war keineswegs bereit dafür, dass sie ging. Vielleicht gab es noch mehr zu sagen, bislang Ungesagtes. Wie oft geschieht so etwas schon? Aber ich sprang auf und griff nach ihrem Mantel. Sie hatte vorgeführt und empfangen, wozu sie gekommen war, und so viel wie möglich von ihrer Last auf das Haus abgewälzt. Und auf mich. *Su casa es mi casa*, tatsächlich.

»Ich habe schon oft daran gedacht, mich umzubringen, Mr. Bascombe. Sehr oft. Ich hatte nie den Mut dazu. So fühlte sich das an.« Sie drehte sich um, so dass ich ihr behutsam, wegen der hurrikanbeschädigten Hand, in den Mantel helfen konnte. Ich reichte ihr die Handschuhe. »Vielleicht gab es da ja noch etwas, das ich zu tun hatte.«

»Gab es«, sagte ich. »Gibt es.«

»Hm-hmmm«, sagte Ms. Pines.

Noch ein *Old-Rose*-Lüftchen zog an meinen Nüstern vorbei. Ich tätschelte ihre Kaschmirschulter, wie man ein Pony tätscheln würde. Sie reagierte mit einem unbeirrten Blick – wie es ein Pony vielleicht täte. Es stellt einen absoluten Gewinn dar, etwas Bedeutsames zu erleben, wozu keine Worte oder naheliegenden Gesten passen. Verkrampftes Schweigen kann perfekt sein. Das Flüstern der Götter, sagt Emerson.

»Ich habe etwas gelesen, Mr. Bascombe – in der *Time*, glaube ich …« Ms. Pines führte mich jetzt zu meiner Haustür, an dem mörderischen Keller vorbei, als hätte sie ihn neutralisiert. »Da stand, es gebe jetzt einen weltweiten Anstieg der Korruption. Alle lassen sich bestechen. Narzissmus ist im Kommen. Amerika steht, was das Glücklichsein betrifft, auf Platz 23. Ganz oben steht anscheinend Bhutan. Jemand hat gesagt, in den Vereinigten Staaten werde die Freude systematisch ausgerottet.« Ihr grün bemützter Kopf wippte vor mir. Ich konnte ihr hübsches Gesicht nicht sehen. »Ist das nicht unglaublich?«

»Ich habe es auch gelesen.« Ungelogen. »Das war irgendein finsterer Osteuropäer in einem muffigen Anzug. Diese Typen finden gar nichts gut.«

»Genau.« Ms. Pines wandte sich mir zu, ihr vorheriges Ich war wiederhergestellt, wenn nicht gar verbessert. Sie lächelte – unbeirrt, selbstgewiss – und streckte mir ihre kleine kastanienfarbene Hand hin. Ich schüttelte sie sacht.

Zwischen den Lampen links und rechts der Haustür schaute ich nach draußen, wo kein Schnee mehr fiel, über die Wilson Lane hinweg auf den überfrorenen Vorgartenrasen der Bitticks. Eine kleine, rundliche weiße Frau in Steppmantel und Steppstiefeln hämmerte gerade ein Schild in das steife Gras: SCHNÄPPCHEN-IMMOBILIE: ZU VERKAUFEN – NEUER PREIS. Das war ungefähr so, als stieße ein Bussard im eigenen Garten hernieder. Dort dämmerten neue Wirklichkeiten herauf, eine grobkörnigere Sicht auf die Sachlage (mit ziemlicher Sicherheit ein Rückschlag von Seiten der Bank). Mack hatte sein Romney-Ryan-Schild abmontiert, heute erst, und die Flagge gestrichen. Neue Nachbarn würden einziehen. (Wenn's nach mir ginge, Demokraten: verheiratet, kinderlos, redliche Seelen, denen ich mit Freude bei meinem morgendlichen Gang zur Zeitung zuwinken würde, aber viel mehr nicht. Ich verlange weniger von dem Ort, wo ich lebe, als früher.)

»Finden Sie es schwer, hier zu leben, Mr. Bascombe?«, fragte Ms. Pines, als ich ihr die Haustür aufhielt. Die Luft in dem Zwischenraum zwischen der Haustür mit den Eichenkassetten und der Sturmtür war reglos und eisig. »Sie haben schon früher in Haddam gewohnt, das weiß ich. Ein paar Dinge weiß ich von Ihnen. Ich habe immer mitverfolgt, wem das Haus gehörte, nachdem wir nicht mehr hier waren. Sonst konnte ich ja nichts tun.«

Die rundliche Frau, die gerade das SCHNÄPPCHEN-Schild in den Vorgarten der Bitticks einschlug, hielt inne und sah zu uns herüber: zwei Leute, ein Mann und eine Frau, im Gespräch über … was? Einen neuen Job als Haushälterin? Eine FBI-Leumundprüfung bei einem Nachbarn, der für eine Stelle im Staatsdienst in Frage kam? *Nicht* eine Familientragödie epischen Ausmaßes, der man sich erst nach Jahren stellen konnte, mit der man unmöglich seinen Frieden machen konnte, auch wenn es noch so viel fertigzustellen gab und wenig Zeit dafür.

»Nein«, sagte ich. »Es war das Einfachste auf der Welt. Die meisten, die ich von früher kannte, sind entweder weg oder tot. Ich hinterlasse mittlerweile kaum noch Spuren – was ich befriedigend finde. Unsere Möglichkeiten, Spuren zu hinterlassen, sind begrenzt. Mir kommt es angemessen vor. Das ist das neue Normal.« Mein Lächeln drückte, so hoffte ich, gegenseitiges Einverständnis aus – dafür hatte ich zuvor keine Worte gefunden, war aber überzeugt, dass wir es beide gespürt hatten.

»Schön«, sagte Ms. Pines. »Das ist eine gute Art, es auszudrücken. Ich mag, wie Sie die Dinge formulieren, Mr. Bascombe.«

»Nennen Sie mich Frank«, sagte ich, erneut.

»Na schön, Frank, das mach ich.«

Sie lächelte, öffnete die Sturmtür, nahm vorsichtig die immer noch vereisten Stufen und war fort.

DAS NEUE NORMAL

Kurz nach fünf hat gefrierender Regen die Haddam Great Road stadtauswärts in einen Feierabend-Autoscooter verwandelt. Nur wenige sind wir, die es wagen, und die Lichter unserer Scheinwerfer spiegeln sich im Asphalt wie schillernde Novas. Ein Ford Explorer (warum ist es immer ein Ford Explorer?) liegt schon im Graben, sein Fahrer winkt mich achselzuckend vorbei. Abschleppwagen ist unterwegs.

Durch die Bäume zu beiden Seiten blinken riesige, herrenhausartige Villen. Christbäume, von Panoramafenstern gerahmt, strahlen nach außen und teilen ihre Weihnachtsfreude mit den weniger Betuchten. Vor Jahren bin ich einmal an genau so einem düster-frostigen Abend hier rausgefahren, um höchstpersönlich ein 2-Mio.-Dollar-Vollpreis-Angebot für ein Architektenungetüm mit Schrägdach (mittlerweile längst abgerissen) zu überbringen, und überfuhr unglücklicherweise einen Hund, prompt direkt vor dem Haus, das ich gerade verkaufen wollte. Wie der Explorer landete ich im Graben, kletterte aber aus dem Wagen, nach oben und über die blitzvereiste Straße, um dem armen Vieh hilflos zu helfen, soweit das noch ging. Beim Aufprall hatte es ein *Wumpp*-Geräusch gegeben, was nichts Gutes verhieß. (Ich fürchtete natürlich, es handele sich um den Hund meines Klienten.) Da lag das arme Ding vor der Nummer 2605 im eisverkrusteten Gras und atmete tief, scharrend, bald nicht mehr von dieser Welt. Seine traurigen Augen blickten resigniert und offen in die verschneite Nacht – seine letzte – und gewährten mir keine Regung, nahmen mich nicht einmal wahr, wie ich neben ihm kniete und eine kalte Hand auf seine haarigen, harten Rippen legte, die sich hoben und senkten, hoben und senkten. Es war ein schwarz-brauner Jagdhund, irgendjemandes alter Schmusekäfer, ein zappliger Zwischen-den-Beinen-Schnüffler und Schuhknabberer, einst für die Kinder gekauft, aber weitergelebt bis über ihren Auszug hinaus und jetzt erstklassiges Anfahropfer. »Was kann ich für dich tun, alter Racker?« Ich sagte diese absurden Worte und wusste die Antwort: »Nichts, vielen Dank. Du hast genug getan.« Nach ein paar Minuten trabte ich beschämt und unter Schock zu dem Haus, das ich verkaufen wollte. Ich informierte meine Klienten, was ich Schreckliches getan hatte. Wir gingen zu dritt durch den Schnee auf die Straße, aber der alte Knabe war schon von uns gegangen und lag (bei der Scheißkälte) steifgefroren und friedlich und vollkommen da. Sie wussten nicht, wem der Hund gehörte. Einem Jäger, nahmen sie an, wohl nachts herumgestreunt, obwohl dafür schon nicht mehr die Jahreszeit war. Meine Klienten – die Armentis, heute auch schon lange jenseits des Lebens Blässe – hatten Mitgefühl mit mir und meiner misslichen Lage und schickten mich mit dem Versprechen nach Hause, am nächsten Morgen wegen des Hundes »etwas zu unternehmen«. Ich solle mir keine Sorgen machen. Es sei eine fürchterliche Nacht da draußen – und das war sie wirklich. Laut meinem Maklergedächtnis nahmen sie das Angebot der jungen bengalischen Käufer nach einigem unwirschen Hin und Her an. Solche Angelegenheiten behalte ich oft positiver in Erinnerung, als sie waren. Das liegt lange zurück. Mindestens zwanzig Jahre. Der Hund lebt natürlich weiter.

Heute Abend – es ist erst zehn nach fünf, könnte aber genauso gut Mitternacht sein – bin ich auf Pilgerfahrt zu meiner Exfrau Ann Dykstra, die jetzt im Beth-Wessel-Flügel des »Community« in Carnage Hill lebt, einer topmodernen Einrichtung mit abgestuftem betreuten Wohnen im Hinterland von Haddam (vor vierzig Jahren, als wir verheiratet waren, mitten im Grünen). Heute grenzt das »Community« an einen Pseudogolfplatz des Golfarchitekten Robert Trent Jones, durch einen derzeit entlaubten Flecken Wald von der Straße getrennt. Zur Linken, tiefer im Wald, liegt ein »Institut«, wo man lernen kann, echte Birkenrindenkanus zu bauen, seine lebhaften Lichter färben die schneeflitternde Nacht gelb ein. Andere großzügige Gebäude sind halb sichtbar, uniformierte Sicherheitsleute bewachen die Zugangstore. Es gab eine Zeit, da hätte ich hier in der Gegend bei praktisch jedem Stück besiedelten Landes sagen können, wie es in der Zukunft aussehen und wie es von aufeinanderfolgenden Wellen menschlichen Zweckhandelns genutzt werden würde – als läge eine Logik in ihm begraben, ein Genom seines späteren Wozu. Jetzt ist mir, ehrlich gesagt, hier draußen alles rätselhaft. Liegt wahrscheinlich an meinem Alter, was immer mehr zu dem Haupt-Dechiffriercode für mich wird. In New Jersey sind die letzten Millionen Hektar ansatzweise bebaubaren Landes praktisch voll. Bis Mitte des Jahrhunderts werden wir wohl alles aufgebraucht haben. Die Grundsteuer ist gedeckelt, aber niemand will verkaufen, weil niemand kaufen will. Das sorgt für hohe Preise und geringen Wert. (Ich habe auf dem ganzen Weg hierher nur ein einsames Sotheby's-Schild gesehen.) Die Besitzer vieler teurer Gebäudekomplexe vermieten heutzutage ihre 750-qm-Trophäenvillen an Rutgers-Studenten mit reichen Eltern – und wenn es zur Vermietung kommt, denkt man langfristig über Unterhalt und Verschleiß nach.

Währenddessen schränkt die Stadt Haddam immer mehr

Dienstleistungen ein. Zu viel Geld »geht verloren« für Löhne und Gehälter, sagen die Republikaner im Bezirksrat. Der Haushalt weist eine Lücke von fünfzehn Millionen auf. Kurz vor Weihnachten haben viele alte Angestellte, die zum Inventar der Stadt gehörten, rosa Kündigungsschreiben bekommen. Die frühere Weihnachtskrippe, vor zehn Jahren eingemottet, weil sie die Heiligen Drei Könige alle als stramme Arier zeigte, nicht als zwielichtige Levantiner und Mohren, ist wieder aus der Versenkung geholt worden – die Firma, bei der man eine rassenkorrekte Weihnachtskrippe mieten kann, hatte nämlich die Preise erhöht. Palmenzweige schmücken jetzt nur noch jede dritte Straßenlaterne auf der Seminary Street. Die Zügel des magischen Schlittens auf dem Platz führt jetzt ein kleinerer Weihnachtsmann – der ursprüngliche, lebensgroße ist gestohlen worden, vermutlich von Rutgers-Studenten. Drei erstklassige Schaufenster sind derzeit leer (früher undenkbar). Gegenüber vom Friedhof, wo mein Sohn Ralph Bascombe unter einer hurrikangefällten Linde liegt, schreitet der Bau von Townhouses – ein wohlbekanntes Zeichen des Niedergangs – zügig voran. Demnächst sollen dort, wo früher *Laura Ashley* und *Anthropologie*-Damenmoden florierten, eine Resterampe und ein Schnellrestaurant eröffnen. »Die Mitte bricht weg«, lautete die nach Yeats klingende Einschätzung in meinem Lieblingsmagazin *The Packet*.

Aber jeder Bürger von Haddam, mit dem ich mich unterhalte – nicht mehr so viele, zugegeben –, zieht offenbar beim neuen Sparkurs mit, auch wenn sie das, was einst unsere Wirklichkeit war, abrupt zu beenden droht. »Den Druck abfangen«, »den Gürtel enger schnallen« – so können wir uns anscheinend mit dem wirtschaftlichen Niedergang der restlichen Welt eins fühlen. Wir wissen, dass es schlimm steht, aber nicht so schlimm, noch nicht, nicht hier.

Wahrscheinlich bin ich der Einzige, der genauer darauf achtet.

Aus den Jahren, in denen ich kaufte und verkaufte, belieh und erneut belieh und im Lauf der Zeit das Abtragen und Ersetzen so manchen Traumhauses in die Wege leitete, ist mir ein Stadtgedächtnis geblieben. Natürlich hat unsere Psyche einige Wunden und Narben davongetragen. Wie sich das einrenken soll, bevor der letzte belegbare Hektar asphaltiert ist und es nur noch bergab und über den Jordan gehen kann, ist ein blankes Rätsel.

Im üblen Wetter dieses Abends, vier Tage vor Weihnachten, habe ich die Mission, Ann ein besonderes orthopädisches Spezialkissen zu bringen, das yogageeignet, formangepasst und dicht schaumgefüllt ist, auf dem sie schlafen kann und das Schweizer Neurologen für eine homöopathische »Behandlung« von Parkinson empfehlen – seit kurzem leidet sie daran –, weil es den Stresspegel reduziert, der mit schlechtem Schlaf einhergeht und mit Nackenschmerzen zusammenhängt, welche wiederum mit allzu lebhaften Träumen zusammenhängen, was unterm Strich alles mit Parkinson zusammenhängt. Ann residiert seit letzten Juni im »Beweglich/Selbständig«-Flügel des Beth Wessel. Sie hat ihr eigenes, Feng-Shui-geprüftes Dreizimmerapartment, kocht selbst, fährt selbst (einen Focus), trifft sich ab und zu mit alten Freunden von der De-Tocqueville-Akademie, wo sie früher einmal Golferinnen trainierte, und hat sich sogar einen »Freund« zugelegt – einen Ex-Cop aus Philadelphia namens »Buck«. (Er hat auch einen Nachnamen, aber da der polnisch ist, kann ich ihn nicht aussprechen.) Buck ist ein großes, ödes Stück Klafterholz über siebzig, der zu weit geschnittenen Hosen mit eingebautem Gürtel neigt, farblich passenden Sweatshirts in Beige aus dem Nonfoodsegment eines Supermarktes Marke Walmart, großen täppischen Tretern aus Wildlederimitat und den dünnsten der dünnen farblosen Nylonsocken. Irgendwo hat irgendwer Buck davon überzeugt, dass er mit einem Spitzbart und einer schwarzen Hornbrille von Dave Garroway weniger nach polnischem Fleischklops aussieht und dass ihn die Leute so viel ernster nehmen, was kaum stimmen kann – obwohl er offiziell unter »gutaussehend« läuft. Er könnte als der »gute Cop« durchgehen, der den armen schwarzen Jungen aus der Sozialsiedlung verhört, bis er plötzlich aus der Haut fährt, die Augen weit aufreißt, dem Jungen seine geballten, hufeisengroßen Fäuste vor die Nase hält und ihm eine Mordsangst einjagt. Jedes Mal wenn ich Buck sehe, hat er ein anderes John-Grisham-Buch dabei, und wenn er von sich selbst spricht, nennt er sich immer Ersthelfer, »First Responder«. (Ich habe seinen alten Chevy-SUV auf dem Parkplatz gesehen, auf seinem gelben New-Jersey-Nummernschild steht tatsächlich FRST RSPNDR.) Ich treffe ihn regelmäßig in dem großen öffentlichen »Wohnzimmer« an – da lungert er herum, weil er nicht genug zu tun hat, keine Raubüberfälle und Einbrüche, wo eine starke Faust gefragt wäre. Er findet es gut, dass Ann (die er nervtötenderweise »Miss Annie« nennt) ... dass Ann und ich »eine lange Geschichte haben«, so würde ich es eher nicht nennen; ebenso, dass er und ich sexuelle Anspielungen über sie austauschen, wovon Männer wie wir nie offen sprechen würden, was aber unterm Strich auf »etwas Besonderes«, möglicherweise Symbolisches hinausläuft und uns beide zu glücklich in die Jahre gekommenen Infanteristen in Miss Annies Armee macht.

Buck ist ein »Prostata-Überlebender«, wie ich, und die Art, wie er über Privatangelegenheiten redet, würde Ann sofort auf die Palme bringen. Dazu gehört seine ordinäre Viagra-Verachtung (»... brauch doch so 'n Müll nicht. Ich weiß, was ich an meinem Ständer hab, ich kann dir sagen ...«); seine nicht totzukriegende Fantreue zu den Philadelphia Flyers; sein Glaube an die Existenz einer »Pferdepille«, die man online kriegt, »davon pissen wir Prostatakerle wie die polnischen Kaltblüter«, und so erspart sie uns auch den »Herrenklo-Blues«. Klar, dass er Obama nicht leiden kann und ihn beschuldigt, den amerikanischen Traum in die Tonne getreten zu haben – bei der Aufgabe, dass »der kleine Mann nicht abgehängt wird«, hätte er ein »verlorenes Jahrzehnt« zu verantworten. »Er ist ganz nett« – er meint den Präsidenten –, »aber er war nicht bereit für die Größe des Amtes.« Laberdilaber. Aber Bush war so was von bereit. Ich bin mir sicher, dass Ann bloß Zeit mit ihm verbringt, um mir zu demonstrieren, wie unendlich viele Homo-sapiens-Exemplare mühelos in meine seit Ewigkeiten leerstehenden Fußstapfen treten können. Andererseits, warum sollten seine (und ihre) Herzensdinge weniger unergründlich sein als meine eigenen.

Vier Tage vor Weihnachten meine Exfrau zu besuchen (wir sind seit dreißig Jahren geschieden!), die mit einer unheilbaren, tödlichen Krankheit in einem Pflegeheim lebt und mit der ich nicht gerade einen sehr freundlichen Umgang pflege – keine ganz leichte emotionale Reise, aber es sind von meinem jetzigen Haus zwanzig Minuten mit dem Auto, und es gibt in mancher Hinsicht Klärungsbedarf. Wie der Dichter sprach: Beziehungen enden nirgendwo.

Wie es dazu kam, dass Ann Dykstra zwanzig Minuten von meiner Türschwelle entfernt wohnt, ist eine bittersüße Geschichte unserer Zeit und sollte als Warnung dienen – falls die »Langzeit-Exfrau« ein definierbarer demografischer Faktor ist, vor dem man sich also auch hüten kann.

Als Ann sich von der De Tocqueville, Fachbereich Sport, pensionieren ließ (nicht lange nach meiner Verwundung, Thanksgiving 2000, von der zu genesen ich meine liebe, lange Mühe hatte; zwei Volltreffer in die Brust, das hinterlässt Spuren), hatte sie sich ohne größere Erwartungen mit einem ihrer De-Tocqueville-Kollegen eingelassen, dem plumpen, dunkelhäutigen, lockigen Ex-Harvard-Mathegenie und lebenslangen Muttersöhnchen Teddy Fuchs. Jahre zuvor, auf dem Weg in den Mathematikerolymp, hatte Teddy am Vorabend der Verteidigung seiner Dissertation über die Quadratur des Kreises eine »dissoziative Episode« erlitten und war in den Prep-School-Unterricht an der De Tocqueville verbannt worden, die zudem nicht weit vom Haus seiner Eltern an der Küste in Belmar entfernt lag. An der De Tocqueville fanden ihn alle freundlich und tiefschürfend und (was sonst?) hochintelligent und attestierten ihm »einen besonderen Draht« zu den Jugendlichen, so dass man allgemein davon überzeugt war, die Vorbereitung von Highschool-Schülern auf die Universität wäre seine wahre Berufung, nicht eine Professur am *California Institute of Technology,* wo er eine echte Chance auf einen Nobelpreis gehabt, aber wahrscheinlich nie »richtig« glücklich gewesen wäre (wie all die anderen Highschool-Lehrer).

Teddy war mit sechzig immer noch unverheiratet, aber seine Gutmütigkeit hatte ihm das übliche Gefeixe und Igitt und heimliche Augenverdrehen über »seine Sexualität« erspart. Es gab keine Gerüchte, keine Sichtungen im Greenwich Village *à deux,* keine geheimnisvollen »Freunde«, die zu Schulgrillpartys mitgebracht wurden. Manche Leute sind wirklich, was sie zu sein scheinen – so selten das ist. Teddy und Ann »gingen miteinander aus«, wurden ein Paar, gingen auf Reisen (Turks- und Caicosinseln, Tel Aviv, Odessa) und redeten ausschließlich über den anderen (»Das muss ich Ann mal fragen ...«; »Also damals, als Ted in Harvard war ...«; »Ann muss zum Golf, das Tee wartet ...«; »Darüber hat Teddy als Studienanfänger einen wichtigen Aufsatz geschrieben, der großes Aufsehen erregt hat ...«). Lauter Dinge, die sie über mich nie gesagt hätte, denn einer, der Vorstadthäuser in den Sackgassen von West Windsor verhökert, wo früher mal Maisfelder lagen, lockt die Cracks in Stanford kaum hinter ihrem Linearbeschleuniger hervor.

Ich weiß all das nur von unserer Tochter Clarissa Bascombe, die heute als Tierärztin in Scottsdale lebt. Sie hat die Verbindung zu ihrer Mutter immer halbwegs eng gehalten – zu ihrem Bruder und mir allerdings wesentlich enger. Als das mit Teddy losging, war Clarissa davon überzeugt, ihre Mom könne »nur eine platonische Beziehung zulassen« und da sei weder Techtel noch Mechtel im Gange; Teddy sei, trotz seiner levantinisch-bärigen »Sinnlichkeit«, in Wahrheit harmlos und »nicht im Kontakt mit seinem Körper« (Lesben glauben immer, sie wüssten Bescheid). Und nach zwei Ehen mit unbefriedigenden Männern – einer davon ich – sei für Ann eine Beziehung mit einem Mann wie Teddy (aufmerksam, hoffnungslos zuverlässig, folgsam, ab und zu anfällig für Frohsinn, aber in Maßen, ohne schlimme Erfahrungen mit Frauen, dazu ein guter Koch und, ganz wichtig, *Jude*, was für Clarissa eine Garantie gegen unerwünschte sexuelle Avancen darstellte) … also, Teddy war nachgerade perfekt. Das alles war, wie die meisten Erklärungen, mehr oder weniger plausibel. Außerdem mochte Clarissa Teddy (ich war ihm nur zwei Mal zufällig begegnet). Sie hatten Harvard gemeinsam und hockten vermutlich, was weiß ich, bis spätnachts zusammen und sangen die Scheiß-Alma-Mater-Lieder.

Ich mach's kurz (ist eh nie kurz genug): Ann ging in Rente, und Teddy, dessen Mutter praktischerweise mit neunzig gestorben war, auch. Ann hatte Kohle aus ihrer zweiten Ehe. Teddy hatte die 280-qm-Eigentumswohnung seiner toten Eltern mit Meerblick in Belmar. Allem Anschein nach fügte sich da eine für beide Seiten glückhafte Verbindung: eine Bekanntschaft, die zaghaft zu »etwas Größerem« erblühte, statt wie sonst zu welken; ein gegenseitig anerkanntes, wenn auch nicht völlig geteiltes Gefühl davon, dass das

Leben besser ist, wenn man es nicht in trübsinniger Einsamkeit zubringt; und eine Bereitschaft, sich für den anderen zu interessieren (Golf lernen, Infinitesimalrechnung lernen). Nicht zu vergessen die Eigentumswohnung.

Ann und Teddy verschickten Karten mit »Zu Hause angekommen« – sogar an mich –, auf denen sie verkündeten: »Wir legen all unsere Güter zusammen – mögen sie real, spirituell oder virtuell sein«. Ich nahm das zur Kenntnis, mir aber nicht zu Herzen. In meinen Augen hatte Ann in ihrem Leben wieder mal einen neuen Weg eingeschlagen, dessen wichtigster Aspekt und Anreiz darin lag, immer weniger meine (frühere) Frau und immer mehr ein beliebiger Mensch zu sein, dem ich möglicherweise nie begegnet wäre und dessen Todesanzeige ich ohne das geringste Stutzen oder Zucken überfliegen könnte. Also das eigentliche Ziel und beste Beispiel dafür, was wir mit *Scheidung* meinen.

Obwohl das natürlich verrückt ist. Die Kinder kümmern sich schon drum. Und das Gedächtnis – das lässt einen, außer bei Alzheimer, nie vom Haken.

Und dann, nach vier Jahren, in denen sie mit winzigen Flugzeugen auf Gletschern landeten, barfuß die Via Dolorosa abliefen, zweimal bei den US-Masters waren – Anns Lebenstraum –, durch das maghrebinische Hinterland wanderten, dazu zahllose Hörbücher, Videos von Harvard-Vorlesungen über Neuroplastizität, Ausflüge nach Chautauqua, um abgewrackte Schriftsteller zu hören, die sich darüber ausmären, »wie es sich anfühlt, ich zu sein«, plus vier Termine in der Mayo-Klinik, um die Herzbeschwerden im Blick zu behalten, die Teddy seiner Meinung nach von dem Zwischenfall in Harvard zurückbehalten hatte – nach all dem saß Teddy eines Morgens wie ein Riesenbaby in einer rosa Badehose in der Brandung des Atlantiks und starb ganz einfach. Ein Aneurysma. »Tot. Mit vierundsechzig«, wie unser Radiomoderator Paul Harvey zu sagen pflegte. Ann sah ihm vergnügt von ihrem Balkon im neunten Stock zu, sah ihn kopfüber ins Wasser kippen. Sie dachte, er mache einen Scherz, und lachte und wartete darauf, dass er sich wieder aufrichtete. Er hatte durchaus eine humorvolle Seite.

Ann blieb nach Teddys Tod in der Wohnung. Ich hatte keine Ahnung, was sie machte oder wie sie es machte. »Alles in Ordnung bei Mom«, mehr ließ Clarissa nicht raus, als dürfte ich das nicht erfahren. Paul Bascombe, unser Sohn – an guten Tagen ein ungewöhnlicher Einzelkämpfer und mittlerweile glücklicher Besitzer eines Gartenmarkts in Kansas City –, hegt für seine Mutter nur distanzierte Sympathie und hatte mir nichts über sie zu erzählen. Komplikationen und Unberechenbarkeiten im »Umgang« mit dem einen oder anderen alternden Elternteil scheint für die Kinder der Moderne der Normalfall geworden zu sein.

Spät in der Verkaufssaison 04 veräußerten Sally und ich unser Strandhaus in Sea-Clift, Poincinet Road. Wir hatten lange darüber nachgedacht. Und dann kam eines Tages jemand einfach in einem Zehn-Millionen-Mercedes vorgefahren und sah mich auf dem Deck stehen, wie ich durch mein Nikon-Fernglas Streifenbarsch-Fischer beobachtete. Der Typ trat an die seitliche Treppe, beschirmte die Augen mit der Hand und fragte aus heiterem Himmel, was das Haus kosten solle. Ich nannte eine hochherrschaftliche Zahl (es ist nicht ungewöhnlich, dass derlei vorkommt; ich rechnete eigentlich immer damit). Der Typ, Arnie Urquhart aus Hopatcong, fand die Zahl vertretbar. Ich ging die Stufen halb hinunter. Er kam halb nach oben. Ich stellte mich vor. Händeschütteln. Er schrieb auf der Stelle einen Scheck aus, als Anzahlung. Und drei Wochen später standen Sally und ich draußen und dirigierten die Umzugsleute von Mayflower, die unsere Sachen einlagern oder zum Auktionator nach Metuchen bringen sollten.

Unser Umzug nach Haddam, eine Rückkehr zu Straßen, Wohnbeständen und trüben Erinnerungen, die ich für immer hinter mir gelassen glaubte, ähnelte vielen Entscheidungen, die Menschen in meinem Alter treffen: konservativ, reflexartig, risikofrei und auf Bequemlichkeit aus – und die sich allesamt als ihr Gegenteil verkaufen: neu, beherzt, inspiriert, ein Ausflug in die geheimen Gegenden des Lebens, ein kühner Schritt, den nur wenige Unerschrockene je wagen würden. Als hätte ich beschlossen, eine Pizzeria in Nairobi zu eröffnen. Leider kennen wir uns nur mit dem aus, was wir schon getan haben.

Dabei ist es gut gelaufen – es gab nur wenige Überraschungen. Der Hurrikan. Die Rezession. Aber nichts, was Sally oder ich als entmutigend oder bitter empfinden. An Ann Dykstra (Ann Dykstra-Fuchs – Teddy und sie hatten auf einem ihrer Gletscher Ringe getauscht, in Grönland) dachten wir nicht. Sie war »irgendwo« in der Nähe, aber außer Sicht. Ich hätte gar nicht genau sagen können, wo. Beizeiten erfuhr ich von Teddys Hinscheiden, und Anns neuerliche Witwenschaft erschien mir noch düsterer durch das (mir selbst zuzuschreibende) Gefühl, dass sie etwas Besseres als Teddy nicht mehr finden würde. Unsere Scheidung, Jahrzehnte zuvor, die die Kinder hängen ließ, ihre Ehe mit einem Arsch wie Charley O'Dell – so hieß ihr zweiter Mann –, nach der sie am Ende doch allein dasaß … all das sah mit einem Mal aus wie ein bloßes Vorspiel, der Weg zu einer Tür, hinter der sich ein langer, wunderschöner Korridor auftat, ein viel klarer erstrahlendes Leben, das ihr, und sei es nur für wenige kostbare Jahre, noch beschieden war. Ich war glücklich, dass ich es nie so gesehen hatte. Bis jetzt jedenfalls. Alles in Ordnung bei ihr – genau wie ihre Tochter es ausgedrückt hatte.

Aber dann stellte sich bei Ann allmählich ein »Körpergefühl« ein, das sie nicht kannte. Sportler, und Ann ist ein klassisches Beispiel dafür, spüren viel früher als andere Menschen, wenn im Fundament ihres Halte- und Stützapparats etwas nicht stimmt, und zwar lange bevor ihnen Abgeschlagenheit, Depressionen, psychische Erosionen oder irgendwelche Phänomene von »weicherem Gewebe« auffallen würden.

»Auf dem Golfplatz merkte ich, dass ich beim Gehen nur mit einem Arm schwang«, sagte sie eines Mittags, als wir bei Castillo's in Trenton mexikanisch essen gingen. Ich treffe mich jetzt öfter mit ihr, was Sally »angemessen« findet, ich habe da gemischtere Gefühle. »Ich dachte: ›Was zum Teufel ist denn da los? Hab ich mir beim nächtlichen Pinkeln den Arm verrenkt und es vergessen? Wahrscheinlich fällt er mir jetzt ab.‹« Sie warf mir ein breites, verblüfftes June-Allyson-Grinsen quer über die beiden Teller voller *Chiles rellenos* zu. Offenbar kann man die Entdeckung der Krankheit, die einen umbringen wird, auch als urkomische Geschichte erzählen, wie man spät im Leben noch etwas ganz Neues entdeckt hat – was ja spät im Leben immer seltener vorkommt.

Doch wie sich herausstellte, gab es »bloß einen winzigen Tremor«, nur in ihrer linken Hand (sie ist Rechtshänderin), was sie auf das Alter und die Belastung durch die Witwenschaft schob. Ihre Handschrift (die Zahlen, die sie auf ihre Scorekarte kritzelte) war kleiner und weniger sauber geworden. Außerdem schlief sie nicht gut und fühlte sich manchmal immer erschöpfter, je mehr sie schlief. »Und ich hatte Verstopfung.« Sie verdrehte die Augen, schüttelte den Kopf und sah hoch. »Du kennst mich. Ich habe nie Verstopfung.« Als wir verheiratet waren, sprachen wir nie über diese wenig bekannte Tatsache.

Ein absolut planmäßiger Routinecheck gab »Anlass zur Sorge«.

Grauenvolle »Tests« (kenn ich zur Genüge) wurden durchgeführt. »Keine abschließenden Ergebnisse«, sagte sie mir. »Man kann Parkinson nicht diagnostizieren. Man schließt alles aus, was nicht Parkinson ist, und wenn was übrigbleibt, ist es Parkinson.«

»Überwachungs«-Medikamente wurden verschrieben, die, wenn sie anschlugen und den Tremor, die Erschöpfung und die Verdauungsprobleme beseitigten, (perverserweise) zu der Erkenntnis führten, dass es sich wahrscheinlich um Parkinson handelte. Und so war es auch. Die fortgesetzte Einnahme der Medikamente würde zwar die Symptome in Schach halten, hätte aber als Nebenwirkungen vermutlich Übelkeit (richtig) und zu niedrigen Blutdruck. Aber man könne, sagte sie, ein Leben prognostizieren, wie wir es kennen – den vergänglichen Gold-Standard –, möglicherweise noch jahrelang, bei sportlicher Fitness und geduldigen Anpassungen der Dosierung. Und in solchen Sachen ist sie ein Naturtalent.

»Wer weiß«, sagte sie bei dem Mittagessen, als sie mir die ganze Geschichte erzählte, »vielleicht haben die in einem Jahr das ganze Scheißproblem geknackt, und ich komme wie neugeboren aus der Sache raus – für eine Neunundsechzigjährige jedenfalls.« In ihren späteren Jahren hatte Ann begonnen, wie ihr verstorbener Vater Henry zu reden, den ich, lange nachdem meine Ehe mit Ann den Bach runtergegangen war, immer noch von ganzem Herzen mochte. Henry, ein Zuliefer-Tycoon für den Monolithen namens Automobilindustrie (er produzierte ein Ding, das ein Metallding herstellte, das dafür sorgte, dass ein kleineres drittes Ding nicht heißlief und besser funktionierte; das war zu der Zeit, als die Menschen noch Dinge machten und Maschinen benutzten statt umgekehrt), Henry war ein kleiner holländischer Streitgockel mit stahlhartem Rücken und Kodderschnauze, der es nicht unter seiner Würde fand, eine geladene Pistole in die Fabrikhalle mitzunehmen, wenn er einem Gewerkschaftler die Stirn bieten musste. Grobe Worte, Bezeichnungen von Geschlechtsteilen oder Körperfunktionen gehörten allerdings nicht zum sprachlichen Repertoire seiner Tochter, als wir in den siebziger Jahren im ehelichen Glück schwelgten. Heute scheint das anders zu sein. Ich muss allerdings zugeben (alles andere wäre gelogen), dass mir das weichere, unerfahrene Mädchen fehlt, die Ann *vor* dem Tod unseres Sohnes, nach dem alles auseinanderflog wie bei einer Atomspaltung – inklusive unsere zivilisierte Etikette.

Noch eine unerwartete Neuigkeit ist an den Tag gekommen, seit Ann in Carnage Hill lebt; ich habe erfahren, dass sie mich, was ihr Alter betrifft, angelogen hat, seit ich sie kenne – und das ist eine lange Zeit. Als ich sie in New York kennenlernte, etwa 1969, und wir als Paar durch die Stadt zogen, war ich ein kultivierter, gewandter Vierundzwanzigjähriger und Ann Dykstra aus Birmingham, Michigan, eine reizende, sportliche, etwas skeptische Zweiundzwanzigjährige. So dachte ich jedenfalls. In Wahrheit war sie eine reizende, sportliche Fünfundzwanzigjährige, die in ihrem zweiten Studienjahr mit einem Jungen aus Bally O'Hooley nach Irland durchgebrannt war; seine Fairway-Golfschläger hatten mehr Kilometer runter als bei irgendwem sonst in der Männermannschaft. Mit ihm verbrachte sie achtzehn Monate eines alles andere als idealen Lebens, bis sie gedemütigt nach Ann Arbor zurückkehrte. Als wir im Februar 1970 im Rathaus von Gotham heirateten, stand auf der Urkunde eindeutig, dass sie dreiundzwanzig Jahre alt war (ich war inzwischen fünfundzwanzig). Ich habe sie noch, und über die Jahre hatte ich oft genug Gelegenheit, sie aus ihrer grünen Lederhülle zu nehmen und lange sehnsuchtsvoll zu betrachten. Ihre Geburtsurkunde habe ich niemals gesehen, ihren Pass ebenso wenig. Aber als sie mich aufforderte, ihre Parkinson-Akte anzuschauen – aus irgendeinem Grund, den nur sie kannte, wollte sie, dass ich von alldem erfuhr –, stand im Kleingedruckten oben auf der ersten Seite auch das Geburtsdatum. 1944! »Guck mal«, sagte ich sofort zu ihr (totaler Dödel), »die haben sich mit deinem Geburtsdatum geirrt.« »Wo?«, sagte Ann. Wir saßen bei Pete Lorenzo. Sie warf einen flüchtigen Blick auf das Papier. »Nein, stimmt doch alles«, sagte sie ungeduldig. »Aber da steht 1944«, sagte ich (totaler Dödel). »Du bist doch nicht 1944 geboren.« »Aber natürlich. Wann dachtest du denn?« »1946«, sagte ich etwas kleinlaut. »Wie kommst du darauf?« »Du hast es bei unserer Heirat gesagt, es steht auch auf der Heiratsurkunde. Und als ich dich kennenlernte, hast du gesagt, du wärst zweiundzwanzig.« »Ach ja.« Sie tupfte sich die Lippen mit der Serviette ab. »Macht das einen Unterschied?« »Ich weiß nicht«, sagte ich, »doch, irgendwie schon.« »Warum denn genau?«, meinte Ann trocken. »Hast du jetzt allen Respekt vor mir verloren?« »Nein«, sagte ich. »Wie beruhigend«, sagte sie. »Das könnte ich, glaube ich, nicht ertragen.« Und dann erzählte sie mir erstmals von ihrem Long Driver Donnie O'Herlihy oder O'Hanrahan oder O'Monagle oder wie zum Teufel er hieß, von ihrer Flucht übers Meer nach Irland und der Leidenschaft an der Bucht von Bally O'Dingsbums, die unter einem unglücklichen Stern stand.

Ann hatte natürlich recht. Hatte ich meinen Respekt vor ihr verloren (falls ich welchen vor ihr hatte und habe)? Nein. Änderte das was am Weltpreis für Kohlrüben? Nein. Hat sich irgendwas in meinem Leben geändert, seit ich ihr tatsächliches Alter weiß, jetzt, dreißig Jahre nach unserer Scheidung? Ich glaube kaum. Aber. *Irgendwas* ist trotzdem anders. Wahrscheinlich wüsste nur ein Dichter, was es ist, und könnte es hübsch aufdröseln. Aber ich würde sagen, wenn der Großinquisitor mich dereinst über sein Bilanzbuch hinweg anfunkelt und knurrt: »Bascombe, bevor ich dich an den Ort schicke, der schon auf dich wartet, wie du weißt, sag mir, wie es sich anfühlt, geschieden zu sein. Verdichte es zu einem Gefühl, zu einer letztgültigen Analyse, die alles erklärt. Und mach hin, denn die Warteschlange der verlorenen Seelen hinter dir ist lang, und es ist grausam, sie warten zu lassen ...« Ich würde ihm (oder ihr) antworten: »Lass es mich so sagen: Ich liebte meine Frau, wir ließen uns scheiden, und dreißig Jahre später eröffnete sie mir, dass sie mich immer über ihr Alter getäuscht hatte. Das ist eine entscheidende Information, Euer Ehren. Auch wenn man überhaupt nichts damit anfangen kann.« Ich höre das Scheppern der Ofentüren und spüre, wie die Flamme an meinen Wangen leckt. »Der Nächste!«

Sobald Ann die offizielle P-Diagnose bekam, die sie hinnahm, als wäre sie durch die Führerscheinprüfung gefallen – nur dass sie keine zweite Chance bekam, sondern bald dahinwelken und sterben würde, woran keiner groß was ändern konnte –, beschloss sie forsch, dass sich etwas tun müsse, und zwar sofort. Nur nichts vor sich herschieben.

Sie bot die Eigentumswohnung von Teddys Mutter zum Verkauf an (mit Hilfe meines alten Makler-Erzfeindes, *Domus Isle Homes* in Ortley Beach). Wie Sally und ich versteigerte sie all ihre Möbel. Sie tauschte ihren Volvo XC-90 gegen einen vernünftigen Focus aus. Sie bemühte sich darum, ihren alten Labradoodle Mr. Binkler an eine Aufnahmefamilie in Indiana »abzugeben« (das war eine traurige Geschichte). Sie überlegte sich sehr genau, wo sie »hingehen« sollte. Scottsdale zum Beispiel. Da wohnte ihre Tochter, es gab gute Einrichtungen in der Nähe, die Mayo-Klinik hatte eine Unterabteilung dort. Auch die Schweiz kam in Frage, dort liefen »interessante« Studien über tiefe Hirnstimulation, und sie konnte an einem Forschungsprogramm teilnehmen. Die Rückkehr nach Michigan wurde erwogen. Sie hatte vierzig Jahre nicht mehr dort gelebt, aber der Sohn eines Cousins war Arzt an der Uniklinik Michigan und wusste von experimentellen Double-Blind-Studien, in die er sie reinbringen konnte. Sie beriet sich mit Clarissa – genau wie ich, als ich mein Prostataproblem hatte (ein anderes »P«). Sie machte sich nicht die Mühe, mir davon zu erzählen. Ich erfuhr von der ganzen Geschichte erst durch die Hintertür, über meine Tochter.

Dann klingelte eines Tages bei mir in der Wilson Lane das Telefon. Es war der 15. Mai dieses Jahres. Die Forsythien waren über den üppigen Höhepunkt ihrer Blüte hinaus. Die Basketball-Playoffs waren in vollem Gange (die Indiana Pacers hatten Miami Heat geschlagen). Obama kriegte seinen kleinen schwarzen Hintern von Romney versohlt, wegen der Steuerpolitik. Iran hatte jemanden exekutieren lassen, und »W« stattete Washington einen sentimentalen Besuch ab, der Stätte all seiner großen Triumphe.

»Mom zieht nach Haddam. Soll ich dir ausrichten lassen«, verkündete Clarissa aus Arizona. Im Hintergrund kläfften Hunde. Sie war in ihrer Tierklinik.

»Wie?«, fragte ich. Vielleicht rief ich es auch, als stünde ich bei ihr im Zwinger. Ich war baff.

»Es passt einfach gut«, sagte sie. »Die medizinische Versorgung für das, was sie hat, ist überall die Gleiche.« (Stimmt überhaupt nicht.) »Sie sagt, sie will in Ralphs Nähe begraben werden.« (Das ist unser Sohn, der am Reye-Syndrom starb, als man das noch tat.) »Sie sagt, sie hätte ihr Erwachsenenleben in Haddam begonnen, also wolle sie es auch dort beenden. Sie weiß, dass dir das nicht gefallen wird. Aber sie sagt, Haddam gehört dir ja nicht, und sie kann auch ohne deine Erlaubnis tun, was sie will. Also scheiß auf dich. Das hat sie gesagt. Nicht ich.«

»Wann?«

»Offenbar nächsten Monat. Sie hat eine Menge für Teddys Wohnung gekriegt.«

»Wo?«, fragte ich, im Kampf mit den einsilbigen Wörtern, wie ein Verbrecher im Overall bei einem Video-Gerichtstermin.

»Der Laden heißt Carnage Hill. Toller Name, Hügel des Gemetzels. Das liegt außerhalb, in irgendeinem Wald. Anscheinend der letzte Schrei, wer auch immer da schreit. Wird von den Amish geführt, glaube ich.«

»Sie sind Quäker«, sagte ich. »Nicht Amish. Das ist was anderes.«

»Egal«, sagte Clarissa. »Nein, nicht …« Das sagte sie dort, wo sie gerade war, bestimmt ging es darum, den Chihuahua für den Eingriff zu rasieren.

»Es ist ein Edel-Altenheim«, sagte ich.

»Und sie ist eine Edel-Alte. Außerdem hat sie Parkinson. Und es ist kein Altenheim. Es ist betreutes Wohnen mit dem Angebot abgestufter Pflege. Sie wird in einer eigenen Wohnung leben. Sie wird's schön haben. Krieg dich wieder ein.«

»Wie lange?«

»Wie lange sie da bleibt? Oder wie lange du brauchst, um dich wieder einzukriegen?«

»Beides.«

»Bis in alle Ewigkeit. Die Antwort ist dieselbe.«

»Bis in alle Ewigkeit?«

»Was halt zuerst passiert.« Clarissa schlug mit dem Telefon gegen etwas Hartes. »Nicht, hab ich gesagt«, wiederholte sie, an jemand anders gerichtet. Kläff kläff kläff.

»Was?«, sagte ich.

»Sei zur Abwechslung mal kein Arschloch, Frank. Sie stirbt.«

»Nicht schneller als ich. Ich habe Prostatakrebs – hatte ich jedenfalls.«

»Dann habt ihr zwei ja vielleicht endlich ein Gesprächsthema. Obwohl, vielleicht auch nicht.«

»Wir sind geschieden.«

»Stimmt. Da war so was. Ich glaube, das habt ihr mein ganzes Scheißleben lang ins Feld geführt. Und Pauls auch. Vielen herzlichen Dank.« Sie attackierte mich nur, weil sie nicht gern unangenehme Nachrichten überbrachte und es nur so schaffte. Als würde sie mich hassen.

Also sagte ich nichts. Nichts kam mir angemessen vor.

»Erschieß nicht den Boten«, sagte sie.

»Wen dann?«

»Ich kann den Vogel für dich abschießen«, sagte sie, um die Stimmung zwischen uns zu retten. Ich liebe sie. Anscheinend liebt sie mich auch, aber sie kann schwierig sein. Das gilt für meine beiden Kinder. »Ich hab dir nur eines zu sagen, hier aus weiter Ferne: Daumen runter. Tu dir einen Gefallen.«

»Und der wäre?«

»Hab ich schon gesagt. Krieg dich wieder ein.«

»Okay. Ciao«, sagte ich.

»Selber.«

Und das war's im Großen und Ganzen.

Schon bevor ich am Ende meines Häuserblocks von der Wilson Lane abbog, hatte mein Nacken angefangen, mich unter Beschuss zu nehmen, außerdem machten sich die ersten Prickelstiche wie von brennenden Nadeln an meinen Fußsohlen bemerkbar, Empfindungen, die inzwischen, vor dem bewachten Eingangstor von Carnage Hill – verschwenderische goldene Lampen, die zwischen den kahlen Hartholzbäumen hervorleuchteten wie von einem Protzkasino –, den langen Weg nach oben in mein Leistengeflecht gewandert waren und Apatschenpfeile in mein armes, hilfloses Rektum schossen. Das ist der klassische Beckenbodenschmerz (so lautet meine Diagnose), dessen Ursprünge zwar so mysteriös sind wie das Orakel von Delphi, aber ziemlich sicher mit Stress zu tun haben. (Was hat *nicht* mit Stress zu tun? Als ich Twen war, wusste ich nicht, dass Stress überhaupt existierte. Was ist passiert, was hat ihn in unsere Welt gebracht? Wo war er vorher? Ich würde tippen, latent schlummerte er schon immer in dem, was frühere Generationen für Vergnügen hielten, aber inzwischen hat er seine gesamte psychologische Nachbarschaft verwandelt.)

Ich biege durch das Tor ein und fahre die gewundene Legacy Drive hoch. Zum Ende des Tages hin waren die Temperaturen angestiegen, jetzt fallen sie wieder. Gefrierender Regen verklebt und verhüllt die Bäume, über die das Licht meiner Scheinwerfer gleitet. Dasselbe gilt für die Straße. Wenn ich wieder wegfahre, kann ich hier leicht bis zur Great Road runterschlittern und gleich quer rüber in den Teich von Mullica rauschen. »Bascombe brachte seiner Exfrau ein orthopädisches Kissen vorbei und ertrank irgendwie auf dem Heimweg. Einzelheiten bleiben einer polizeilichen Untersuchung überlassen.« Der alte Henry James hielt den Tod für ein »bedeutsames« Ereignis. Ich bin mir sicher, das ist er nicht.

Aus der Nähe sieht Carnage Hill aus wie ein Hampton-Inn-Hotel in Übergröße, mit schwach beleuchteten »Flächen« und gepflasterten »Kontemplationspfaden«, die in den Wald führen (und nicht auf einen Gästeparkplatz mit Spezialfeldern für Sattelschlepper). Heute Abend ist drinnen alles erleuchtet, das soll Besuchern wie gutbetuchten Bewohnern eine ganz besondere Üppigkeit vermitteln, à la »Hier steckt mehr dahinter, als man auf den ersten Blick sieht«. Es gibt nichts Trostloseres als die knauserige, unbarmherzige Eindimensionalität der meisten Alteneinrichtungen; ihre seelen-

losen Eingangsbereiche und unmöglich einzuatmenden antisepti-
schen Sprays, das Personal mit den toten Augen und das dürftige
Ende-der-Fahnenstange-Ausschließende von allem, was das Leben
einst lebenswert machte, aber jetzt getrost vergessen werden kann.

Sallys Mutter Freddy betrat ein »Presbyterianisches Dorf« draußen
in der Vorstadt Elgin, ging dreißig Meter weit, drehte sich dann um
und marschierte wieder zum Auto, wo sie auf dem Fahrersitz an einem (willentlichen) Infarkt starb. Es gibt Statistiken von so etwas.
»Wahrscheinlich hat sie uns etwas sagen wollen«, meinte Sally.

Ann dagegen kriegt hier draußen was für ihr Geld und ist so
glücklich wie ein Goldfisch darüber. Carnage Hill legt Wert auf ein
einbeziehendes Image des Miteinander. Im Foyer hängt das »Platin-
Zertifikat« vom Bund der gleichachsigen Seniorengesellschaft mit
dem Motto »Das Leben ist ein Luxus, den wenige hinter sich lassen wollen«, ansässig in Dallas – das nationale, todesversierte For-
schungszentrum. Carnage Hill strebt eine Umwertung an: Altern
als ein Phänomen, auf das man sich freut. Daher trägt niemand, der
hier drinnen arbeitet, eine Uniform. *Land's End* liefert clevere, lässi-
ge Kleidung in soliden Farben und aus angenehm weichem Mate-
rial. Keiner wird als »Personal« bezeichnet oder behandelt. Stattdessen kommen aufmerksame, freundliche, gut angezogene, gepflegte
»Fremde« einfach mal vorbei, zeigen Interesse, und falls jemand Hilfe braucht, bekommt er sie. Die Hälfte der Pflegerinnen und Pfleger
kommt aus Asien – die können das besser als Angelsachsen, Neger
und normale italienische Einwohner von New Jersey. Drinnen ist
alles nachhaltig, solar, grün, wird von Sensoren betrieben, papierlos
und natürlich nicht manuell erledigt, und all das ist unvorstellbar
teuer. In einer unterirdischen Erdwärmegarage steht eine Prius-Miet-
flotte. Drahtlose Pillenschachteln informieren die Bewohner, wann
sie ihre nächste Dosis nehmen müssen. Computerspiele in den Fern-

sehern führen Buch über den kognitiven Grundzustand der Bewohner (falls sie daran denken zu spielen). Es gibt sogar Internet-Friedhöfe, die die Bewohner dazu einladen, Videos von sich selbst zu drehen, damit die lieben Anverwandten Tante Ola sehen können, als noch was von ihrem Hirn übrig war. »Altern ist eine multidisziplinäre *Erfahrung*«, möchte die Firmenbroschüre *Musen* den Interessenten mitteilen. In diesem Sinne stellt Carnage Hill ein »lebendes Laboratorium für Graue Amerikaner« dar.

Ich bin, ehrlich gesagt, überrascht, dass Ann sich trotz ihrer praktisch orientierten, michigan-holländischen Country-Club-Erziehung und ihrer genetischen Anlagen diesen Humbug auch nur eine Minute lang bieten lässt. Das hätte ihr Vater, der einen Scheiß auf seine Rente gab, nicht getan. Clarissa kam aus Arizona angeflogen, um ihrer Mutter beim Einzug zu helfen, flog sofort wieder zurück und bezeichnete das ganze »Community« als gruselig und grausam. Sally besuchte Ann ein Mal, im Oktober, vor dem Hurrikan. (Ich befürchtete, zwischen ihnen würde sich eine farb- und geruchlose Verbindung bilden – gegen mich.) Aber Sally kam »nachdenklich« nach Hause und bemerkte, es sei gewesen, als besuchte man jemanden in der Abteilung Wohnkultur von Nordstrom. Sie konnte sich nicht vorstellen – das hatte sie früher schon gesagt –, wie ich mich je in Ann hatte verlieben und sie gar hatte heiraten können. »Du bist ein sehr seltsamer Mann«, sagte sie und ging Abendessen machen, während ich mich fragte, was das heißen sollte. Es reichte jedenfalls, um sie von einem weiteren Besuch abzuhalten.

Wenn ich Ann besuchen fahre wie heute Abend (einmal im Monat – nicht öfter –, denn ich finde, es tut mir nicht gut), treffe ich sie meist in aufgesetzt übersprudelnder Stimmung an, ihr Geist ist überscharf, und ihr »guter« Humor nimmt oft mich aufs Korn. Ihr Tremor ist »fortgeschritten« und äußert sich jetzt in einer kaum merklichen Kreisbewegung ihrer Kinnspitze, wobei ihre eisigen Augen hin und her flitzen, ihre Lippen schauspielerinnenhaft beweglich sind und ihre Hände geschäftig, um sich selbst aufzumuntern und ihr Kinn normaler wirken zu lassen und immer noch bildschön – was es auch ist. Krankenbesuche sind wirklich eine Arbeit für einen Priester, nicht für einen Exmakler. Priester haben etwas zum Mitbringen – Zeremoniell, Vergessen, ein paar schale, vage verblichene Witzchen, die zur Vergebung überleiten. Ich habe nur ein orthopädisches Kissen.

Ich habe mit meinen Besuchen Ann immer etwas anbieten wollen – und will das auch heute Abend versuchen –, nämlich was ich mein »Elementar-Ich« nenne, um ihr das zu geben, was sie sich meiner Meinung nach am meisten von mir wünscht – unerschütterliche Wahrheit. Ich tue das, indem ich für sie das Ich darstelle, das ich am liebsten in der Wahrnehmung anderer wäre und tief innen auch zu sein glaube: ein Mann, der nicht lügt (oder selten), der nichts aus der Vergangenheit ableitet, der den optimistischen edleren Weg einschlägt (sofern verfügbar), der sich die Zukunft nicht ausmalt, der seine Äußerungen optimiert (keine Ausschmückungen) und in jeder Situation freundlich bleibt. In meinen Augen vertritt dieses Ich glaubwürdig die eine Hälfte der glückhaften Einigkeit guter Seelen, die jede Ehe herzustellen verspricht, was sie aber meistens nicht hinkriegt – so wenig wie unsere damals. Ich betreibe das in der Hoffnung, dass die langen Jahre des Geschiedenseins plus das einsetzende Alter und der Mehrwert einer tödlichen Krankheit es schaffen werden, zumindest einen Überrest dieses Glücks in unsere Reichweite zurückzubringen. Mal sehen. (Morgen ist Sally Caldwells fünfundsechzigster Geburtstag, und egal, was sonst noch geschieht, ich werde sie später zu einem festlichen Abendessen nach Lambertville entführen und noch später zu einer Erneuerung unserer eigenen glückhaften Gelöbnisse der zweiten Ehe. Heute Abend wird meines Bleibens in Carnage Hill nicht lange sein.)

Dass Ann so viel Wert auf unerschütterliche Wahrheit legt, gehört natürlich zu den Dingen, von denen die meisten geschiedenen Paare besonders besessen sind, vor allem, wenn der übriggebliebene Ehepartner immer noch in der Nähe ist. Die Ethiker im theologischen Seminar würden Anns Blickwinkel essentialistisch nennen. Vor Jahren, als unser kleiner Sohn Ralph starb und mich das Leben und das Pech und eine klapsmühlenreife Zerstreutheit eine ganze Zeitlang so extrem wunderlich werden ließen, dass unsere Ehe krachend in den Abgrund taumelte, setzte sich die Überzeugung in Ann fest, dass ich sie ganz *essentiell* nicht genug liebte. Weil wir ja sonst verheiratet geblieben wären.

Eingebettet in diese Überzeugung ist die uralte Suche der Philosophen danach, was wirklich ist und was nicht, und dafür liefert die Ehe das ideale Atomtestgelände. Falls Ann (so sehe ich ihre Sicht der Dinge) mich einfach so weit manipulieren könnte, dass ich zugäbe, jawohl, es stimmt, ich hätte sie gar nicht wirklich geliebt – oder falls doch, dann eben nicht genug, damals –, dann wäre es ihr ein für alle Mal gelungen, vor ihrem Tod noch etwas Wahres zu erfahren; eine Tatsache, auf die sie sich vollkommen verlassen könnte: meine Niedertracht. Wobei natürlich ihr Wesen *essentiell* das Gegenteil von Niedertracht ist – unerschütterliche Güte –, denn sie ist davon überzeugt, dass sie mich auf jeden Fall genug liebte.

Bloß dass ich es eben nicht zugebe. Was Ann reizbar macht und dazu bringt, daran und an mir herumzukratzen wie an einer Wunde, die nicht abheilen will. Dabei würde sie sehr wohl abheilen, wenn Ann einfach aufhörte, daran herumzukratzen.

In meinen Augen liebte ich Ann damals in jenen lang vergangenen schlimmen Tagen mit allem, was in mir zum Lieben imstande war. Und falls das nicht ausreichte, so hatte sie zumindest alles aus meinem inneren Bergwerk herausgeschürft. Wirklich essentiell (mir widersteht der Klang dieses Wortes, »wirklich«, ich würde es sehr gern zusammen mit vielen anderen Wörtern ausrangieren) war damals ihr unstillbares Bedürfnis nach … was? Bestärkung? Bestätigung? Bedienung? Was sämtlich ihrer Definition von Liebe entspricht.

Der elende Tod unseres armen Sohnes und meine wunderlichen Wege hatten beide ihren traurigen Anteil am Scheitern unserer Ehe – kein Einspruch. Schuldig im Sinne der Anklage. Aber ebenso sehr hat während all dieser Jahre das Unstillbare und Fehlende in ihr für ein gespenstisches, nagendes Gefühl gesorgt, dass das Leben voller Falsch ist und sich unmöglich richtig auf einem unerschütterlichen Fundament verankern kann. Wahrscheinlich ist Ann tief drinnen Republikanerin.

Seit sie ihre Diagnose bekommen hat und nach Carnage Hill gezogen ist, hat sich Ann voll Inbrunst allen möglichen mystischen und holistischen Strömungen angeschlossen. Vor allem treibt sie die Frage um, was die »Ursache« dafür ist, dass Parkinson sie befallen hat. Einfaches Pech und die kaputten Gene ihres Vaters liefern nicht genug Erklärung. Und da passe ich hübsch in ein theoretisches Konstrukt hinein: Sie hat Parkinson gekriegt, *weil* ich sie nie liebte. Das hat sie nicht ausgesprochen, aber ich weiß, dass sie das denkt, und jedes Mal, wenn ich bei ihr erscheine, rechne ich mit diesem Satz.

Explizit beschuldigt sie allerdings den Hurrikan, den sie als eine »hyperreale Wirkkraft der Veränderung« bezeichnet, was er ganz sicher auch war. In den Blogs, die sie liest (ich bin mir nicht sicher, was ein Blog überhaupt ist), stehen lauter Zeugenberichte von Dingen-Ereignissen-Veränderungen-Verlagerungen-Abrutschen-in-die-Manie-und-wieder-zurück, die allesamt der Wirbelsturm »verursacht« hat. Dass er die Ursache war, lässt sich nicht zwingend sagen, weil es praktischerweise nie einen direkten Bezug gab – keine Strohhalme, die Telefonmasten durchbohrten; keine *Whaler*-Motorboote, die dreißig Kilometer landeinwärts in Bäumen hingen, ihre grinsenden, benommenen, aber unversehrten Besitzer immer noch an Bord; keine sprechenden Tiere, kein wiederhergestelltes Hörvermögen bei zuvor hoffnungslos Tauben. Aber den Hurrikanverschwörern zufolge ist der Wirbelsturm verantwortlich und wird es auch weiterhin sein, für welchen Scheiß auch immer sie ihn als Schuldigen brauchen. Denn wer kann beweisen, dass sie sich irren?

Wirkkraft ist natürlich genau das, was Ann und all diese Witzfiguren suchen. Sie glaubt – das hat sie mir gesagt –, dass der Hurrikan schon ein Hurrikan war, lange bevor er ein Hurrikan war; als er noch eine unbekümmerte Brise vor der sonnigen Küste Senegals war, die sich dann aber aufheizte, herumköchelte und ihr essentielles Ich fand, um schließlich über den Atlantik zu ziehen und großes Unheil anzurichten. Und aufgrund atmosphärischer Kraftfelder, für die Ann seltsam empfänglich war – als sie, eine Witwe in ihrer Eigentumswohnung über dem Strand von Belmar, dasaß und in den nach ihrer Wahrnehmung pfannkuchenglatten Himmel und makellosen Horizont schaute –, löste der aufziehende Sturm irgendwo auf seinem Weg einen großen Datenabsturz in ihren persönlichen Nervenverschaltungen aus, der ihr Kinn zum Vibrieren und ihre Finger zum Kribbeln brachte, so dass sie bis heute nicht mehr stillhalten wollen. Ann glaubt, der Hurrikan, der die Mar-Bel-Eigentumswohnungen wie eine Papiertüte wegpustete, sei eine unerschütterliche Wirkkraft gewesen. Etwas Wahrhaftiges. »Wir müssen Schicksalsschläge auf unsere eigene persönliche Art denken, nicht wahr?«, hat sie gebieterisch zu mir gesagt. (Ich weiß nicht, warum so viele Leute in Fragesätzen zu mir sprechen. Werde ich pausenlos verhört? Geht das allen so? Ich kann's Ihnen sagen. Die Antwort lautet nein.)

»Ich weiß nicht«, sagte ich. »Vielleicht.«

Ann ist nicht so beängstigend, wie es klingt. Normalerweise ist sie eine schnoddrige, scharfsichtige, sportliche Neunundsechzigjährige mit einer Krankheit zum Tode, man würde sie gern kennenlernen und mit ihr über alles Mögliche reden – Golf etwa, oder was für ein Blödian Mitt Romney ist. (Früher waren die Romneys und die Dykstras gesellschaftlich miteinander bekannt, in den alten friedlichen Tagen in Michigan, bevor Detroit umkippte und starb.) Meist treffe ich auf diese Ann. Wobei wir nie weit von Fragen des Unerschütterlichen entfernt sind. Und sie hat es raus, wie sie mich unter ihre Lupe kriegt, so dass die Sonne mich eine Weile brät, bevor ich wieder nach Hause darf, zurück zur Bestreitbarkeit der zweiten Ehe.

Das Elementar-Ich, meine Antwort auf all ihr Kreisen um Wahrheit, ist ein Hilfsmittel, das mein Alter von achtundsechzig ganz einfach mit sich bringt – in dieser Elementar-Phase des Lebens.

Ann als Essentialistin glaubt daran, dass wir alle ein Ich haben, einen Charakter, an dem wir nichts ändern können (außer Lügen darüber verbreiten). Der alte Emerson war ganz ihrer Meinung. »... Ein Mensch sollte uns ein Gefühl von Substanz vermitteln ...« usw. Meine Substanz ist schlicht für unzureichend befunden worden. Aber ich glaube auch nicht daran. Für mich ist Charakter nur eine weitere Lüge der Historie und der darstellenden Künste. In meinen Augen haben wir nur das, was wir gestern getan haben, heute tun und vielleicht zukünftig tun werden. Plus das, was immer wir davon halten. Aber nichts sonst – nichts Hartes oder Kernhaftes. Ich habe noch nie auch nur annähernd einen Beleg dafür gefunden. Eher für das Gegenteil: das Leben als etwas Wimmelndes, Verwirrendes, gefolgt vom Ende.

Deswegen habe ich die Absicht, was Ann betrifft, vor sie zu treten und, um diese Dissonanzen zu harmonisieren, etwas für sie zu *verkörpern*, das menschlicher Substanz so nahe kommt, wie es mir gelingt – mein Elementar-Ich –, in der Hoffnung, dass sie das akzeptabel findet.

Mit der Vision eines Elementar-Ichs haben wir alle schon gerungen, auch wenn es uns nicht gelungen ist, es aufzuspüren, und wir frustriert davon abgelassen haben. Wir haben es hungrig belauert, gewünscht, wir könnten es begreifen und in unserem Leben etablieren, wie ein Büßerhemd, in dem wir es uns gemütlich machen könnten. Obwohl es sich unterm Strich gar nicht so sehr von einem unerschütterlichen Ich unterscheidet, nur dass das Elementar-Ich *unsere* Schöpfung ist, nicht wir die seine. Ich komme also vor allem zu Ann und präsentiere ihr mein Elementar-Ich, damit sie sich wohl fühlt und im Recht. Sie wird nie erkennen, inwiefern sie mich all die Jahre falsch gesehen hat. Aber vielleicht ist es ja möglich, dass sie sich wohler mit mir fühlt und umgekehrt. Zweitens kann ich mit Hilfe meines Elementar-Ichs zumindest versuchen, nicht als der zynische Typ rüberzukommen, den sie in mir sieht und immer wieder nachweisen will. Der Versuch, den Anschein eines grundlegenden Ichs zusammenzuschustern, wodurch man menschlich besser und solider dasteht, als ein wichtiger anderer Mensch vermutet – *das zählt doch etwas*. Es zählt als guter Wille und als Verminderung von Zynismus, selbst wenn man dabei scheitert – und man scheitert nicht immer –, und das genau ist die wahre glückhafte Verbindung, die die Ehe ihren Mitspielern bieten sollte. Drittens, mit dem Elementar-Ich ist es schlicht und ergreifend viel einfacher. Wie gesagt, die Anforderungen dafür sind minimal und aus der Sicht der Verhaltensforschung reines Konzentrat. Und viertens – deshalb hat das Elementar-Ich auch etwas ganz leicht Fortschrittliches – besteht immer die Chance einer Erleuchtung (so selten das vorkommen mag), ich könnte darauf stoßen, dass Ann, dank ihrer essentialistischen Strenge, dank all ihrer Häutungen *tatsächlich recht hat*; dass meine Substanz und mein Charakter tatsächlich widerstrebend hinter dem Wandteppich hervorlugen wie Cupido – was ein gar nicht so übles Ergebnis wäre.

Natürlich besteht, wenn nun herauskommt, dass ich doch ein Ich und einen Charakter habe, die Gefahr, dass mich Ann, bezogen auf unsere Ehe, noch verlogener und liebloser findet und mich noch mehr verabscheut, weil ich mich verstellt habe – wie Claude Rains, der seine Bandagen abwickelte und den unsichtbaren Mann enthüllte. Schlimmer also als ein bloßes Nichts. Obwohl ich dagenhalten würde, dass ich ein unsichtbarer Mann war, der Ann Dykstra mit allem, was in ihm steckte, geliebt hat, auch wenn sie nie wirklich daran glaubte, dass ich da war. Am Ende kannst du einfach nicht gegen deine Exfrau gewinnen, und das ist ja auch nichts Neues.

Eine gigantische Douglastanne, ein einziges Glitzern und Flittern, obendrauf ein goldener Stern, das Ganze mit geometrischer Präzision positioniert, leuchtet durch die großen Facettenglastüren von Carnage Hill nach draußen. In allen Seitenfenstern blinken elektrische Kerzen, wie in einer alten Kirche in New England. Ich bin mit dem Wagen zur dunklen Seite gefahren, um die kriminellen Kerls vom Parkservice zu vermeiden, die dir das Handschuhfach durchsuchen, das Mautkleingeld klauen, die Pfefferminzbonbons wegfressen, die Sendereinstellungen am Radio verändern und mit deinem Auto zu ihren Freundinnen fahren – und dann ein großes Trinkgeld erwarten, wenn sie den Wagen warm und fremd riechend zurückbringen.

Der gefrierende Regen hat sich, als ich aussteige, in knallharten Schneehagel verwandelt, der auf den Wangen brennt, die Motorhaube meines Sonata verdellt und leicht dazu führen könnte, dass ich stürze und mir den Steiß breche. Am Fuß des Hügels ist, durch die kahlen Bäume vorm Teich von Mullica, überraschenderweise noch das letzte Tageslicht am tiefen westlichen Himmel zu sehen – ein Streifen Gelb über einer babyblauen Zone. New Jersey ist berühmt für seine widersprüchlichen Himmel. »Der Teufel schlägt seine Frau«, sagte mein Vater immer, wenn Regen aus einem sonnigen Firmament herabfiel. Was mich allerdings daran erinnert, dass es immer noch vor sechs ist, nicht Mitternacht. Mein Happy-Birthday-Essen mit Sally liegt noch vor mir.

Ich haste an den grinsenden Parkdienst-Stoffeln vorbei, Anns ausladendes Kissen in der Plastikhülle unterm Arm, und betrete das luxuriöse, lärmige, leuchtende Foyer, wo der grelle Monsterweihnachtsbaum an der Kathedralendecke kratzt und wo alles in festlichem Aufruhr ist.

Das Hauptverkaufsargument von Carnage Hill und all solchen Edel-Lagern ist nicht, dass es kranke, alte, verwirrte, einsame und überdrüssige Menschen etwa nicht gäbe und dass sie einem etwa nicht auf den Senkel gingen, sondern dass es, genau weil sie das tun, hier besser ist. Es ist in der Tat nicht nur besser als irgendwo sonst, wo man unter diesen Umständen sein könnte, es ist besser als jeder andere Ort, wo man jemals war, so dass die Umstände unwichtig werden. So wird eine Krankheit zum Tode wie eine Kreuzfahrt, man sitzt auf dem Kapitänsdeck beim Captain's Dinner, möglichst noch mit Engelbert Humperdinck, keiner kriegt Legionellen, und keiner ist über irgendwas sauer. Außerdem setzt man nie die Segel und kommt auch nie irgendwo an, es gibt also weder böse Überraschungen noch Enttäuschungen, dass die Häfen, wo man einläuft, schäbig und abstoßend fremd sind. Es gibt keine Häfen, wo man einläuft. Das hier ist schon alles.

Heute Abend sind tonnenweise Weihnachtsbesucher über die öffentlichen Räume verstreut, auch weiter hinten, außer Sicht – Enkel, die ihren Opa necken, verheiratete Duos, die nach einem überlebenden Verwandten schauen, Frauen, die ihre vor sich hin starrenden Ehemänner besuchen, ein Priester, der mit Gemeindemitgliedern zusammensitzt und den Adventssegen spendet, plus Zaunpfahl, doch alles der Kirche zu hinterlassen. Es herrscht ein fröhliches Gemurmel, leises Lachen, dazu klirrende Teller und lauter Ohs und Ahs, und in einem riesigen Kamin lodert ein großes Feuer. Könnte fast Yellowstone sein. Ein Standschild verkündet, in der Bibliothek treffe sich der Lesekreis, geleitet von einem Englischlehrer von der Highschool Haddam. Sie besprechen Dickens – was sonst? Ich sehe eine Herde Rollatoren und Sauerstoffflaschen, die sich um ein stechpalmengeschmücktes Pult schart, weil ihre alten Besitzer besser hören wollen. Vor dem großen Fenster mit Blick auf einen Teich und einen weiteren Weihnachtsbaum, der auf einer kleinen Insel schwimmt, wird ein Wein-und-Käse-Empfang aufgebaut. Zimt/Cidre-Aromen sorgen für dicke Luft. Die Böden sind poliert, die Kronleuchter abgestaubt. Es läuft Fahrstuhlmusik, Andy, der *hot-digitty, hot-digitty* singt … Wenn ich hier reinkomme, habe ich immer das Gefühl, ich sei um mindestens zwei Jackengrößen geschrumpft – entweder weil ich mich mit den hutzeligen Bewohnern »eins« fühle, oder weil ich es hier hasse und am liebsten so unsichtbar wie Claude Rains wäre.

Natürlich werde ich hier wiedererkannt. Oft erspähe ich alte Immobilienkunden, wobei ich normalerweise abdrehen und ungesehen bleiben kann, indem ich den Beth-Wessel-Flur betrete, wo Anns »Wohnung« liegt, ebenfalls mit Blick auf einen Teich, mit echten

Enten. Aber manchmal werde ich von Anns falschem Galan gestellt, dem Plattfuß aus Philly namens Buck, der auf der Lauer liegt, um eine Runde über »Miss Annie« und seinen Ständer zu bramarbasieren, und wie es klingt, wenn er mit medikamentöser Hilfe auf dem Gästeklo »voll einen abpisst« (wie »eine Scheißbohrmaschine«, sagte er letztes Mal). Ich hoffe, ich kann ihnen allen listig ausweichen.

Auf der Haben-Seite ist zu sagen, dass ich ganz erleichtert bin, endlich einfach hier zu sein. Mein Beckenbodenschmerz ist fast weg, und mein Nacken tut nicht weh. Sally, die drüben in South Mantoloking tapfer Trauerberatungsarbeit leistet, mit Hurrikanopfern, die alles verloren haben, erzählte mir letzte Woche, sie spüre langsam den »Sog der Trauer«, genau das Leid, aus dem sie ihre Klienten mit so viel Einsatz herausführen will. Wir lagen frühmorgens im Bett und lauschten dem Ticken der Heizung im Haus. Das Schwierigste an den meisten schweren Aufgaben, sagte ich ihr, sei die Tatsache, dass sie einem bevorstünden – von einer Prostatabiopsie bis zu einem Tag am Verkehrsgericht; und da sie sich so aufopfere, dürfe sie ihren Kopf mit Fug und Recht zumindest zu Hause davon befreien. Meine schlimmsten Träume waren immer schlimmer als die bevorstehenden Ereignisse, die sie ausgelöst hatten. Außerdem sagen uns schlimme Träume, wie die meisten Sorgen, niemals etwas, das wir nicht schon wussten und womit wir nicht schon umgehen konnten, als das Licht noch eingeschaltet war. Ich sollte meine eigenen Ratschläge befolgen.

»Hi«, sagt ein lächelnder Kühlschrank von Frau in einem riesigen grünen Cordblazer (zu mir). Sie ist plötzlich überaus *präsent*, als ich schon halb an dem großen Baum vorbei bin, um den ringsum gefakte Geschenke aufgehäuft sind, auf dem Weg zum Eingang des Beth Wessel. *Hot-diggity, hot-diggity, Boom!* »Sind Sie hier, um einen Freund oder Angehörigen zu besuchen?«, fragt Frau Kühlschrank, fröhlich, willkommen heißend, beglückt, mich zu sehen. Sie trägt eine beige Hose, einen Weihnachtsmannschlips und wie angegossen sitzende schwarze orthopädische Schuhe, aus denen sich schließen lässt, dass sie den ganzen Tag auf den Beinen ist und ihre Hunde sie wahrscheinlich umbringen. Sie gehört zum Wachpersonal – aber das soll man natürlich nicht sehen. Bei ihrer Größe könnte sie allerdings den kompletten riesigen brennenden Weihnachtsbaum – falls er in Brand geriete – ganz allein bis zur Great Road runterschleifen. Keine Asiatin, soweit ich sehe.

Mich kennt sie nicht. Das heißt, sie ist neu, oder es hat ein »Problem« im Community gegeben – vielleicht einen unerwünschten »Gast« –, weshalb Maßnahmen ergriffen werden mussten. Ich werde kein Problem sein.

»Ja«, sage ich. Ich schenke ihr ein besonders breites Lächeln, mit dem ich ihr sagen will, dass ich heute schon vor ihrer Schicht Myriaden von Dingen erlebt habe, wozu sie nichts kann, aber ich bin ein Freund, deshalb soll sie mich in Ruhe meinen Kleinscheiß erledigen lassen – mein Kissen usw.

»Und wer wäre das?«, fragt sie, als könnte sie es nicht erwarten, das herauszufinden. Ihr erwiderndes Lächeln ist noch breiter als meins. Wahrscheinlich ist sie eine ortsansässige Sportlehrerin, die ihre Feiertagsschichten durchzieht, bevor sie sich zwei Mal täglich die Basketball-Mädchenmannschaft drüben in Hightstown fürs Training vornimmt. Breites eckiges Gesicht. Großer komischer Lachmund. Aber kleine, misstrauische Augen und Gefängnishaarschnitt.

»Ann Dykstra«, sage ich. »Im Wessel drüben.«

»Miss Annie«, flötet sie, als wären sie schon ewig befreundet. Schon denkbar, dass sie zum De-Tocqueville-Lehrkörper gehört – Anns Nachfolgerin bei der Golfmannschaft.

Der massige Mann, der mir den Rücken zuwendet und Wein-
und-Käse ansteuert – da wird noch aufgebaut –, ist Buck Pusylewski.
Ich erkenne den Grisham-Roman und die Dave-Garroway-Horn-
brille oben in seinen fettigen Haaren, die sie verschmieren werden.
Ich werde nervös, er soll mich bloß nicht entdecken und rüberkom-
men.

»Was haben wir denn da drin?«, sagt die schwere Security-Frau
und pikst mit dem Finger in die Plastikhülle des orthopädischen
Kissens, dass es knistert.

»Kissen«, sage ich. »Ein Mitbringsel.«

Breites Da-bin-ich-ganz-bei-Ihnen-Lächeln. »Ein Weihnachtsgeschenk«, sagt sie, der pure Gemütsmensch. Alles macht sie glücklich. Menschen schlendern auf uns zu. Blicke flitzen in meine Richtung. *Sie* wird erkannt. Aber ich im Moment nicht. *Gibt es ein
Problem? Was ist los? Wer ist das? Was ist das?* »Die sind toll. Ich hab
auch eins.« Sie teilt meine Meinung zu den Kissen. »Die tun bei
Nackenschmerzen so gut.«

»Meine Frau hat Parkinson.« Wobei Ann, streng genommen, ja
nicht meine Frau ist.

»Das wissen wir doch alle«, sagt die Security-Amazone, als wäre
Parkinson ein Leiden, das sich jeder wünscht. »Ich will mal eben
kurz bei Ihnen zudrücken.«

»Wie bitte?«

»Ich meine nicht Sie, alter Charmeur. Das Kissen. Nur ein kleines Puff-di-puff.«

Offensichtlich komme ich ohne Unterwerfung hier nicht weiter.
Normalerweise ist das nicht so. Ich halte ihr das plastikumhüllte
Schwerer-als-man-denkt-Kissen hin, das seit dem Kauf gestern im
Bed Bath & Beyond in der Mall von Haddam nicht geöffnet worden
ist. Vielleicht lauern in der fabrikversiegelten Hülle irgendwelche

unwillkommenen indonesischen Sporen, die Chaos im Schilde führen. Ich würde so ein Ding nicht wollen.

Die Security-Frau hebt das Kissen hoch wie einen Medizinball und hält es an die Seite ihres breiten Gesichts, als lauschte sie auf etwas da drinnen – eine Uzi oder einen Mikrozylinder mit Saringas. Sie drückt darauf herum wie auf einem Hundespielzeug. Es gibt kein Geräusch von sich. Die meisten Terroristen haben keine Exfrauen mit Parkinson, die sie einmal im Monat besuchen. Obwohl, wer weiß?

»O-kay!« Sie miezt verschwörerisch ihre Augenbrauen hoch. Ich tippe mal, sie wacht schon mit einem Grinsen auf. Sie hat bestürzend große Hände. Und dann fällt natürlich auch bei mir der Groschen – ich bin meistens der Letzte, dem so was auffällt. »Sie« ist keine »Sie«, sondern eigentlich ein »Er«. Sie ist ein Doug, aus dem eine Doris wurde, aus einem Artie eine Amy – und dank einem aufgeklärten Wahlvolk kann sie jetzt freien Herzens ihren angestammten Platz in der wachsenden Gesundheitsindustrie einnehmen, während er zuvor als Vertreter für landwirtschaftliche Maschinen in Duluth innerlich verreckte. Ich bin im Herzen bei ihr/ihm. Im Vergleich dazu ist mein Leben Pipifax. Am liebsten würde ich Anns Kissen der großen Amy schenken und direkt zu Sallys Geburtstagsessen übergehen, nachdem ich die gute Tat, die uns die Jahreszeit nahelegt, vollbracht habe – statt der Tat, die mir zugedacht ist.

Das Trampel reicht mir mein Kissen zurück, als sei sie daran gewöhnt, dass Fremde ungefähr so lange brauchen wie ich, bis ihnen das ganze Gender-Ding aufgegangen ist, und jetzt freut sie sich, dass zwischen uns alles superduper läuft. Sie war früher ich. Sie weiß, wie sich das anfühlt – längst nicht so toll, wie immer getan wird. Sonst wäre sie es ja geblieben.

»Sie müssen Frank sein.« Zum ersten Mal wechselt Amy-Doris

das Deppengrinsen gegen ein nachdenkliches Starren aus, was ihr ausgerechnet das typische Aussehen eines Vertreters für landwirtschaftliche Maschinen verleiht, nur mit Brüsten, Lippenstift und einem Bartschatten an der Kieferlinie.

»Stimmt«, sage ich, als wäre ich der Transvestit. *Hot-diggity, dog-diggity* ...

»Annie spricht manchmal von Ihnen«, sagt A-D. Ihr nachdenklicher Blick besagt, dass ich schon vor langer Zeit als jemand erkannt wurde, der in vielen Dingen im Unrecht ist, und jetzt lässt sich da nichts mehr geraderücken. Das ist alles so traurig, traurig usw. Wahrscheinlich war der große Doug ein lausiger Traktorverkäufer.

»Was denn so?« Ich kann mich nicht zurückhalten, obwohl ich es gar nicht wissen will. *Boom! What you do to me!*

»Sie sagt, Sie wären okay. Manchmal irgendwie ein Arschloch. Aber ziemlich selten.« Jetzt ist Doug einfach nur Doug. Wir reden von *hombre* zu *hombre*. Vielleicht ist er noch nicht ganz durch mit den Operationen und befindet sich noch in dem Stadium, wo er manchmal aufwacht und nicht weiß, wer zum Teufel da in seiner Haut lebt.

»Da ist wahrscheinlich was dran«, sage ich und klemme mir das Kissen wieder unter den Ellbogen. Wie ich sehe, gönnt sich Buck ein Glas von dem Malbec, greift dem Augenblick vor, wenn der Lesekreis fertig ist. Kann sein, dass Miss Annie und er später noch was vorhaben. In den weiter entfernten öffentlichen Räumen wird applaudiert. Laute des schieren Entzückens. Oma Bea hat gerade ihr großes Geschenk ausgepackt und ist so überrascht wie ein Hornkäfer auf einem Kohlblatt.

»Man kann ja kaum aus seiner Haut«, bemerkt der große Doug nickend. Damit dürfte er sich auskennen. Sie sich auskennen.

»Ich versuche mich stetig zu bessern.«

»Muss man ja auch.« Wieder das breite Grinsen. »Also, Franky, frohes Fest. Lassen Sie's mal so richtig krachen.«

»Ebenso.« Franky.

»Oh, genau das habe ich vor. Da machen Sie sich mal keine Sorgen.« Irgendetwas freudlos Sexuelles hat sich in seine/ihre Stimme eingeschlichen. Allerdings auch nicht mehr als bei so gut wie allem, was wir sonst sagen, tun, bedenken und uns herbeiwünschen. Armer Teufel. Aber jetzt bin ich durch den Zoll und kann meiner Wege gehen. Auch den Weg zu der echten Frau, die mal meine war.

Durch einen glücklichen Zufall hat Buck mich nicht bemerkt. Ein Zusammentreffen mit ihm würde mein Elementar-Ich neutralisieren, bevor es zum Zug kommen konnte. Der Beth-Wessel-Korridor, den ich jetzt betrete, sieht aus wie ein schicker Flur im Carlyle Hotel. Kein Hauch von Gebrechen oder Verfall. Nichts in Rollstuhlbreite, keine Griffleisten an der Wand, keine SOS-Telefone oder Defibrillatoren. Die Krankheit haust anderswo. Die Wände sind im unteren Teil sattdunkel vertäfelt und verströmen ein Aroma von Sattelleder, oben sind auf handgemalten Fresken Jardin du Luxembourg, Marais, Seine und Place des Vosges zu sehen. Ann hat mir erzählt, dass sie alljährlich erneuert werden, dass es da sogar einen Wettbewerb gibt. Wandleuchter aus Messing fügen geschmackvoll gedämpfte Lichtakzente hinzu. Der Teppich ist grau mit einem unauffällig grünen Unterton und so üppig wie eine Schafswiese. Gerahmte, spotbeleuchtete Fotografien hängen im Meterabstand – ein Doisneau, ein Cartier-Bresson, ein Atget oder zumindest deren Nachahmer. Geräusche sind so unhörbar wie im Weltraum. Als Nächstes erwartet man Meryl Streep mit Basecap und Sonnenbrille, die einen diskreten Abgang auf eine Seitenstraße des Boulevard St. Germain macht – nicht auf die Great Road in der Gemeinde Haddam.

Anns Wohnung liegt am Ende des Korridors. 8B, obwohl auf der Tür nicht 8B steht. Doris-Doug wird mich schon drahtlos angekündigt haben – gut möglich, dass es eine direkt in Anns Tiefenhirn-Breitband geschickte Nachricht war. Natürlich gibt es Kameras, aber sehen kann ich sie nicht.

Ich will gerade läuten, doch die Tür geht auf, bevor mein Finger den Messing-Holz-Klingelknopf berühren kann. Ann Dykstra steht plötzlich vor mir. Es ist zehn vor sechs. Ich weiß, wo meine Kinder sind. Sie sind erwachsen und weit weg. Ein Glück.

»Ich habe gerade diese armen Hurrikanleute in den Nachrichten gesehen«, sagt Ann, ohne einen Gruß, eine Umarmung, einen Kuss, sie tritt einfach nur zurück, als wäre ich der Lieferjunge aus dem Supermarkt mit lauter Tüten, der den Weg in die Küche nicht alleine findet. »Es nimmt einfach kein Ende, oder?« Ich trete einen Schritt zurück, dann komme ich herein und muss mich daran hindern, pantomimisch darzustellen, dass es vor ihrer Tür so kalt wie Alaska ist und ich von Glück sagen kann, drinnen zu sein, wo es warm ist am Kamin. Es gibt keinen Kamin, weder friere ich noch bin ich ein Glückspilz. Ich bin bloß da, und mein einziger Grund dafür ist dieser lächerliche, verknitterte, durchsichtige Plastiksack mit seinem lebensrettenden Kissen drin, das ich besorgen sollte und nun besorgt habe. »Nein, stimmt«, sage ich. »Es ist kalt draußen.«

»Und deine Sally ist wahrscheinlich dort und sieht alles aus erster Hand, wie?« Ann nennt Sally regelmäßig *meine* Sally, als gäbe es Hunderte identischer Sallys und zufällig hätte ich eine davon. Man könnte das ganz freundlich finden, ist es aber nicht. Ann wirkt dadurch wie meine Großmutter. »Diese armen, armen Leute. Die haben ja alles verloren. Und müssen auch noch Grundsteuer bezahlen für Häuser, die weggespült worden sind. Ich hab Glück, dass ich da nicht mehr bin.«

»Du hast wirklich Glück.« Anns Wohnzimmer ist wie ein sprödes Bühnenbild, und ich fühle mich zu groß darin. (Vor fünf Minuten fühlte ich mich noch zu klein.) Außerdem habe ich das Gefühl, irgendwie unangenehm zu riechen – Schweiß oder Zwiebeln –, oder so, als hätten meine Schuhe Kuhscheiße dran und meine Hände wären schmierig. Ann hatte schon immer einen Putzfimmel, und seit ihrer Parkinson-Diagnose und ihrem Umzug in die kleinere Wohnung ist das nur schlimmer geworden. Feng-Shui regiert hier alles – als geschmackvolle Förderung optimaler Heilungschancen. Keine metallenen Lampenschirme (zu viel Yang). Wandfarben mit Baumenergie – für Ruhe. Das Bett, das ich nie gesehen habe und niemals sehen werde, steht mit dem Kopfende nach Norden, um die Schlaflosigkeit zu bezwingen (hat mir Ann erzählt). Was Feng-Shui in Sachen Verstopfung zu bieten hat, weiß ich nicht. Das große, senkrecht geteilte Panoramafenster im Wohnzimmer, mit einer einzelnen Kerze davor, geht auf den flutlichthellen Wald und den Ententeich hinaus (gutes Yin). Kleine Lichtlein vom Birkenrindenkanu-Institut kribbeln einladend zwischen den Ästen hervor. Die Wohnung sieht aus wie ein Modellapartment in der Zeitschrift der Seniorenvereinigung Amerikas. Blassgrüne Couch. Bambusläufer. Esszimmerstühle mit Blumendruck. Viele saubere, glänzende Oberflächen mit Pflanzen, Keramikduftbehältern, dazu ein fischloses Aquarium – klein, aber neu, und alles in geordneter Aufstellung: Die Götter sollen dadurch besänftigt werden, dass alles so ungemütlich und unbewohnt wie möglich wirkt. Außerdem gibt es, das weiß ich, überall kleine geräuschlose Sensoren. Sie verfolgen Anns Bewegungen, tabellieren ihre Schritte, registrieren ihren Herzschlag, prüfen Blutdruck und Hirnfunktionen, möglicherweise digitalisieren sie auch ihre jeweiligen Empathiegrade, je nach Stimulus – in diesem Fall wäre ich das. Niedrig. Das alles sind Standardmaßnahmen des Programms, an dem sie teilnimmt – und das den Kaufpreis reduziert hat: »Lebendes Laboratorium für die Grauen Amerikaner«. Wenn sie ihr »Life-Profil« auf dem Fernseher aufruft, kann sie ihre ganzen Werte checken – allerdings sehe ich keinen Fernseher. Ann war immer ein Fan des Golf-Kanals. Aber vielleicht ist Golf im Fernsehen schlechtes Yang.

Ich lege das verknitterte Kissen auf einen der Blumenstühle und weiß sofort ganz genau, das hätte ich nicht tun sollen. Kissen auf Stühlen, Plastik auf Textilien, Plastik auf egal was verwässert vermutlich das Chi.

»Hast du Buck gesehen?« Ann schließt die Tür mit einem *Klonk*. Buck den Plattfuß.

»Nein«, sage ich, nicht ganz wortwörtlich gemeint.

»Er wollte mit dir darüber brainstormen, ob er sich was an der Küste kaufen soll, jetzt wo die Preise stehen, wo sie halt stehen. Niedriger, vermute ich mal.«

»Niedriger ist gar kein Ausdruck. Aber ich arbeite ja nicht mehr in der Branche.« So viel zu den armen, armen Leuten.

Ann presst sich gegen die geschlossene Tür, die Hände hinter dem Rücken. Sie bedenkt mich mit einem absichtlich schmerzvollen, dünnen Lächeln. Ich bin gereizt. Ich weiß nicht warum. »Geht ihr Immobilientypen denn jemals wirklich in Rente?«

»Ich bin kein Immobilientyp. Und das tun wir allerdings. In den letzten Jahren immer mehr.«

Ann trägt einen weichen, wasserblauen Velourshausanzug, dazu neonorange Adidas, die noch nie an der frischen Luft waren. Beide haben vermutlich das Feng-Shui-Okay bekommen, als wäre sie ein zu betrachtendes Möbelstück in ihrem eigenen Wohnzimmer. Außerdem hat sie sich mit einem einzigen Accessoire ausgestattet, einem protzigen Gold-und-Diamanttröpfchen-Collier, das Ehemann

Nummer zwei ihr in den Nebeln der Vergangenheit irgendwann mal beim Edeljuwelier Harry Winston besorgt hat und das sie jetzt trägt, um mich daran zu erinnern, wie Frauen einst in einer zivilisierten Welt behandelt wurden. Ihre Haare, wie immer sportlich kurz, sind noch strenger geschnitten – zu einer Art Pagenkopf, der das Grau nicht länger verbirgt und den ich unerwartet ansprechend finde. Ihre ganze Ausstrahlung ist kleiner geworden, straffer, intensiver, und es kommt mir so vor, als sei das erst seit unserem letzten Treffen geschehen – jetzt ist sie verschlankt auf die Dimensionen ihrer Mädchenhaftigkeit von 69, als wir uns kennenlernten und zusammen Jazz hörten und mit dem Boot zu Miss Liberty fuhren und mit dem Auto schnell auf eine Spritztour nach Montauk, als wir nicht über Schmuck nachdachten und den Spaß unseres Lebens hatten, das danach einfach nicht mehr besser wurde. Ihre Haut glänzt fleckig, ihre Gesichtsknochen sind konturierter, ihre eisblauen Augen sind klar und leuchten seltsam, und ihre früher weiche Nase ist schärfer und spitzer geworden, konzentrierter gleichsam. Ihre Brüste sehen kleiner aus. Sie ist tatsächlich hübscher, als ich sie in Erinnerung hatte, als stünde ihr die Krankheit zum Tode eigentlich gut. Wobei da schon der kreiselnde Tremor um ihr Kinn herumspukt, was auch die Quelle ihrer angespannten Konzentration ist. Der fällt möglicherweise deutlicher auf als im November. Es ist tapfer von ihr, mich hier zu empfangen, denn ich registriere das Fortschreiten ihres Leidens wie einer der Sensoren, die ihren Niedergang dokumentieren, von der Blüte, die immer so mit ihr verbunden zu sein schien, nur noch bergab. Der ganze Feng-Shui-Kram, der Velours, die Adidas, der Bambusläufer, das Blumenmuster, das Collier – all das erzählt mir von ihrer Krankheit, so wie ein altmodischer Salon mit Damastvorhängen, Lampenschirmen, vollen Bücherregalen und Kamin mir von unserem geliebten ersten Sohn erzählt, der tot beim Bestatter liegt. Je länger wir auf der Welt sind, desto kleiner und zielgerichteter wird sie.

Ich schaue mich immer noch in dem übermäßig durchdachten Zimmer um. Wenn doch nur irgendetwas passieren würde: ein gellender Rauchalarm. Ein klingelndes Telefon. Eine Yeti-Gestalt, die durch das verschneite Bild im Rahmen des Panoramafensters stapft, innehält, um uns, stumm, darin zur Kenntnis zu nehmen, verwundert den wolligen Kopf zu schütteln und dann in den Wald weiterzutappen, wo er am glücklichsten ist. Hier gibt es nicht mal einen Weihnachtsbaum, auch keinen Spiegel. Genau da greifen Regeln. Bei persönlichen Eitelkeiten.

Momente des Verstummens sind für Ann und mich nichts Ungewöhnliches. Was kann ich denn von ihr bekommen? Was kann sie von mir bekommen? Ein Kissen. (Sie hätte es mit Leichtigkeit online kaufen können.) Wir haben lediglich unsere reflexhaften Reaktionen aufeinander gemeinsam, die klicken wie der Hammer auf einer leeren Revolverkammer, Pech beim russischen Roulette.

»Hat dir Clarissa gesagt ...«, setzt Ann an.

Aber mir fallen schlagartig und erstmalig drei Dinge auf. Erstens sind nirgendwo Fotos zu sehen – weder von den Kindern noch von Teddy, von ihrem geschwätzigen Dad oder ihrer traurigen Mom. Von mir schon gar nicht, logisch. Mein Gesicht wird nur von irgendeiner Deckenkamera festgehalten, in körniger Wiedergabe. Im Schlafzimmer *könnte* es Bilder geben. Oder im Bad. Apropos, ich müsste mal, aber ich mag nicht fragen. Bucks Kaltblüter schiebt sich unangenehm vor mein geistiges Auge.

Die zweite Präsenz (die Absenz von Fotos ist auch eine Präsenz) ist der Haufen Weihnachtskarten auf dem Teakholz-Couchtisch – neben einer Ausgabe des *Carnage Clarion*, einer *USA Today* und darunter, aus missbilligender Feng-Shui-Sicht die reinste Schmuggelware, der silberne Schaft eines *Golfschlägers!* Tremor hin oder her, Ann frönt immer noch dem Lieblingszeitvertreib der Republikaner, und der Bambusläufer ist ihr »Green«. Ich frage mich, ob sie so einen automatischen Ballauswurf hat, der jedes Mal, wenn sie einen Ball versenkt, einen neuen ausspuckt. Hatte sie früher.

Die Schlagzeile des *Clarion* lautet »Das Leben in der post-antibiotischen Ära« – das sollte uns alle interessieren. Ich wüsste gern, von wem die Weihnachtskarten stammen. Bestimmt losen die Insassen hier, wer sich mit wem anfreundet. Und dann wollen natürlich auch die Kaufleute von Haddam die Geldgrube anzapfen, die eine solche Einrichtung verheißt. Ich sehe eine Karte mit dem Absender unseres Sohnes Paul in Kansas City, 919 Dunmore – den Straßennamen liebt er, das klingt wie *done more,* und wer hätte nicht gern mehr geschafft? Er bastelt seine eigenen Grußkarten, nachdem er seine Fähigkeiten als Scherzmeister-Lehrling bei der Firma Hallmark ausgebildet hat. Meine Karte hatte dieses Jahr vorne gar nichts drauf, und drinnen stand gedruckt: »Ein unsichtbarer Mann und eine unsichtbare Frau heiraten. Ihre Kinder sind keinen Blick wert. Frohe Weihn8en. Crix de Serteur.« Ann hat bestimmt eine andere gekriegt.

Die letzte auffällige Neuerung im Zimmer sind drei neue Ölgemälde – mit Obst drauf. Sie hängen gerahmt an der (optimismus-) grünen Wand, über dem großen Kirschholzschrank, in dem wahrscheinlich ein großer LG-Fernseher darauf lauert, dass es April wird und das Masters-Turnier losgeht. Die Bilder zeigen, nacheinander: einen aufgeschnittenen roten Apfel, eine aufgeschnittene Honigmelone und eine aufgeschnittene grüne Kiwi, allesamt mit einem Hintergrund aus rustikalen Tischplatten, unbehandelten Holzstühlen, steifen weißen Servietten, verstreuten Weizenkörnern und verlockenden Nüssen in verschiedenen Schattierungen von Braun,

Gelb und Lila. Das alles würde perfekt in die Vorstadtpraxis eines Augenarztes passen – nicht provokativ, nicht angsterregend, appetitlich und direkt aus dem Feng-Shui-Zentralbüro in Youngstown ... wenn diese drei aufgeschnittenen Früchte nicht allesamt aussähen wie schillernde, tiefschlündige Vaginas, aufgeklappt und einsatzbereit. Auf den ersten Blick meint man möglicherweise noch, nein, nein. Aber nicht auf den zweiten. Ich kann den Blick nicht von ihnen lösen. Sie sind vollkommen jenseits dessen, was man sich unter »anzüglich« vorstellt (wieder fällt mir Buck mit seinem »Ständer« ein). Sie sind vielmehr ein aufdringlich direktes Manifest, das sich ins Scheinwerferlicht stellt und von jedem Besucher verlangt, auf Du und Du mit dem Abgebildeten zu sein, denn die Hausherrin hier ist es ganz sicher, und das Leben ist zu kurz, um lange auf den heißen Brei zu pusten.

Ann hat gerade eben etwas über unsere Tochter gesagt. Aber mir hat es die Sprache verschlagen. Die geringste falsche Bemerkung würde sie mit einem stählernen Blick quittieren, als hätte ich bestimmte »Ansichten« darüber, wie die Dinge in Sachen Kunst sein sollten. Ich habe keine Ansichten darüber, wie die Dinge in Sachen Kunst sein sollten. Ich weiß, dass reifere Frauen ziemlich handwerkermäßig-offenherzig über Sex reden können. (Sally ist eine Ausnahme.) Der jahrelangen sexuellen Unterdrückung durch die rauen Hände von Männern, Männern und nochmal Männern wird mit unserem vorzeitigen Tod ein Ende gesetzt; nur bleibt dann kaum noch Zeit, viel anderes zu tun, als sich in gemischter Gesellschaft über Gynäkologisches zu unterhalten und im Altenheim Gemälde von schillernden Mösen an die Wände zu hängen. Vielleicht werden deswegen viele Frauen so spät im Leben zu Lesben. Wer könnte es ihnen verdenken?

Wobei Anns neue Wandkunst eine weitere unmittelbare *non-*

verbale Reaktion bei mir hervorruft. Schwache Regungen im Unterdeck; Verschiebungen in der Apparatur, hervorgebracht nicht nur
durch das Obstbild über dem Fernsehschrank, sondern durch die
Offenheit der Gemälde als Ausdruck von Anns neuer unerschütter-
licher Wirklichkeit und Geradeaus-Entschlossenheit, das Leben –
ihres, Bucks, meines, jedermanns – sein zu lassen, was zum Teufel es
sein will. Häng dir vielfarbige Genitalienbilder an die Wände und
schau dir an, was mit deinem Sozialleben passiert. Das kann natürlich auch alles eine Reaktion auf die Medikamente sein, die nicht
lange anhält.

»Hat sie nun oder nicht?« Ann wirft mir einen irritierten Blick
zu, ihr Kinn ist instabil geworden, ihr Mund zu einer straffen Linie
der Anstrengung gezogen.

»Hm?«

Ich konzentriere mich energisch auf mein Elementar-Ich. Jetzt
Äußerungen stromlinienförmig gestalten. Nichts aus der Vergangenheit. Der optimistische edlere Weg. Die Zukunft ist eine Leer-
stelle. Sei nett. Mein eigener rudimentärer Ständer macht mir keine
Sorgen. Er meldet sich nicht mehr so prompt wie früher – obwohl
er immer noch sehr willkommen ist. Aber plötzlich fühle ich mich,
als würde ich in dem schweren Mantel gesotten, als hätte jemand
Dampf gemacht. Vielleicht nimmt auch der Beckenbodenschmerz
neuen Anlauf.

»Ich hatte dich gefragt, ob Clarissa mit dir über Pauls ›tolle neue
Idee‹ gesprochen hat.« Paul – der mit den quecksilbrigen Weihnachtskarten und dem Vorstadt-Gartenmarkt (seine Firma heißt
Gedeih ohne Verderb) – hat beschlossen, dass er mit seinem Laden in
das leere Gebäude nebenan (ein ehemaliger Autohändler) rüber-
»wachsen« und eine Mietkauf-Agentur eröffnen will, um gängige
Haushaltsgegenstände an verdienstvolle junge Leute zu liefern, die

sich für eine Essecke, billige Orientteppiche, ein Furnier-Schlafzimmer und falsche Jagddrucke an den Wänden nicht killermäßig verschulden wollen. Mietkauf ist genialisch, findet Paul. Seine Schwester und ich sind dabei allerdings als seine stillen Partner und Geldsäcke vorgesehen. Und ich habe in dieser Sache meine Hausaufgaben gemacht. Er hat keine Ahnung, in welche Vorleistung man gehen muss, wie knapp die Profitmargen sind und wie viel Zeit man damit zubringt, Rückholgorillas anzuheuern und zu managen, die die Häuser und Trailer seiner Kunden überwachen müssen, damit er sein Zeug zurückkriegt, wenn die aufhören zu zahlen – und das passiert immer. Ich habe nicht vor, auch nur einen Cent für seine Spatzenhirn-Idee rauszuschmeißen, weil ich mir ziemlich sicher bin, dass sein »Bedürfnis« nur mit dem Begriff »Mietkauf« zu tun hat, den er irre witzig findet – genau wie *Gedeih ohne Verderb*. Meines Erachtens ist Paul am besten bedient, wenn er Torfsäcke schleppt, Saatkisten mit Kapuzinerkresse und Tränendem Herz in Volvo-Kofferräume hievt und ansonsten sprücheklopfend mit seinen Kundinnen herumsteht. Manchmal kommt mir mein Sohn behindert vor, was er gar nicht ist. Er zahlt nämlich seine Rechnungen und Steuern, wählt die Demokraten, besitzt ein Auto und fährt es, ist leider geschieden, liest Bücher, geht zu Spielen der Chiefs und Royals und schafft es, tagtäglich in optimistischer, aber nicht platt optimistischer Stimmung zur Arbeit zu erscheinen. Er hat nur, was (klinisch) als eine »seltene Störung der exekutiven Funktionen« bezeichnet wird. Daher geht es mir wie den meisten Eltern erwachsener Kinder, ich befinde mich oft im Irrtum über ihn. Vom Weltraum aus sieht sein Leben so normal aus wie meines, und es genügt, dass wir uns lieb haben. Aber wenn ich mich nicht mit dem Sterben beeile, fürchte ich, wird er am Ende noch in meinem Wohnzimmer kampieren.

»Das ist ein Rohrkrepierer«, sage ich, in Bezug auf Pauls Plan – meine Äußerungen bleiben minimal. Im Unterdeck hat sich schon wieder alles beruhigt – enttäuschend, aber eine Erleichterung. Meine Jacke hatte alles verdeckt.

Aber ich schwitze in meinem Hemd. In dieser Wohnung herrschen Fiebertemperaturen. Mein Herz macht ein Geruckel, das noch kein Vorhofflimmern ist, mich aber zu Tode erschreckt, weil mir gleich einfällt, dass das auch passieren kann – und passieren wird, wenn ich lange genug lebe. Wahrscheinlich doch kein Beckenbodenschmerz.

»Alles okay mit dir?« Ann bleibt auf Distanz, bei der Tür, durch die ich eingetreten bin. Sie mustert mich pseudobesorgt, was wohl heißen soll, dass sie mich am liebsten los wäre. Pauls geschäftliche Pläne sind gekommen und gegangen.

»Ja. Doch, doch.«

»Du siehst ein bisschen gewebig aus. Soll ich jemanden rufen? Wir haben Ärzte hier.«

»Hier drinnen ist es so heiß wie in einem Scheißbrennofen«, sage ich. »Warum drehst du das so hoch?«

»Gar nicht wahr.« »Gewebig« war ein erfundenes Dolchwort ihrer Mutter, um Anns libidinösen Vater in Schach zu halten. Ohne Erfolg. Genau wie bei mir. Manchmal sagt sie auch, ich sähe »fragil« aus. Oder sie kommentiert mein »Zielspeichergedächtnis« oder serviert mir die Information, der IQ würde sinken, wenn man in Rente ist, und ein überstandener Krebs würde lauter Synapsen killen wie die reinste Kakerlakenfalle. Manchmal sagt sie, ich sähe aus wie meine Mutter – die sie nie gesehen hat. Manchmal »fehlt es an Disziplin« bei mir (in allem), und ich soll lieber einen »Genetik«-Test machen, um herauszufinden, welche tödlichen Krankheiten mir bevorstehen. Ich muss auf der Hut sein. Und bin es auch.

»Schreibt Fang-Schwei auch die Zimmertemperatur vor?« Ich massakriere die Aussprache, um sie zu ärgern.

»Nein«, sagt Ann und lächelt angeekelt. »Setz dich lieber hin. Zieh diesen schrecklichen Mantel aus. Hast du nasse Füße?«

»Denen geht's gut. Mir geht's gut. Wie geht's dir?« Das Elementar-Ich erlaubt Fragen, aber nur solche, auf die man auch wirklich eine Antwort hören will – genau andersherum als bei Anwälten.

»Wie bitte?« Ann hört nicht mehr so gut wie früher. Das Elementar-Ich verlangt auch, dass ich leise spreche. Wobei ich manchmal glaube, ich würde gerade denken, wenn ich tatsächlich spreche. Sally hat mich darauf hingewiesen. Das über Anwälte habe ich womöglich wirklich gesagt und nicht nur gedacht. Ann weiß natürlich nichts vom Elementar-Ich und würde das für dumm halten. Was es aber nicht ist.

»Wie geht's *dir*!«, sage ich, den optimistischen edleren Weg im Visier. Ich stehe immer noch, glühe wie ein Ofen, und mein Herz rast. Ich ziehe meinen Mantel nicht aus. So lange bleibe ich nicht, obwohl es keine zeitliche Begrenzung für meinen Besuch gibt. Ich will einfach nicht hier rumstehen und ständig mit einem halben Auge reife Vaginas betrachten. Was immer sie bewirken sollen, sie haben ihr Ziel erreicht.

»Alles gut bei mir. Danke schön.« Anns Kinn hat sich einigermaßen stabilisiert. »Hast du gesehen, was ich gekauft habe?« Sie tritt einen begutachtenden, kuratorinnenhaften Schritt von der Tür weg, auf die Vaginalporträts zu, und mustert sie, als erblicke sie plötzlich etwas Neues, das ihr gefällt.

»Wozu hast du die gekauft?«, frage ich. »Die sehen aus wie Mösen.« Lügen ist verboten.

»Aha.« Ann quittiert das mit einer theatralischen Schnute, dann hebt sie das Kinn in gespielter Neubewertung. »Findest du? Ich finde, sie sehen einfach nur wie Früchte aus. Aber ich glaube, ich erkenne, was du wahrscheinlich meinst. Sind sie dir unangenehm?«

»Es ging eher in Richtung Ständer. Aber der hat sich's schon wieder anders überlegt.«

»Verstehe«, sagt Ann und tut so, als müsse sie sich zufächeln. Zwischen ihr und mir gab es damals keine Ständerprobleme. »Dann sollten wir wohl das Thema wechseln.«

»Alles klar.« Ich schaue aus dem Panoramafenster und denke an den Yeti, der seinen (oder ihren) langsamen Weg durch den dunklen Wald pflügt, stracks Richtung Skillman. Schnee rieselt durch den äußeren Lichtkegel, der den Ententeich erhellt. Ohne Enten.

Ann sitzt auf der vorderen Kante eines der blumenbedruckten Stühle und arrangiert die Hände auf ihrem Velourskgie wie eine züchtige ältere Dame – was sie ja ist. Von Ständern und Mösen ist keine Rede mehr. Ihre Hände zittern nicht. Ich fühle mich wie ein Mann, der gerade im Schlaf eine Gewalttat begangen hat und jäh hochgeschreckt ist. Dabei bin ich bloß in beschissenem Wetter hier rausgefahren und habe ein Kissen abgeliefert, aber plötzlich ist mir ganz heiß und pikant zumute.

»Ich habe hier an einem Kurs teilgenommen, der hieß *Der Tod anderer*«, sagt Ann.

»Wie interessant«, sage ich unaufrichtig.

»Ist es wirklich«, sagt sie. »Es ging darum, ob Suizid ein religiöses oder ein medizinisches Thema ist. Hier reden die Leute die ganze Zeit darüber.« Sie lächelt mich wild an.

»Ich glaube, das hängt alles von der Umgebung ab«, sage ich und lasse den Blick schweifen, um etwas zu finden – nicht sie, nicht die geschlechtliche Kunst, nicht das Panoramafenster mit dem beleuchteten Teich –, woran ich mich festhalten kann. Aber hier gibt es nicht besonders viel, ganz nach Feng-Shui-Art. »Irgendwann muss man einfach das Kino verlassen, damit das nächste Publikum den Film sehen kann.«

»Ältere weiße Männer sind eine der demografischen Gruppen für Suizid«, sagt Ann, »zusammen mit jungen Uramerikanern, Waffenbesitzern, Bewohnern des Südwestens und Opfern von Kindesmissbrauch.«

»Also bin ich einer von fünf«, sage ich.»Auf der sicheren Seite.«

»Ich brächte die Nerven dafür nicht auf.«

»Die meisten, die sich umbringen wollen, scheitern damit und sind nachher ziemlich froh darüber. Wahrscheinlich ist der Tod bei niemandem die erste Wahl.« Wir lesen beide dieselben Zeitschriften, obwohl, einen *Economist* sehe ich nicht auf ihrem Couchtisch.

»Willst du deine sterblichen Überreste immer noch der medizinischen Forschung vermachen?«, fragt Ann steif.

Ich weiß, was das werden soll. Sie manövriert darauf zu, mir zu erzählen, dass sie auf dem Friedhof von Haddam eine Grabstelle – in der Nähe unseres Sohnes Ralph – gekauft hat, in dem »neuen Teil«, der nicht mehr neu ist. Als wir frisch geschieden waren, trafen sie und ich uns dort immer an seinem Geburtstag. Wir lasen uns Gedichte vor, um uns gegenseitig zu trösten. Lang, lang ist's her. Ralph wäre jetzt dreiundvierzig. Ich kann mich kaum an ihn erinnern. Wobei, seine Stimme habe ich noch im Ohr.

Eines hat Ann allerdings nicht in Erinnerung, von wegen Zielspeicher und so, nämlich dass ich genau über ihre Pläne Bescheid weiß, seit Monaten. Clarissa sagte es mir, als sie mir mitteilte, dass Ann nach Haddam zurückziehen werde. Und Ann selber hat es mir auch schon zwei Mal gesagt. Wir haben darüber gesprochen, wenn auch nur kurz. Sie sprach. Ich hörte zu. Ich habe ihr auch schon zwei Mal gesagt, dass ich beschlossen habe, meine »sterblichen Überreste« nicht der Mayo-Klinik zu vermachen. Je näher der Zeitpunkt rückte, an dem das tatsächlich passieren könnte, desto mehr Schiss kriegte ich. Die Mayo-Leute nahmen es total sportlich. »Zwei von sechs überlegen es sich sowieso anders«, sagte die Frau und klackerte fröhlich weiter an ihrem Computer, um mich von der Spenderliste zu streichen. »Wir kommen aber gut klar. Ich kann's Ihnen nicht verdenken. Mir kommt das auch gruselig vor.«

»Nein«, sage ich. »Will ich nicht.« Das in Bezug auf meine sterblichen Überreste.

»Ich habe beschlossen, mich nicht weit von Ralph beerdigen zu lassen«, sagt Ann mit fester Stimme, die Hände immer noch auf den Knien, bildhübsch sieht sie aus. Wenn man wüsste, was genau Frauen attraktiv macht, wäre alles ganz, ganz anders.

Mir fällt allerdings auf, dass sie sich auf die Innenseiten ihrer Wangen beißt – fest genug, um die Haut ihres weichen Gesichts straff zu ziehen und möglicherweise einen Tremor zu unterdrücken, was aber nicht ganz funktioniert. Vielleicht bringen die Medikamente sie dazu. Ihr Gesicht sieht plötzlich verzweifelt aus.

»Das ist eine gute Idee«, sage ich.

»Wo hast du Vorkehrungen getroffen?« Sie blinzelt. Was soll ich sonst tun, als hier zu stehen?

»Am selben Ort«, sage ich. »Na ja. Nicht haargenau am selben. Aber ziemlich nah. Weißt du?«

»Okay«, sagt sie. Ann Dykstra ist (oder war früher) eine jener unerschütterlichen Frauen des Mittleren Westens, die zu jeder ernst gemeinten Aussage spontan »Okay« sagen. Womit sie meinen könnte: »Wirklich?« Oder: »Ich weiß nicht recht, ob mir *das* gefällt.« Oder: »Einverstanden, aber nicht aus vollem Herzen.« Allerdings auch: »Klar. Warum nicht.« Was sie jetzt gerade meint. Klar. Warum nicht.

Erst als sie »Okay« sagt, registriere ich, als hätte ich ihn in der Nase, einen schwachen, üppigen Hauch unseres alten Lebens von früher. Eine ganze Welt in dem Duft eines Augenblicks. Nicht unwillkommen.

Beerdigungspläne sind womöglich zur neuen unerschütterlichen Wirklichkeit geworden – keine Obstgemälde, keine Hurrikane, nicht ob ich sie früher liebte oder nicht. Das ist ein Fortschritt.

»Sally arbeitet furchtbar viel an der Küste, nicht wahr?« Ann denkt auch jetzt an den Hurrikan, vielleicht an seine Folgen, die noch keinem so richtig klargeworden sind. Sally hat ihr von ihrer Arbeit erzählt, auch von dem richtigen Gebrauch des »Empathie-Anzugs« – das ist ein nützliches Lehrinstrument in der Trauerbewältigungsindustrie.

Als Ann beschloss, hierhin umzuziehen, investierte sie ein extravagantes Maß an Zeit und Mühe, um den alten Mr. Binkler »einer Familie zu überlassen«, da er hier »im Community« nicht willkommen war, wegen Allergien und all den anderen Hundegeschäften. Der einzige Interessent saß in Indiana. Ann bestand darauf, nach La Porte zu fahren, um mit den potentiellen neuen Eltern des alten B zu reden. Aber das sei nicht erlaubt, sagten die von der Aufnahmeagentur. Denn dann würde sie ihn womöglich ruck, zuck wiederhaben wollen. Das sei schon vorgekommen und nicht gut ausgegangen. Der Plan scheiterte, und Binkler saß in seinem letzten Sturm ohne sicheren Hafen da. Schließlich entschied Ann nach langer Qual und vielen Tränen, den armen alten B »auf menschliche Weise einschläfern zu lassen«. Unsere Tochter ging natürlich die Wände hoch. Aber Ann tat es, das Mitgefühl im Munde führend. Das kann man wohl auch dem wütenden Hurrikan zuschreiben.

»Stimmt«, sage ich, auf Sallys Bemühungen in South Mantoloking bezogen.

»Sie ist eine große Sucherin, nicht wahr, Frank?« Ann lächelt mich warmherzig an, sie beißt sich nicht mehr in die Wangen. Ihr

Kinn ist wieder in Bewegung. Aber mein Name auf ihren Lippen hat sie glücklich gemacht. In diesem Augenblick ertrage ich es nicht, sie anzusehen, ich muss mich im Zimmer umschauen. Es ist nur ein kurzer Moment – teilweise gut, teilweise schrecklich –, und er geht vorüber.

»Sie möchte gern helfen«, sage ich. »Immer schon.« Keine Mutmaßungen über die Vergangenheit. Sei nett.

»Zweite Ehen verheddern sich nicht in schwierigen Grundsatzdiskussionen, oder?«

»Ich weiß es nicht.«

»Ich habe ja zwei erlebt. Zwei zweite Ehen. Beide waren besser, als mit dir verheiratet zu sein.«

Zisch-klatsch-PÄNG! Das hab ich nicht aufwallen sehen. Hätte ich aber sollen. Denk an Binkler.

»Verstehe«, sage ich. »Na, umso besser, Ann.« Ihr Name schmeckt bitter. Jahrelang konnte ich ihn nicht aussprechen und vermied jede Gelegenheit, wo er hätte auftauchen können – vor allem, wenn ich ihn *ihr gegenüber* aussprach. Jetzt aber kann ich ihn benutzen, als Instrument, es gibt keinen anderen Grund dafür. Als Waffe. »Man hat Glück, wenn man einmal im Leben glücklich ist«, sage ich. Keine Lüge. Mein Blick fällt trübsinnig auf das Kissen, das ich brav hergebracht habe. Könnte ich doch nur darauf einschlafen.

»Bist du denn glücklich?«, fragt Ann, das Kinn gnadenlos in Bewegung. Sie schüttelt den Kopf, als wollte sie es damit stoppen. Könnte ich ihr nur helfen.

»Ja«, sage ich. Ich bin der Yeti im Wald. Ein Viech.

»Die Ehe ist bloß eine Geschichte, die so tut, als wäre sie die einzige Geschichte, stimmt's, mein Herz.« Ihr alter Kosename. Ihre blassen Augen starren mich an, als hätte sie den Faden verloren.

»Kann sein.«

Unerwartet steht sie auf, strafft sich mit vorn verschränkten Händen und blinzelnden Augen. Ich glaube, sie beißt die Backenzähne zusammen, wie ich es auch manchmal tue. Diese Besuche sind für sie schlimmer als für mich. Ich kann mich auf Sallys Geburtstag freuen.

»Also. Danke, dass du mir mein Kissen gebracht hast«, sagt sie, hebt die Stimme, setzt ein Lächeln auf. Sie dreht den Kopf, um ihre Züge lebhafter wirken zu lassen, wie ein Glamourgirl. Das Kissen liegt da, wo ich es hingelegt hatte.

»Gern geschehen«, sage ich, eine Lüge habe ich mir für den Schluss aufgehoben.

»Sag Sally, ich bin stolz auf sie.«

»Das mach ich«, sage ich mit einem Lächeln. »Sie wird sich geschmeichelt fühlen. Ich sag's ihr.«

»Ich glaube, jetzt wird es Zeit für dich.« Ann öffnet weit die Augen, bewegt aber die Füße nicht.

»Ich weiß«, sage ich.

Nichts drängt uns zu einer Berührung, einem Kuss, einer Umarmung. Ich tu's trotzdem. Es ist unser letztes Glück. Denn letzten Endes ist die Liebe nicht bloß ein Ding, sondern eine endlose Reihe einzelner Handlungen.

DIE TODE ANDERER

Gestern, zwei Tage vor Weihnachten, als ich auf der Sonnenterrasse frühstückte, ist etwas Komisches passiert, reiner Zufall. Ich schalte regelmäßig WHAD-FM ein, während ich mein All-Bran esse. Der *Und? Was geht dich das an?*-Meckerkasten der Gegend läuft zwischen acht und neun, und ich höre mir gern die Meinungen und persönlichen Lebenseinschätzungen meiner anonymen Mitbürger an – so durchgeknallt sie manchmal sein mögen. Für einen Rentner ist dieses kurze Eintauchen ein ziemlich zufriedenstellender Ersatz für das, was früher ein überzeugendes, erfülltes Leben war.

Seit Oktober haben sie so gut wie nonstop über den Hurrikan schwadroniert, vor allem über die weniger bekannten Folgen des Killersturms – Enthüllungen, die es nicht auf CBS schaffen, aber doch gesendet werden müssen, damit die unschuldige Öffentlichkeit rundum geschützt und informiert ist. Natürlich ist vieles davon hochspekulativ. Präsident Obama kriegt ganz schön viel auf die Mütze. Ein überraschend großer Ausschnitt der Bevölkerung von Haddam (traditionell für die Republikaner, aber in letzter Zeit, Armleuchter!, für die Tea Party) glaubt entweder, der Präsident hätte persönlich den Hurrikan Sandy *hervorgerufen* oder ihn zumindest von seinem unterirdischen »Bimbo-Bunker« auf Hawaii aus gesteuert, als Angriff auf die Küste von New Jersey, wo es eine Menge rechtslastiger Italoamerikaner gäbe (was gar nicht stimmt), die alle Romney wählen wollten, aber jetzt, wo ihre Häuser weggepustet wären, könnten sie keinen Wohnsitz mehr angeben, also auch nicht mehr wählen. Die Gemeinde Haddam, sollte man dazusagen, hat bei dem Sturm kaum einen Kratzer abbekommen, aber das hält niemanden davon ab, meinungsstark aufzutreten.

Andere Anrufer haben auf einen »seltsamen Äther« hingewiesen, den der Sturm angeblich aus dem Unterseeboden hochgewirbelt habe und der jetzt dauerhaft in der Atmosphäre von New Jersey schwebe; seine ganz verschiedenen »Auswirkungen« würden wir erst in vielen Jahren kennen, aber gut seien sie nicht.

Viele formulieren natürlich auch Sorgen, die schon einiges mit den Folgen des Sturms zu tun haben, aber wie unheilvolle Vorzeichen erscheinen. Das plötzliche, Furcht einflößende Auftauchen der gefleckten sibirischen Grasmücke (was ist da los?). Eine alte Freundin im jetzt zerstörten Ortley Beach hofft nach Jahren der Trennung, auf einmal wieder in Kontakt mit »Dwayne« zu kommen, der vielleicht zuhört und Sehnsucht beim Gedanken daran empfindet, wie damals 1999 die Liebe zerbrach. Eine Frau mit indischem Akzent ruft mehrfach an und verliest jedes Mal einfach nur ein anderes, leicht ominöses Gedicht von Tagore über das Wetter.

Die meisten dieser Bürgerkümmernisse sind nichts anderes als ein Ausdruck jener Angstverwirbelungen, die uns alle um drei Uhr früh aus dem Schlaf reißen – die Sorge, dass da irgendetwas im Gange ist, wir wissen zwar nicht was, aber es ist schlimm; wir könnten etwas dagegen unternehmen (zum Beispiel nach North Dakota umziehen), aber noch mehr Aufregung in unserem Leben würden wir nicht ertragen. Allerdings können wir für andere die Alarmglocke läuten.

Dieses diverse Palaver ist doppelt interessant, einerseits als Ausdruck unserer landesweiten Stimmung – die nicht gerade hochfliegend ist –, andererseits, weil es mir bewusst macht, wie fern mir als

Hinterlandbewohner solche Sorgen sind. Wie ich schon sagte: Als der Hurrikan seine Wut auslieβ, blieb mein Haus weitgehend ungeschoren. Allerdings merke ich schon, dass dieses anscheinend sinnlose Spekulieren den meisten Menschen das Mitgefühl mit den echten Leidtragenden leichter macht, mir übrigens auch, man spürt, wie etwas im Innern »aufgerüttelt« wird, was sonst nicht zum Ausdruck käme. Zumindest liefert das Spekulieren einen interessanten »Werkzeugkasten« in Sachen Empathie und Wirkkraft – zwei Dinge, für die wir uns alle interessieren sollten.

Gestern Morgen jedenfalls hörte ich, als ich meine Müslischale spülte und oben die ersten Schritte meiner Frau in Richtung Bad vernahm, im Radio eine Stimme, die mir bekannt vorkam und die ich auch tatsächlich nur wenige Tage zuvor das letzte Mal gehört hatte. Das war der Zufall.

So setzte sie ein: »… Ja. Okay. Also, ich rufe an, um zu sagen, dass ich hier in Haddam im Sterben liege. Ich meine, wortwörtlich im Sterben. Und seit Wochen höre ich euch Leute die ganze Zeit klagen, ihr tut euch ja so leid, nur weil ihr am Leben seid. Also, ich lebe ja nun schon verdammt lange mit mir selber – selbe Schuhgröße, selbe Ohren, selbe Augenfarbe, selbe Nase, selbes Schwanzformat.« (Auf WHAD gibt es keine »Verzögerung«; die Anrufer müssen sich schon selber zensieren.) »Und ich war …« (Husten) »… immer zufrieden mit alldem. Aber ich will Ihnen was sagen. Ich bin so weit, die ganze Scheiße aufzustecken. Kein Rückzieher. Kein zweiter Anlauf. Seit das beschissene Internet da ist, hat ja sowieso kein Mensch mehr was Neues zu sagen. Letztes Jahr – oder vielleicht war's auch vorletztes Jahr – hab ich gelesen, dass in den USA 2,4 Millionen Menschen gestorben sind. Sechsunddreißigtausend weniger als das Jahr davor. Das wissen Sie alle. Ist mir klar. Ich weiß auch nicht, warum ich Ihnen das sage. Aber es macht mir Sorgen. Wir sollten unsere Schreibtische abräumen und den Weg freimachen.« (Husten, dann Keuchen.) »Das will uns dieser Scheißhurrikan sagen. Ich bin selber schon so gut wie weg aus dem Büro. Und ich bedauere das kein bisschen. Aber wir müssen aufpassen! Wir ...« Klick.

»O-*kay!*«, sagte der Moderator und raschelte mit seinen Papieren am Mikrofon herum. »Na ... es gibt wohl ... viele verschiedene Möglichkeiten ... ähmm ... gemeinsam ... Weihnachten zu feiern. Ich leg hier mal die Dire Straits auf und mach 'ne kleine Pause.«

Ich kannte die Stimme des Anrufers. Heiserer und dünner und zerbrechlicher als die Stimme des Eddie Medley, den ich in den siebziger Jahren kennengelernt hatte, als meine erste Frau Ann und unser Sohn Ralph aus New York nach Haddam zogen, damit ich mich meiner vielversprechenden Karriere als Romancier widmen konnte – ein Unterfangen, das bald im Sand verlief. Damals war Eddie so ungefähr der glücklichste Mensch, den man sich denken konnte. Er war so schlau wie Einstein (als Chemieingenieur vom MIT), hatte aber eine akademische Laufbahn lachend abgetan und sich lieber den Wunderknaben von *Bell Laboratories* angeschlossen. In Wahrheit reizte es ihn, in die Welt hinauszuziehen, alles Mögliche zu erfinden und bergeweise Geld zu scheffeln. Und genau das tat er auch – mit einem leichten, hochdichten Polymerverbindungsstück, das den Ein-aus-Schalter am Computer daran hinderte, zu explodieren. Eddie mochte Geld und gab es noch lieber aus. Genauer gesagt, er mochte das Geldausgeben noch lieber als das Erfinden. Und sobald er ordentlich was verdient hatte, merkte er, was er absolut nicht mochte, nämlich Arbeiten. Er heiratete zügig eine große, vollbusige Schwedin namens Jalina (einen Kopf größer als er, das fand Eddie spektakulär), und die beiden fegten kreuz und quer über den Erdball und verteilten überall Häuser – in Val d'Isère, Västervik (wo Jalina herkam), London und auf der neuseeländischen Südinsel.

Er kaufte Sportwagen, afrikanische Kunst und Diamantarmbänder, und seine umfängliche Garderobe kam maßgeschneidert aus der Savile Row. Er besaß ein Tore-Holm-Segelboot in Mystic, eine Millionärswohnung im Greenwich Village (und sein erstes »großes Haus« in Haddam in der Hoving Road, da hatte ich ihn kennengelernt). Eddie, knapp über eins siebzig, spaßig wie der größte Scherzbold, gutaussehend wie Glenn Ford, erinnerte mich und alle anderen damals an einen altmodischen Filmregisseur/Playboy mit Baskenmütze und Reithosen, der durch ein Megafon spricht.

Aber im Laufe von sechs Jahren ohne Arbeit brachte Eddie sein Isolatorengeld komplett durch, verlor alles bis auf sein Haus in Haddam und musste sein Patent an die Japaner verkaufen. Jalina blieb bei ihm, bis sie sicher sein konnte, dass auch wirklich der letzte Dollar weg war, dann kehrte sie in die kalten Länder zurück (sie verlangte keine Alimente, sie hatte alles ausgegeben). Eddie zog sich in sein Haus zurück, das in meiner Straße lag. Er hatte neue Angebote, bei *Bell* als Senior-Irgendwas in einen der Think-Tanks einzusteigen, die damals auf ehemaligem Bauernland aus dem Boden schossen, aber er hatte immer noch keine Lust zu arbeiten. Er hatte es geschafft, irgendwelche Gelder offshore zu verbuddeln, am Finanzamt (und an Jalina) vorbei. Er hatte keine Unterhaltsberechtigten. Er kam zu dem Schluss, dass sein Urteilsvermögen bei Frauen wohl zweifelhaft war und er es mit einem Leben ohne diese Geißel versuchen sollte. Eine Weile arbeitete er als wissenschaftlicher Bibliothekar in der Stadtbücherei von Haddam. Als ihm das unerträglich wurde, hängte er ein ungewöhnliches Schild an sein Haus, »*Der Prinz der elektronischen Reparaturen*«, und brachte die Stereoanlagen, Fernbedienungen oder Alarmsysteme der Leute wieder in Ordnung, inklusive Hausbesuch. Als selbst das nach zu viel Arbeit roch, traf er denselben Entschluss wie Tausende Amerikaner – Menschen, die eine halbwegs gewinnende Persönlichkeit haben, aber kein dringendes Bedürfnis nach Geld und kein Talent zu Arbeit oder Langeweile, die aber bereitwillig glauben, herumzufahren und sich die Häuser anderer Leute anzuschauen, sei eine vernünftige Lebensbeschäftigung, wenn einem nichts anderes einfällt. Mit anderen Worten, er wurde Immobilienmakler – bei Recknun & Recknun, einem der Konkurrenten der Firma Laurel Schwindell, wo ich arbeitete, bevor ich Sally heiratete und in den Neunzigern an die Küste zog. Keine ungewöhnliche amerikanische Geschichte. Die gibt es ebenso wenig wie die richtige Lebensplanung oder die richtige Lebensweise – nur jede Menge falsche.

Als Eddie Mitte der Achtziger wieder in Haddam lebte, Jalina aber schon weg war, wurde er eine Zeitlang zu einem tatkräftigen Mitglied der Gruppe Geschiedener Männer, die ein paar Trauerpötte wie ich aus einem Mangel an Fantasie und Elan gegründet hatten. Eddie war erpicht darauf, dass wir alle etwas *zusammen* unternahmen – den Mount Katahdin erklimmen, ums Cape Breton radeln, eine Kanutour durch die Boundary Waters machen, zu den French Open fliegen (Eddie war unbegabt, aber fanatisch). Wir Geschiedenen Männer interessierten uns jedoch null für diese Aktivitäten und trafen uns lieber in zwielichtigen Bars in Lambertville oder an der Küste, beschickerten uns diskret mit Wodka-Gimlets, schwangen folgenlose Reden über Sport, fühlten uns irgendwann beschissen in unserem Leben und kritisch den anderen gegenüber und trollten uns wieder nach Hause.

Eddie dagegen hatte keine Ader fürs Leiden. Er erzählte begeistert von seiner abgängigen Frau, schwärmte wehmütig von seinem Heranwachsen im Mohawk Valley, von den Ruhmestagen in Cambridge, als er der Schlauste von allen war und den anderen Ingenieuren bei ihren Matrix-Vektor-Multiplikationen half; dann von den

Protzjahren, in denen nichts zu gut, zu viel oder zu teuer war, und wie beschenkt er sich nach der geduldig gewonnenen Erkenntnis gefühlt hatte, dass es nur eines gab, was Jalina (kurzfristig) glücklich machen konnte – magischer Exzess. Eddie war derjenige, der uns allen Spitznamen gab, ob sie uns gefielen oder nicht. »Alter Knotenkopp« für Carter Knott; »Alte Tomate« für Jim Warburton; »Alter Basset« für mich. Auch für sich selber fand er einen, »Alte Olive« – nach einem Appetizer, den er brüllkomisch fand, erst recht in der Dock-Kneipe in Spring Lake, wo wir eines Nachts nach einem planlosen Tiefseeangelausflug mit Gruppenübelkeit gestrandet waren. »Olivenmedley«. Kurz für »Bringen Sie mir das Olivenmedley und einen Scotch«. Eddie brachte mich immer dazu, ihn zu mögen, weil er so ein unverbesserlicher Ausprobierer war, was ich mir damals selbst gern als Eigenschaft zuschrieb, höchstwahrscheinlich irrigerweise.

Doch irgendwann begegnete ich Eddie nicht mehr. Er schlenderte weg von den Geschiedenen Männern. Er und ich verkauften nicht dieselbe Kategorie Häuser und kamen nie in eine Konkurrenzsituation. Er war ja sowieso nie richtig scharf auf die Maklerei gewesen. Er hatte genug Geld. Ich hörte, er hätte angefangen, Theologie zu studieren, dann aber abgebrochen. Später hörte ich, er sei mit dem *American Friends Movement* ins Ausland gegangen, Friedensarbeit leisten, und habe sich Denguefieber eingefangen, weshalb seine Zwillingsschwester von Herkimer runtergezogen sei, um ihn wieder gesundzupflegen. Ein, zwei Mal sah ich ihn auf einem alten Schwinn-Roadmaster-Fahrrad die Seminary Street runterfahren. Dann erzählte jemand – Carter Knott –, Freddie würde einen Roman schreiben (das ist der letzte Außenposten für eine bestimmte Sorte verlorener Optimisten). Irgendwann lernte ich Sally kennen, wir zogen nach Sea-Clift, und ich dachte überhaupt nicht mehr an

Olive Medley – so sehr ruhte ich damals in meinem aktuellen Leben, dass ich keine Lust hatte, in Verbindung mit einer trüben Vergangenheit aus Scheidung, fernen Kindern, Tod und meinem ganz eigenen Herumhampeln und -taumeln an den Rändern des Lebens zu bleiben.

Bis zu einem Anruf letzte Woche oder vielleicht auch vor zehn Tagen, mit einer Nachricht, die Sally abhörte, ich aber nicht – wobei ich nicht vorhatte, deshalb irgendetwas zu unternehmen. Irgendwann sagte sie: »... Ich glaube, der kennt dich. Er hört sich nicht besonders gut an ...«

Später hörte ich das Band ab.

»Ja. Okay. Hier ist Olive, Frank. Bist du da? Olive Medley. Eddie. Hab dich seit einiger Zeit nicht gesehen. Seit Jahren, glaube ich. Du wohnst in der Wilson Lane, stimmt's. Nummer 60.« Ich erkannte Eddie wieder, aber zugleich auch nicht. Er war die heisere, rasselnde Stimme, die ich später auch im Radio hörte. Etwas Dünnes, Schwaches, das näselnd über die faseroptische Datenbahn keuchte. Nicht der Ausprobierer, den ich einst so mochte. Und keine Geräusche, von denen ich unbedingt mehr hören musste. »Ruf mich an, Frank. Ich sterbe.« (Husten!) »Fände es toll, wenn du mich besuchst, bevor es so weit ist. Olive hier.« (Konnte das sein, dass er sich immer noch Olive nannte?) »Ruf mich an.«

Ich hatte nicht vor, ihn anzurufen. Meiner Ansicht nach habe ich keinerlei Verpflichtung, zu reagieren, nur weil jemand bei mir anruft – das Gegenmodell zu meiner Maklerzeit.

Ungefähr fünf Tage später jedoch gab es einen Moment, als Sally – die gerade nach South Mantoloking aufbrechen wollte, um ihre Trauerbegleitungsarbeit fortzusetzen, ihr »Zurückgeben« an die Hurrikan-Hilfe (was mich immer mehr zum Staunen bringt und nur wenig besorgt) – mich im Bad betrachtete, wo ich mir gerade nach dem Duschen die Haare kämmte. »Der Mann, der letzte Woche zwei Mal anrief, wer immer das war, hat jetzt nochmal angerufen«, sagte sie. »Es klingt wichtig. Kann es sein, dass er Arthur heißt?« Sally beginnt Gespräche mit mir oft so, als würden sie Unterhaltungen von vor zwei Minuten fortsetzen, nur dass sie manchmal vor drei Wochen stattgefunden haben oder, auch das kommt vor, nur in ihrem Kopf. Seit dem Hurrikan lebt sie sowieso viel in ihrem Kopf.

»Olive«, sagte ich und runzelte beim Anblick eines neuen dunklen Flecks an meiner Schläfe die Stirn. »Olive Medley.«

»Ist das ein Name?« Sie sah von der Tür herüber.

»Ein Spitzname. Früher mal.«

»Frauen geben sich nie Spitznamen«, sagte sie, »höchstens fiese. Warum eigentlich?« Sie drehte sich um und ging die Treppe hinunter. Ich sagte nicht, dass ich nicht vorhätte, Eddie zurückzurufen. Sally und ich sind oft verschiedener Ansicht über das Leben an sich, Differenzen, die vielleicht unsere Gemeinschaft als engagierte Zweitehepartner nicht gerade stärken, aber keinen Schaden anrichten – was als gut gelten kann. Sally versteht das Leben als eine Sache, die auf natürliche und faszinierende Weise zur nächsten führt; während ich es eher im Sinne der überlebten Niederlagen begreife, der Momente, in denen sich dankenswerterweise – aber vorübergehend – keine Hindernisse am Horizont abzeichnen. Sally fände es immer gut, einen alten Freund wiederzutreffen. Ich muss mit so etwas von Fall zu Fall umgehen, und das Ergebnis ist jedes Mal wieder offen.

In Wahrheit bin ich seit Monaten dabei – was in meinem Alter (achtundsechzig) seltsam anmuten mag –, mich so vieler Freunde wie möglich zu entledigen, und bin ehrlich überrascht, dass das nicht viel mehr Leute tun, als einfaches, praktisches Mittel, um wohlverdiente Klarheit in dieser späten Spielphase zu erlangen. Bei gelebtem Leben dreht sich, vor allem, wenn man erst mal erwachsen ist, immer alles um die Frage, was überflüssig ist, die zur nächsten führt – was sich reduzieren ließe. In meinen Augen ist dieses Reduzieren aber nicht weniger gut als alles, was früher geschah – und es fällt echt leichter.

Soweit ich es beurteilen kann, ist kein Mensch dafür gemacht, furchtbar viele Freunde zu haben. Ich habe mich über dieses Thema eingelesen, und Statistiken vom Coolidge Institut (die sowieso eher unfreundlich sind) zeigen, dass jeder von uns maximal 40 Prozent seiner begrenzten Zeit den fünf wichtigsten Menschen widmet, die er kennt. Da die investierte Zeit die Qualität einer Freundschaft bestimmt, ist es ziemlich unmöglich, mehr als fünf echte Freunde zu haben. Aus diesem Grunde habe ich mein Zeitkontingent mit wichtigen anderen in Zeit mit Sally, mit meinen zwei Kindern (die zum Glück in fernen Städten leben) und mit meiner Exfrau Ann aufgeteilt (die jetzt in einer hochpreisigen, unbehaglich nahe gelegenen »Pflegeeinrichtung« lebt). Was noch einen wichtigen Platz offen lässt. Und den, so habe ich beschlossen, werde ich mit mir selbst besetzen – ich mache mich selber zu meinem letzten besten Freund. Die verbleibenden 60 Prozent lasse ich für Unerwartetes offen – obwohl ich einmal pro Woche im Radio für die Blinden lese und jeden Donnerstag zum Flughafen Newark Liberty fahre, um unsere heimkehrenden Helden zu Hause zu begrüßen, was natürlich einen guten Anteil Extrazeit schluckt.

Wie die meisten Leute war auch ich noch nie ein besonders guter Freund – eher ein gelegentlich passender Bekannter, das gefiel mir am Klub der Geschiedenen Männer so. Zu Menschen wie mir passt es perfekt, Immobilien zu verkaufen, beim Sportjournalismus war's ähnlich – zwei Sachen, die ich ziemlich gut konnte. Schließlich bin ich das einzige Kind älterer Eltern, die auf mich gesetzt haben – bessere Familienumstände zum Erwachsenwerden findet man in Amerika nicht. Aber deshalb hatte ich auch nie sehr viele Freunde und war immer fasziniert von dem, was die Erwachsenen machten. Das Standardmodell amerikanischen Lebens sieht, vor allem in den Vorstädten, so aus: Wir alle haben auf der anderen Seite unseres Gartenzauns einen grinsenden Thorny Thornberry, mit dem wir ins Stadion gehen oder in einer Bar an der Landstraße alles Mögliche bekakeln, bis tief in die Herbstnacht hinein: einen Freund, der dir beim Handschmirgeln der genau richtigen abgeschrägten Kanten der Kiefernplanken für das Kanu hilft, das ihr nächsten Juni zusammen in den Lake Naganooki setzen wollt, um eine Runde Zander zu angeln. Nur dass mein Schicksal anders lief. Die meisten meiner Freundschaften entstanden im Lauf der Jahre ganz klar aus Zufallsbekanntschaften, und der Kontakt blieb stets flüchtig. Aber ich habe nicht das Gefühl, ich hätte deshalb etwas versäumt. Es ist im Grunde wie mit vielen Dingen, die wir irgendwann nicht mehr an uns bemerken: Wenn unser Leben erst mal ziemlich fortgeschritten ist, sind wir so, wie wir sind, weil es uns entspricht. Es hat uns glücklich gemacht.

Freundschaft ist mir immer eher überschätzt vorgekommen. Wenn im Jahrbuch meiner Militärschule früher irgendein armer Kadett an den Spruch »ein treuer Freund« gefesselt wurde, dann hieß das immer, er war ein Paria, über den sich sonst nichts sagen, für den sich sonst nichts tun ließ. Dito auf dem College. Angeblich – so stand es auch in der Coolidge-Studie – hat emotionale Nähe um 15 Prozent abgenommen (das ist seit zehn Jahren der alljährliche Mittelwert), was an der sozialen und wirtschaftlichen Mobilität und deren erodierender Wirkung auf »echte Verbindungen« liegt – die wir wahrscheinlich sowieso entbehren konnten. Ich habe einiges in meinem Leben und meinen Gedanken, das ich möglicherweise mit einem Freund würde »teilen« wollen, aber in Wirklichkeit habe ich am Ende gar nichts darüber zu sagen. All die Informationen, die wir ständig sammeln und in unseren Hirnen lagern, um sie später mal gebrauchen zu können ... was soll ich oder irgendwer sonst mit dem ganzen Zeug anfangen? Schon gar mit achtundsechzig Jahren. Was soll ich zum Beispiel damit anfangen, dass Gürteltiere Lepra übertragen? Dass die Zahl von Hundebissen stetig zunimmt? Oder dass es immer mehr Konfessionslose gibt und einen Trend zu weniger gemeinnützigem Engagement? Oder dass Tsetsefliegen ihre Jungen stillen, genau wie Pandabären? Ist mir schleierhaft. Ich könnte es auf Facebook oder Twitter stellen. Aber, wie Eddie Medley sagt: Jeder weiß alles und weiß jetzt schon nicht, was er damit anfangen soll. Ich bin natürlich gar nicht bei Facebook. Meine Frauen allerdings schon, beide.

Ist diese »Einsparung anderer« nur eine plumpe, verstärkende Verteidigungsmaßnahme gegen den allmählichen Angriff des Todes (wie die Hälfte der Geschworenen vielleicht argumentieren würde)? Oder ist sie, wie die andere Hälfte bestätigen würde, eine plumpe, verstärkende Akzeptanz genau desselben Phänomens? Ich würde sagen, weder – noch. Ich würde sagen, es handelt sich schlicht um ein gutgemeintes, unvoreingenommenes Verschlanken des Lebens in Erwartung der letzten, aufregenden Absackmomente in der Achterbahn. Und bei dieser Fahrt will ich nicht noch abgelenkter sein, als ich es ohnehin schon bin.

Wie dem auch sei, die meisten meiner Freunde sind sowieso schon tot oder, wie Eddie, bald. Jede Woche, wenn ich *The Packet* lese, geht mein erster Blick zu dem Kasten namens *Richtigstellungen* auf Seite zwei, wo konzis und verlässlich Rechnungen beglichen werden, ein für alle Mal. Es ist befriedigend, wenn wenigstens irgendetwas richtig ist – egal, worum es sich handelt –, und sei es beim zweiten Anlauf. Und sobald ich dann sehe, dass irgendwer, den ich kenne, abgekratzt ist, lese ich zumindest einen der Nachrufe auf einen Nichtpromi – in den Zeitungen von anno dazumal war das die Seite mit den »Toden anderer« (also keine Viersternegeneräle oder neunzigjährigen Schauspielerinnen oder Baseball-Spitzenspieler aus der ehemaligen Negerliga). Ich tue dies natürlich als Hommage an die Verstorbenen, aber auch, um in aller Ruhe zur Kenntnis zu nehmen, wie viel jegliches Leben tatsächlich beinhalten kann (eine Menge!), und zugleich anzuerkennen, dass für uns alle der Punkt kommt, an dem der größte Teil des Lebens hinter uns liegt, also viel weniger davon da ist als früher mal, aber das, was noch da ist, darf man weder versäumen noch einfach halb umnachtet verschleudern. Das ist ein echtes Korrektiv zu unserem schwammigen, bedenklichen Schaudern vor dem »Ende«. Das Aussortieren von Freunden (ich könnte eine Liste liefern, aber wozu die Mühe, es gab nicht so viele) ... das Aussortieren von Freunden, zusammen mit diesen kleinen intimen Akten korrektiven Denkens, hat für mich die Bedeutung des Todes im Vergleich zu früher deutlich heruntergefahren; aber was noch besser ist: Die Bedeutung des Lebens hat es gesteigert.

Bislang habe ich mich darüber noch nie mit Sally unterhalten, habe es aber vor. Sie würde mir nur sagen – da sie die Welt jetzt durch das Prisma der Trauer wahrnimmt –, dieses Gefühl sei in mir wegen des Hurrikans und seiner schrecklichen, anonymen Todesopfer entstanden; und meine Handlungen (Freunde auszusortieren usw.) seien eine Variante tiefer Trauer, wozu sie mir Ratschläge geben könnte, wenn ich sie ließe. Seit Oktober kümmert sie sich an der Küste um ältere Bewohner New Jerseys, die alles verloren haben, und versucht, ihnen – bei Durchschnittsalter einundneunzig – noch irgendwelche Zukunftshoffnungen zu machen. (Was könnte das sein?) Wobei mir in letzter Zeit immer häufiger aufgefallen ist, wie sie mich anstarrt, etwa an dem Tag, als ich mir im Bad die Haare kämmte und sie mich nach Eddie fragte. Fast ist es, als wollte sie mich mit dem Starren fragen: »Wo bist du eigentlich hergekommen?« Oder, genauer: »Wo bin ich hergekommen? Und warum bin ich jetzt hier?« Ich ordne das als ein Trauerbegleitungssyndrom ein, das bestimmt gut dokumentiert, bloß mir leider unbekannt ist, selber aber auch eine der Folgen des Hurrikans, von denen die Anrufer bei WHAD ständig reden. Sally lernt gerade für ihr staatliches Trauerbegleitungs-»Zertifikat«, bislang ist sie nur eine erwachsene Azubi – obwohl sie sich als geschickt erwiesen hat und vor Ort viel gefragt ist. Wollte man sie, die sich als Trauerbegleiterin schwer engagiert bei ihrem schweren Geschäft, und mich, der ich bloß an der Seitenlinie stehe und meiner Meinung nach nicht offen trauere, miteinander vergleichen, könnte man leicht vermuten, dass ich entweder indifferent bin oder unter noch schlimmerer Trauer leide, als man ahnt. Oder drittens, dass ich ein Unzufriedener mit zu viel Freizeit bin, der bessere Gelegenheiten finden muss, sich nützlich zu machen. Schwer zu sagen, was davon zutrifft, nicht nur in meinem Fall.

An einem anderen Tag, als mir Sallys unverhüllt taxierender Blick auffiel, den sie sich in letzter Zeit angewöhnt hat, sagte sie – mit gerümpfter Nase, als röche sie etwas Übles –: »Schatz, hast du eigentlich je daran gedacht, deine Memoiren zu schreiben? Ich finde ja deinen Lebensweg ziemlich interessant.«

Das ist er überhaupt nicht. Ich habe ein prima Leben, größtenteils, aber keinen »Weg«. Da spricht nur die angehende Profi-Psychotante aus Sally, die mir Kompliment und Ermutigung aussprechen will – eine Art von freischaffender Beratung. Außerdem, auch wenn das weniger sympathisch ist, gibt sie damit dem Pseudokonzept von einem »Weg« ein sinnloses Eigenleben. Mit anderen Worten, sie gibt mir etwas anderes zu tun, als ich gerade zu tun habe – was, zum Glück, so viel nicht ist.

»Eigentlich nicht«, sagte ich in Bezug auf die Frage nach Memoiren und Lebensweg. Zu dem Zeitpunkt rutschte ich gerade auf den Knien herum und zog unter der Küchenspüle das Gewinde der Abflussabdeckung fest, wo wegen einer undichten Muffe einige Dielen durch sickerndes Wasser verrottet waren. Ich hatte nicht ganz die Wahrheit gesagt. Vor Jahren, als meine Karriere als Romancier den Bach runterging und bevor ich mich als Sportreporter in New York verdingte, hatte ich (ungefähr zwanzig Minuten lang) erwogen, »etwas Autobiografisches« über den Tod meines kleinen Sohnes Ralph Bascombe zu schreiben. Das kommt Memoiren doch ziemlich nahe. Damals fiel mir aber nur der Titel ein, »In den Händen eines geringeren Schriftstellers« (was mir nur angemessen erschien), und ein guter erster Satz: »Ich habe Idioten immer gut ertragen, deshalb kann ich nachts tief und fest schlafen.« Ich hatte keine Ahnung, was das heißen sollte, aber kaum hatte ich es hingeschrieben, hatte ich nichts mehr zu sagen. Das geht den meisten Memoirenschreibern so, aber sie arbeiten angestrengt daran, eine Berufung daraus zu schmieden. »Übrigens«, sagte ich unter der Spüle hervor zu Sally, »habe ich in letzter Zeit verschmutzte Wörter aus meinem Vokabular stillgelegt. Vielleicht ist dir das noch nicht aufgefallen. Ich führe ein Inventar.« Ich reckte meinen Kopf herum und lächelte sie vom Küchenboden aus an wie ein glücklicher Klempner. Ich wollte ihren Vorschlag nicht einfach so abtun, aber ich wollte auch nicht ernsthaft darüber nachdenken. Ich wusste, das mit der Stilllegung konnte sie auf den Gedanken bringen, ich sei aus dem Gleichgewicht geraten. Sie ist sowieso davon überzeugt, dass ich, weil ich eine glückliche Kindheit hatte, bergeweise üble Dinge verdrängt habe (hoffentlich hat sie recht). Falls ich jetzt auf die Idee käme, ihr zu erzählen, dass ich Freunde aussortiere, würde das nur ein noch hieb- und stichfesteres Argument dafür liefern, dass ich irgendeine »verborgene Trauer« nicht loslassen konnte – wofür ich aber keine Indizien sehe und woran ich auch nicht glaube.

Sie warf mir erneut so einen »Blick« zu – ausgestellte Hüfte, Schmollmund, gerunzelte Stirn, verschränkte Arme, rechter Fuß auf dem Absatz wippend, so wie man in der Apotheke in der Schlange steht, wenn alles zu lange dauert.

»Würdest du mir eine Frage beantworten?« Ihre Daumen berührten ihre Fingerspitzen, an beiden Händen – einmal, noch einmal, wie zwanghaft.

»Ich will's versuchen«, sagte ich und zog das Gewinde am Abfluss mit einer Rohrzange fest, die viermal größer war, als ich sie brauchte, aber da sie früher meinem Vater gehört hatte, war sie heilig.

»Was denkst du von mir?«

Unter der stinkenden Spüle eingezwängt – da wohnten Reinigungsmittel in Plastikflaschen, ätzende Flüssigkeiten, siffige Schwämme, Glitzis, farbenfrohe Schrubber, ein paar schmierige Mausefallen und der süß riechende Mülleimer aus gelbem Plastik, ungesund nah an meinem Gesicht –, schaffte ich die Rückfrage: »Warum willst du das wissen?«

»Die Dinge können sich ändern«, sagte sie. »Das weiß ich.«

»Nicht alles«, sagte ich. »Deshalb sind die meisten Memoiren auch nicht gut. Es braucht ein Genie, um diese Tatsache interessant zu machen.«

»Aha«, sagte Sally.

Ich glaube, sie wollte mit dieser unmotivierten Frage eigentlich herausfinden: »Was halte *ich* von *dir*?« Das ist keine ungewöhnliche

Frage. Wer verheiratet ist, stellt sie Tag und Nacht, wissentlich oder nicht, vor allem Veteranen der zweiten Runde wie wir. Sie sprechen das nur selten aus – Sally ja auch nicht. Ich wurde routinemäßig »evaluiert«. Das kommt vor. Aber etwas Autobiografisches wollte ich trotzdem nicht schreiben. Es reicht mir völlig, wenn ich für die Blinden lese und heldenhafte Soldaten am Flughafen daheim willkommen heiße, das ist »mein Beitrag« – und meine Therapie.

»Ich liebe dich«, sagte ich, als die Muffe sich befriedigend um das Rohr schloss und in das zuvor aufgetragene Silikon biss.

»Meinst du das wirklich?« Ihr hübscher Kopf, Gesicht, Mund und Augen waren über mir. Vielleicht blickte sie aus dem Küchenfenster in unseren verschneiten Garten. Unsere Nachbarn, die Anwälte, hatten das kahle Eichengeäst überall mit kleinen weißen Weihnachtslichtern aufgemotzt. Ihr Garten glitzerte und leuchtete. Sie sind Partymacher.

»Das denke und das lebe ich«, sagte ich, tastete das Rohr und das Silikon nach einem verdächtigen Rest Feuchtigkeit ab und fand keinen. Langsam machte ich mich mit meiner Riesenzange auf den Rückweg.

»Ich liebe dich. Ich …« Sally wollte noch etwas hinzufügen, dann hielt sie inne und trat beiseite, so dass ich mich, am Rand der Spüle Halt suchend, aufrappeln konnte. »Ich stehe wahrscheinlich unter Druck wegen meiner Klienten. Ich fühle mich da einfach nicht gesehen.« Sie trank einen Schluck Sancerre, den sie sich unbemerkt eingegossen hatte. Die kleinen Lichter in den Bäumen draußen blinkten in der dezemberlichen Nachmittagstrübnis. »Du betrauerst überhaupt nichts, stimmt's?« Eine Träne in ihrem linken Auge, aber nicht im rechten. Ihre wunderbare Asymmetrie. Eines ihrer Beine ist auch etwas kürzer als sein Gefährte – und doch vollkommen.

»Nein«, sagte ich. »Ich bin doch ein Glücksschweinchen.« Mein alter Michigan-Spruch. »Grunze ich das nicht aus?«

»Doch. Du grunzt es wirklich aus«, sagte sie. »War nur 'ne Frage. Entschuldige.« Und das reichte offenbar.

Heute Morgen, am ersten Weihnachtstag, stellte ich beim Aufwachen fest, dass ich an Eddie Medley dachte. Etwas in seiner Stimme, auf dem Anrufbeantworter und im Radio, heiser, brüchig, aber deutlich nach innen gewandt, drückte Pathos und Einsamkeit aus, Despektierlichkeit und unerwartetes Erstaunen. Schon mehr von dem Ausprobierer, als ich zunächst gedacht hatte, aber überlagert von dicken Schichten Krankheit und Zeit. Selbst in seinem ausgelaugten Zustand ging etwas von ihm aus, was modernen Freundschaften nie gelingt, so viel Zeit wir auch immer für sie aufwenden: die Verheißung einer *möglicherweise* interessanten Erkenntnis, bevor-der-Vorhang-zufällt-und-alles-dunkel-wird. Irgendwie ging es darum, dass man all die Jahre immer nur mit demselben alten Ich lebt – aber irgendwann reicht's. Ich kannte sonst niemanden, der so dachte. Außer mir selbst. Und was auf der Welt ist interessanter als jemand, der so denkt wie du?

Aber trotzdem. Kein Mensch möchte gern einen sterbenden Mann treffen – nicht mal die eigene Mutter. Hätte ich vor dem heutigen Tage auch nur ein Mal an Eddie gedacht, dann wäre er auf der Aussortierliste gelandet. Doch da ich nichts mehr tun muss, was ich nicht tun will, kann das aktive, hartnäckige Widerstreben, das ich empfinde, zu einem ganz eigenen, kraftvollen Reiz werden, der das anscheinend Unerwünschte nachgerade unwiderstehlich macht. Wie der alte Trollope sagte: »Es ist gewiss nichts so mächtig wie ein Gesetz, dem man nicht zuwiderhandeln darf.« Ich könnte Eddie zumindest mal anrufen.

Also ging ich in den »Lila Seiten« von Haddam auf die Jagd. Ein Edward Medley wohnte immer noch in der Hoving Road 28, gegenüber und vier Häuser weiter von dem früheren Tudor-Haus, das ich mit meiner Familie bewohnt hatte und das seit langem für den Protzkasten eines Reichen plattgemacht worden ist. Damals waren solche Häuser in der Stadtlandschaft von Haddam noch verbreitet, inzwischen weniger, dank dem eingebrochenen Immobilienmarkt und Bushs Rezession, für die Obama den Kopf hinhalten musste.

Ich stand in der Küche und wählte Eddies Nummer – eine Möglichkeit, nicht mehr. Ein wässrig-warmer, halb sonniger, frühlingshafter Morgen ließ die Baumstämme plötzlich alle feucht und schwarz und matt aussehen. Der Boden war vollgesogen, fast ohne Schnee, aber voller Pfützen – das Gras immer noch grün, die Rhododendronblätter entfaltet, als wäre es März. Drei Abende früher, als ich meine Exfrau Ann in ihrer schicken Einrichtung besuchen fuhr, wo sie mit Parkinson lebt, war der eisige Vorhang des Winters bereits runtergegangen – Regen, Graupelschauer, Schnee und Kälte in einem. Heute war alles vergeben und vergessen.

»Bei Mr. Medley«, sagte eine weich hallende, nach Bestattung klingende Stimme. Eine Männerstimme. Nicht Eddies.

»Hi«, sagte ich. »Hier ist Frank Bascombe. Kann ich Eddie erreichen? Er hat mir eine Nachricht hinterlassen. Ich rufe zurück.« Mein Herz fing an zu hämmern – bumpedi bumm bumm bumpedi. Ich wusste Bescheid. Eine Fehleinschätzung, womöglich eine schlimme – das milder werdende Wetter hatte wohl meinen Entschluss aufgeweicht, neben der Tatsache, dass ich zu viel Zeit habe. Hat man mir jedenfalls schon gesagt. Ich bewegte den Hörer in Richtung Wandhalterung, als hätte ich gerade den Kopf eines Einbrechers an meinem Fenster vorbeigehen sehen und bräuchte dringend ein Versteck, mit bumpendem Herzen …

»Ist da der alte Basset?« Eine drastische Stimme surrte durch den verlängerten Hörer und fing mich mit meinem Namen ein. Basset. Warum sind wir solche Idioten? Warum konnte die Patsche nicht einfach rechtzeitig auf sich aufmerksam machen, musste ich erst hineinrasseln? Fehler sind Fehler, lange bevor wir sie begehen. »Frank?« Eddie – heiser, schwächelnd, Gespensterstimme und alles – hatte mich durch seinen Telefonlautsprecher in den Schwitzkasten genommen und klang auf diese Weise noch mehr dem Hades entstiegen als vorher. Kein Mensch, mit dem ich reden wollte. Ein großer, eruptiver Hustenanfall baute sich durch die Leitung auf. Ich hätte auflegen sollen, »schlechte Verbindung«, und dann bloß weg, durch die Haustür nach draußen. Die meisten Menschen geben sich schon damit zufrieden, wenn es jemand nur *versucht* hat. »Bist du da, Basset?«, brüllte Eddie. Sein verfilztes Lungengewebe machte ein besorgniserregendes, organisches Ächzgeräusch. »O Scheiße«, sagte er. »Hab den Mistkerl verloren.«

»Ich bin da«, sagte ich zögerlich.

»Er ist dran! Ich hab ihn. Okay!« Und wer immer diese Bestatterstimme hatte – ein Krankenpfleger, ein Hospizhelfer, ein »Gefährte« –, sagte im Hintergrund ebenfalls »Okay«.

»Wann kommst du rüber zu mir?«, brüllte Eddie. »Beeil dich lieber. Ich höre Glocken.«

Er hörte, gar nicht so weit weg in der Hoving Road, dieselben Glocken, die ich in meiner Küche hörte – das Glockenspiel der katholischen Großkirche St. Leo, das gerade *Angels we have heard on-high, sweetly singing o'er the plain* ... in die Welt hinausgongte.

»Tja ... Sieh mal, Eddie ...«, versuchte ich zu sagen.

»Warum hast du mich nicht zurückgerufen, du Sackgesicht?« Husten. Ächzen. Orgeltiefes »Ooohoooaa wow, Gott«.

»Ich rufe dich doch zurück«, sagte ich gereizt. »Das hier ist ein Rückruf. Ich tue es gerade. Ich war beschäftigt.« Bump-bump-bump.

»Ich bin auch beschäftigt«, sagte Eddie. »Mit Abkratzen. Wenn du mich noch lebend erwischen willst, kommst du besser gleich rüber. Willst du vielleicht gar nicht. Vielleicht bist du ja so ein Weichei. Bauchspeicheldrüsenkrebs hat in Lunge und Bauch gestreut. Bin auch nicht ansteckend ...«

»Ich ...«

»Ist aber echt effizient, das muss ich ihm lassen. Als der Scheiß erschaffen wurde, wusste einer, wie man Krebs macht. Vor zwei Monaten ging's mir noch gut. Hab dich lange nicht mehr gesehen, Frank. Wo zum Teufel warst du?« Husten, Keuchen. Und wieder »Ooohooa«.

Die sanfte männliche Stimme sagte: »Lehn dich einfach zurück, Eddie.«

»Okay. Auuuu! Das tut scheißweh. Auu. AUUU!« Irgendetwas knüllte und knisterte vor dem Hörer wie Weihnachtsfolie. »Was machst du da mit mir ... Frank? Kommst du?«

»Ich ...« Eddie war, das sah ich jetzt, viel zu sehr der Ausprobierer – so wie immer. Ich hatte ihn nie richtig gemocht, ob wir uns nun einig waren oder nicht.

»Ich was? Ich bin ein Arschloch? Erfüll einem Sterbenden seinen Wunsch, Frank. Ist das zu viel von dir verlangt? Scheint so. Meine Güte.«

»Okay. Ich komme«, sagte ich schnell – in der Falle, kläglich. »Bleib, wo du bist, Eddie.«

»Bleiben, wo ich bin?« Husten. »Okay. Ich bleibe, wo ich bin. Das krieg ich hin.«

Wieder die weiche Stimme. »Das ist gut, Eddie. Mach einfach ...« Dann war die Leitung tot. Ich war allein und außer Atem – in meiner Küche. Ein gezackter Goldfaden Sonnenlicht drang aus dem Garten zum eisigen Fenster herein und beschien die dunkle Arbeitsfläche vor mir. Mein Herz ging weiter ab wie eine Rakete, meine Hand umklammerte den Hörer, aus dem eben noch jemand zu mir gesprochen hatte, der jetzt weg war. Zu schnell. Von Widerstreben zu Fügsamkeit. So hatte ich mir das nicht vorgestellt. Vielleicht hatte ich wirklich nicht genug zu tun. Ich musste Strategien finden, um solche Augenblicke zu vermeiden.

Eine nagende Bedrängnis hat meinen Tag und mein Ich gekapert. Pläne, die ich vielleicht gehabt hätte, sind den Bach runtergegangen. Das Packen für meinen Trip nach Kansas City am ersten Weihnachtstag findet später statt. Üben – für die Blinden-Lesestunde – wird verschoben (ich lese Naipaul – immer knifflig). Ich weiß, ich habe behauptet, sechzig Prozent der verfügbaren Zeit für Unerwartetes zu reservieren – in diesem Fall ist es ein wachrüttelnder Aufruf zu einer guten Tat. Aber am liebsten will ich nichts tun, was ich nicht tun will.

Und doch bin ich binnen einer halben Stunde aus der Tür raus, bei meinem Auto, an diesem feuchten, milchigen, winterwarmen Vormittag. Eine große L-10 pfeift gerade über meinen Kopf hinweg, so niedrig, dass ich fast die winzigen Gesichter erkennen kann, perplex starren sie auf die mittlere Ebene von New Jersey, die sich da vor ihren Augen wie zur Begrüßung breit macht. An den seltenen Tagen mit Seewind werden die Einflugschneisen nach Newark Richtung Westen verändert, und die Neuankömmlinge aus Paris und Djibouti rumpeln knapp über den Baumwipfeln herein, da könnten wir auch gleich in Elizabeth wohnen. Die derzeitige Warmfront sagt uns aber auch, dass anderes Wetter von Ohio rüberzieht, eine fröhliche weiße Weihnacht für die klugen Daheimbleiber, allerdings ein Albtraum für die Unvorsichtigen – wie mich –, die am ersten Feiertag ihre Bonusmeilen abfliegen wollen. Ich hatte für Weihnachten die Idee – ins Unreine gesprochen –, dass die ganze Familie zum Feiern ins olle San Antonio runterfliegt (es ist ein lebenslanger Traum von mir, das Alamo-Fort dort zu besuchen, das stolze Denkmal einer epischen Niederlage und epischen Widerständigkeit), alles auf meine Kosten, inklusive Unterbringung im *Omni*, Spiel der Spurs (früh in der Saison) und, als Sahnehäubchen, ein großes Weihnachts-*almuerzo* beim besten »echten Mexikaner«, den man für Geld kriegen kann – *La Fogata*, in der Vance Street (ich habe recherchiert). Dann könnten gewisse Familienmitglieder den River Walk entlangwandern und tun, wozu gewisse Familienmitglieder Lust hätten, während Sally und ich einen Ausflug mit dem Wagen hoch zum Pedernales River und den Gedenkstätten von Lyndon B. Johnson machen könnten – Orte, die für unsere Generation von intensivem Interesse und großer Bedeutung sind; dann zurück über Austin, damit ich den Turm des Charles-Whitman-Amoklaufs von 66 sehen könnte, dann am 28. einen Southwest-Flieger besteigen und wieder zurück in unseren Garden State.

Nichts davon klappte. Sally beschloss, die Trauernden von South Mantoloking bräuchten sie mehr als ich »an diesen heiklen Feiertagen«. Clarissa in Scottsdale hat derzeit »eine Baustelle« mit ihrem Bruder, der den Gartenmarkt um eine Mietkauf-Agentur in der Halle nebenan erweitern will – sie und ich sind dagegen. Die beiden reden nicht mehr miteinander. Auf unsere Ablehnung hin hat Paul verkündet, das Alamo (in seiner Aussprache: »à la mode«) sei immer ein Treppenwitz der Weltgeschichte und eine Verschwendung von Zeit und Blut gewesen, außerdem solle sowieso keiner jemals nach Texas fahren. Stattdessen beharrt er darauf, ich solle nach Kansas kommen, wo er mich mit seinen Mietkauf-Theorien in die Mangel nehmen kann. Nicht sehr verlockend, ehrlich gesagt. Aber ich habe mich dafür entschieden, denn es gibt Tage (das gilt bestimmt für alle Väter), an denen ich meinen überlebenden Sohn furchtbar vermisse – so komisch er sein mag und immer bleiben wird. Außerdem will ich Weihnachten nicht allein zu Hause sitzen.

Aber heute Morgen frage ich mich, wie klug meine Entscheidung ist – wir könnten in Newark durchaus bis zum Hintern eingeschneit werden. In der Welt von heute sollte niemand nagende Bedrängnis empfinden ohne die Beruhigung, dass es einen naheliegenden Grund dafür gibt, auch wenn man ihn nicht kennt.

Während ich Richtung Chorkolleg fahre und zu Haddams Westend abbiege, wird mir klar, dass mein Viertel um die Wilson Lane sich sehr verändert hat, seit ich hier Häuser verkloppt habe und meine Kinder klein waren. Was dem beiläufigen Beobachter vielleicht gar nicht so auffiele.

Die meisten kleinen Fachwerkhäuser in den Präsidentenstraßen auf ihren handlichen, 15 Meter breiten Grundstücken haben sich seit den boomenden neunziger Jahren nicht groß verändert. Wobei der Wohnbestand allmählich in weniger vertrauenswürdige Hände übergegangen ist – Banken, abwesende Besitzer, Wochenendler aus Gotham und Besitzverwalter. Sie halten die Häuser meistens prima instand, aber nicht so, als ob in jeder Behausung selbst jemand wohnen würde, wie früher.

Und weitere Veränderungen sind schon absehbar. Eine Sondergenehmigung für einen Chiropraktiker. Der Umbau einer Wohnung, wo bis vor kurzem eine Witwe gelebt hat und nun gestorben ist, in eine kleine Anwaltskanzlei. Ein holistisches Wellnesscenter mit Pilates- und Reiki-Gurus, ein Online-Reiseagent und ein Kopierladen. Von da ist es nicht mehr weit bis zu einem Kifferladen, einem T-Shirt-Warenhaus, einem MediaMarkt und einem Tattoo-

und Nagelstudio. Gemischte Nutzung – das Ende des Lebens, wie wir es kennen. Wobei ich jede Wette eingehe, dass ich eher zur letzten Ruhe finde, als dieser schlechte Tag anbricht. Falls es einen gemeinsamen Geist in meiner Generation »vor 45« gibt, dann unsere feste Absicht, tot zu sein, bevor die große Scheiße über uns hereinbricht wie ein Tsunami.

Im Laufe der acht Jahre, seit Sally und ich von Sea-Clift hierher zurückgekehrt sind, sind wir unseren Nachbarn nicht besonders nahegekommen. Wenig Klatsch und Tratsch übern Zaun, keine »Bush«-Trommel. Selten, wenn überhaupt, eine spontane Einladung auf ein Heineken. Keine Super-Bowl-Partys, Potlatsch- oder Einzugsfeiern. Unser Nachbar könnte ein Pionier der US-Atombombenentwicklung sein, ebenso gut aber auch Tolstois Enkelin oder irgendein Serienkiller à la John Wayne Gacy. Man würde es kaum bemerken, es scheint auch keinen zu interessieren. Nachbarn sind ein weiteres Überbleibsel längst vergangener Zeiten. Wogegen ich gar nichts habe.

Aber vor einem Monat, kurz nach Thanksgiving, fand ich einen Brief im Kasten, der handschriftlich (mit Bleistift) an die BEWOHNER adressiert war. Auf einem einfachen linierten Blatt Papier wie von einem Collegeblock stand in Großbuchstaben: »Sir oder Madame. Ich heiße Reginald P. Oakes. Ich wurde 2010 wegen Unzucht mit Minderjährigen verurteilt. Jetzt wohne ich in der Cleveland Street 28 in Haddam, New Jersey.«

»Das müssen die machen«, erklärte mir Sally, die gerade am Esstisch einen Klientenbericht fertigstellte. Als Trauerbegleitungs-Auszubildende ist sie inzwischen versiert in allem, was die Öffentlichkeit schützt und kindgerecht ist. »Das gehört zu ihrem Entlassungsdeal. Wenn du jetzt eine Petition ans Gericht schickst, muss er umziehen. Ziemlich unfair, wenn du mich fragst.«

Ich widmete der Sache wenig Aufmerksamkeit, aber *nicht* gar keine Aufmerksamkeit.

Nicht lange zuvor, im August, war schon ein Brief aufgetaucht, mit offiziellem blau-weißem American-Express-Briefkopf und an mich adressiert. Er enthielt eine nagelneue AMEX-Kreditkarte auf den Namen eines Muhammad Ali Akbar, den hier im Viertel, soweit ich feststellen konnte, niemand kannte. Diesen Brief brachte ich höchstpersönlich aufs Polizeirevier von Haddam, hörte dann aber nichts mehr. Als Nächstes erlaubte die Garden State Bank, die im Herbst zwei Häuser in unserem Block hatte zwangsversteigern lassen, derselben Polizei, in einem der leerstehenden Häuser unserer Straße Geiselbefreiungen zu simulieren, zu Übungszwecken. Wir standen alle im Garten und beobachteten ein Sondereinsatzkommando, wie es die Haustür eines Townhouse aufbrach, das der Tochter eines früheren demokratischen Bürgermeisters gehört hatte, bis sie sich scheiden ließ und auf der Straße landete. Es wurde wild herumgeschrien, Megafone blökten, Lichter blitzten, Sirenen jaulten, dazu tauchte noch irgendein Roboter auf. Und schließlich wurde eine zierliche afroamerikanische Frau (Officer Sanger, die wir alle kennen) in Handschellen abgeführt und »in Sicherheit gebracht«.

Es ist alles andere als klar, inwiefern solche Ereignisse Veränderungen voraussagen, die mir einen vietnamesischen Massagesalon als neuen Nachbarn bescheren. Aber es geschieht – so wie man die Verschiebungen tektonischer Platten auch erst spüren wird, wenn das ganz große Erdbeben kommt und unsere Lebensqualität nach einem halben Tag im Eimer ist.

Alle Anzeichen halten genauerer Betrachtung stand: wie oft pro Monat das Veterinäramt in deinem Block aufkreuzt; ob die Dame von gegenüber ihren Gärtner aus Jamaika heiratet, damit er eine Green Card bekommt; wie oft nebenan ein bellender Hund auf dem Dach erscheint – als wäre man in Bangalore oder Karatschi; wie viele Koreaner aus demselben Familienclan sich im Lauf zweier Jahre hier einkaufen. Letzte Woche ging ich zum Bürgersteig und brachte Streusalz aus, damit der Postbote, der zufällig Scott Fitzgerald heißt, nicht ausrutscht und mich am Ende noch verklagt. Und mitten auf dem eisverkrusteten Gras fand ich eine Oberkieferprothese – was so intim und schockierend wirkte, als hätte da ein Körperteil gelegen. Wer es da wohl hingelegt hatte – als Scherz, aus Frust, als Racheakt oder einfach als Vorzeichen der Dinge, die da kommen werden und die in unserem Spätstadium der Zivilisation nicht mehr interpretiert werden können. Mein alter, jetzt verstorbener Freund Carter Knott (ein Alzheimer-Patient, der in einer Winternacht mit dem Kajak beim Leuchtturm von Barnegat lospaddelte und nie mehr ans Ufer zurückfand) sagte immer zu mir: »Genies sind Leute, die Trends vorhersehen, Frank, diejenigen, die Orion sehen, wo wir anderen nur einen Haufen hübsche Sterne erkennen.« Was hier und jetzt um mich herum – in meinem eigenen Viertel – zu einem Trend wird, werde ich ganz sicher mangels Zeit oder Genie nicht rauskriegen.

Doch als ich jetzt die Hodge Road in Richtung gutbetuchtes Westend kreuze – mit heruntergelassenem Fenster, um die ungewöhnlich frühlingshafte Brise hereinzulassen –, fällt mir ein salzig-schwefliger Geruch auf, der in der Luft hängt, als wäre die Beleidigung des Hurrikans verdampft und zwei Monate später ins Hinterland gezogen, eine neue beißende *Atmosphäre* im Schlepptau, die jeder spürt und lieber ignorieren würde. Am Ende sind die Radioanrufer gar nicht so verrückt.

Eddie Medleys großes Stadtherrenhaus in der Nummer 28 hat sich in meinen Augen seit den Glanzzeiten des Erfinders wenig verändert, seit Mammon, schwedischer Frau, Booten, Karossen, Reisen und dem Motto des grinsenden Geldsacks: »Scheiß drauf, wir sind doch alle Kumpels hier«. Eddies Haus ist eins der alten, hochgeschätzten Westend-Ranchos, die weit von der Straße zurückgesetzt stehen, sie lassen sich nur kurz durch die Liguster und Eiben und Rhododendren hindurch erspähen, zwischen denen die Auffahrt sich entlangschlängelt. Ann war immer neidisch auf Eddies Haus, »mein perfektes Haus«, sagte sie und tat unser altes Tudor-Haus aus Stein und Holz als Kitsch ab – was es auch war, mit voller Absicht. (Ich habe es geliebt und Trauer getragen, als es von einer Familie rechtslastiger Braunhemden aus Kentucky abgeräumt wurde, Ur-Tea-Party-Typen, die die Präsidentschaftskandidatur des ehemaligen Ku-Klux-Klan-Chefs David Duke unterstützten und in den Kohlenbergbau-Hügeln eine Privatarmee bereithielten, sich am Ende aber davon entmutigen ließen, wie viele Juden an der Küste leben – eine Menge –, und sich wieder nach Ironville zurückzogen, wo alles von nichtjüdischen Weißen gemanagt wird.)

Eddies Haus wuchert wie Hölle in die umstehenden Bäume hinein, mit »Flügeln«, die an das ursprüngliche Gebäude im neogriechischen Stil, mit Säulen und Ziergiebeln, rangebaut wurden. Dafür waren diverse Besitzer vor ihm verantwortlich, die »mehr Spielraum« für die Kinder schaffen wollten und für Phalanxen neuer Gattinnen Tanz- und Yogastudios, Dunkelkammern, eine Galerie für die mesoamerikanische Kunstsammlung, Solarium, Herbarium, Druckerei, Treibhaus und Kinoraum. Plus eine Einliegerwohnung für die Omi und mehr als eine kuschlige Ecke für stille Einkehr, während die Herren des Hauses in Hongkong oder Dubai Mammutdeals abschlossen, um die Tonnen von Geld heranzuschaffen, die das alles kostete. Im Westend ist das keine ungewöhnliche Hausgeschichte. Mit dem unglücklichen Ergebnis allerdings, dass nur noch wenige von denen, die jetzt hier residieren, über ihr Domizil das Sagen haben – wie es bei bodenständigen Menschen der Fall ist. Das Geld rauscht herein, das Geld rauscht hinaus. Nur die Häuser – grandios und still und mehr wert als ihre Hypotheken – sind Zeugen der Leben, die vorübergehend in ihnen stattfinden.

Eddie stellt allerdings eine Ausnahme dar, denn er besitzt seinen zusammengeschusterten Plump-Protz-Kasten seit den Siebzigern, als er 350 Mille dafür hingelegt hatte; jetzt (wobei Eddies »jetzt« kurz davorsteht, sich in ein »damals« zu verwandeln) könnte er 4 Millionen einbringen oder mehr. Als ich auf dem Kiesschotter des Wendekreises zum Halten komme, der einen irgendwie weiblich inspirierten Kloß von Skulptur umschließt (könnte ein Henry Moore sein), fällt mir auf, dass sein Haus beträchtliche »Instandhaltungsverzögerungen« erlitten hat – das ist Maklersprech für Substanzschäden, die bald böse Löcher in die Brieftasche reißen werden. Eddies Haus könnte mal wieder gestrichen und das Dach neu gedeckt werden, Fensterbänke und -laibungen gehören erneuert, das Fundament und die Schornsteine aus Backstein neu verfugt, und die griechischen Säulen brauchen neue Sockel. Die Flügel scheinen sich abzusenken, was für ungelöste Feuchtigkeitsprobleme (oder Schlimmeres) spricht. Vier Millionen sind vielleicht doch zu optimistisch. Wobei Eddie das scheißegal ist. Aber wenn ein Emir, ein Oligarch oder ein afrikanischer Warlord mit BWL-Abschluss aus Wharton den Laden kaufen würde, wäre die erste Maßnahme der Totalabriss, genau wie die fanatischen Kentucky-Typen mein altes Haus plattgemacht haben und mit ihm binnen weniger Stunden die Vergangenheit und all meine alten Träume.

Als ich aussteige, schwingt Eddies weiße Haustür unerwartet auf, und heraus stolpert Fike Birdsong – ein Menschenwesen, das ich nun wirklich nicht sehen möchte, eine Augenweide der unglückseligsten Art. Fikes verbeulter alter Cherokee steht, wie ich jetzt bemerke, beim Haus in der Einfahrt, wo er mir vorhin nicht aufgefallen war, aber hätte auffallen sollen.

Fike ist ein Priester ohne Sprengel; ein Princeton-Absolvent aus Alabama mit Theologieexamen, bienenfleißig und ständig auf Zehenspitzen, der garantiert immer auftaucht, wenn man ihn überhaupt nicht brauchen kann, und dem niemand eine Gemeinde anvertrauen würde, und wenn sie nur aus Ziegen bestünde. Fike lungert seit Jahren in Haddam herum, er macht die Morgenandacht auf WHAD, springt am Flughafen Newark als »Delta-Kaplan« ein (Flugzeugabsturz-Dienst), er hält bei Beerdigungen und Hochzeiten die Andacht, wo niemand an irgendwas glaubt, aber alle trotzdem den Segen der Kirche wollen. Er ist außerdem ein ungeheurer Unterstützer von Romney und Ryan (natürlich prangt ihr Sticker auf seinem Auto) und benimmt sich seit den Wahlen, als hätte »Mitt« tatsächlich gewonnen und alle anderen wären nur zu blöd, das zu kapieren.

Fike ist übrigens auch ein grotesker Inlineskater. Ich sehe ihn oft die Seminary Street runterzischen, mit einem neongrünen *Zoom*-Helm, hautengen Protektorenhosen mit Sackschutz, alles viel zu knapp für seine aufgeschwemmten Körpermaße, dazu noch Knieschützer von der Uni Princeton in Orange und Schwarz. Er war schon ein paarmal verheiratet, hat links und rechts Kinder, wohnt in einer jämmerlichen kleinen Junggesellen-Mietwohnung in Penns Neck und tut immer so, als wären er und ich alte Freunde. Was wir nicht sind. Fike traut sich mir gegenüber nie, spirituelle Themen anzusprechen, er bleibt lieber möglichst bei der Politik der Rechten, wofür sein Herz schlägt, weil er möglicherweise glaubt, da wären wir uns einig. In einer Stadt von dieser Größe kennt man die Leute, ob man sie nun kennt oder nicht. Ich bin mir absolut sicher, dass

Fike einer »Gotteserfahrung« nicht näher gekommen ist als eine Ente dem Steuern eines Schulbusses. In dieser Hinsicht ist er ein typischer Südstaatler. Ich sehe ihn und möchte am liebsten sofort in mein Auto springen und die Kurve kratzen.

»Unserm alten Freund da drinnen geht's nicht so richtig gut, Frank. Tut mir leid, das sagen zu müssen.« Fike hat schon sein Weltschmerznicken eingeschaltet, bevor wir auf Gesprächsnähe sind (jedenfalls für die Murmeltonlage, die er als angemessen erachtet). Fike weiß, dass ich auch aus dem Süden stamme, und genießt es, seinen Akzent dick aufzutragen, als würde ich mich dann wohler fühlen. Tue ich mitnichten. »Er leidet ganz übel. Ich wollt mich nützlich machen und ihm die Beichte abnehmen. Aber da wankt und weicht er nicht.« Fike ist natürlich gar kein Katholik. Er ist Anhänger der *Church of Christ*, in der Pleistozän-Variante, aber das muss ihn ja nicht abhalten. Alles, was er sagt, hat einen gruseligen Unterton – ein Flattern seiner fleischigen, zuckenden Mundwinkel zeigt es an: Dieses ganze Ding mit der Spiritualität ist eigentlich scheißwitzig, bloß dass wir zwei beiden die Einzigen sind, die das schnallen. Gott. Tod. Trauer. Erlösung – der Brüller, wenn man es recht bedenkt. Fikes Morgenandachten haben alle diese süßlich christliche, witzelnde Pseudodespektierlichkeit, die den Allmächtigen wohlkalkuliert als alten Kumpel darstellt. »Warme Brüder haben es nicht immer warm.« (Wenn ich schon um sechs auf bin, höre ich manchmal rein, nur um mich zu ärgern.) »Wie nahe liegen der Nullpunkt und Wolke sieben beieinander?« »Lasst es nicht drauf ankommen, wenn ich euch da runterkomme!« (Einer seiner wenigen unbestimmten Verweise auf die Gottheit.) »Zum hohen Ross ist man schnell abgerutscht.« Bestimmt denkt Fike, das macht ihn den Leuten sympathisch, und dann engagieren sie ihn öfter für seine konfessionsunabhängigen Begräbnisauftritte. Unterm Strich aber ist

Fike kein Stück aufrichtiger in Sachen Gott als ein Versicherungs-vertreter.

»Was machst du denn hier, Fike?«, sage ich, um meinen Abscheu hinter einem Anschein von Neugier zu verbergen. Fike ist knapp mittelgroß, trägt eine schwarze Hornbrille, einen billigen schwar-zen Anzug und die seitengescheitelten Haare in einem Bürsten-schnitt, durch den seine Ohren tiefer wirken, und seine schwarze Priesteraktentasche enthält bestimmt das ganze schäbige Trickarse-nal seines Berufs – eine Phiole Weihwasser, ein paar schale Hostien, einen Weihwedel, ein Sortiment Kreuze, einen Manipel, ein Exorzis-ten-Set plus eine Großpackung Kaugummi und ein Exemplar von *Men's Health*. Speziell für heute trägt er außerdem einen lila Priester-kragen Marke Einheitsglaube, der verdecken soll, was immer er hier Übles im Schilde führt.

»Frank, wie du vielleicht weißt, bin ich seit einiger Zeit Eddies spiritueller Berater. Auf seinen Wunsch.« Fike stellt sich auf die Fuß-ballen, als hätte das, was er gerade gesagt hat, ihn gleich größer ge-macht.

»Wozu braucht Eddie überhaupt einen spirituellen Berater?«

»Diese Frage solltest du dir lieber mal selber stellen, Frank.« Fikes Mundwinkel zucken bedeutungsschwanger. Er ist dicker ge-worden, seit ich ihn das letzte Mal gesehen habe. Seine runden Wan-gen schimmern unentschieden rosa, so als hätte er sich vorm Verlas-sen des Hauses schnell noch reingekniffen.

»Das werde ich mich nicht fragen, Fike. Ich schaue ziemlich viel fern. Das muss reichen.«

»Ich begegne deiner guten Frau drüben in Mantoloking, Frank. Ich führe dort Beratungen durch. Ich kann dir versichern, sie leistet vortreffliche Arbeit. So viel Trauer ist nach dem Hurrikan unausge-sprochen geblieben. Wahrscheinlich weißt du darum.«

»Davon hat sie erzählt.« Wenn Fike noch ein Mal meinen Namen sagt, pack ich ihn bei seinem idiotischen Kragen und schleudere ihn zu Boden. Ich kann ihn nicht ausstehen, aber noch mehr ist er mir peinlich. Wobei mir schon bewusst ist, dass bei Peinlichkeit immer die Angst mitschwingt, der andere könnte eine Eigenschaft besitzen, die auch ich habe und die ich an mir mag. Den Anschein von Toleranz etwa. Bestimmt will Eddie Fike nur um sich haben, weil er so lachhaft ist.

Ein Paar große schwarze Krähen, die oben in Eddies elefantenhäutiger Blutbuche sitzen, krächzt lautstark auf uns nieder. Draußen höre ich einen TRASH-8-8-8-LKW über die Hoving Road poltern, die Stadt hat die Müllabfuhr jetzt outgesourct. Hier sind die Dienstleistungen besser als da, wo ich wohne. Wieder höre ich die Glocken, die Eddie hörte – sie gongen *Joy to the world, the Lord is come*...

»Sag mir mal eins, Fike.« Ich sage das, weil ich es nicht unterdrücken kann. »Warum zum Teufel kann man nicht einfach allein trauern? Als mein Sohn starb, habe ich mich selbst um meine Trauerarbeit gekümmert.« Leid, so habe ich gelernt, will sich gar nicht teilen oder halbieren lassen, genau wie die Natur keineswegs ein Vakuum verabscheut. Die Natur kommt mit Leerräumen ziemlich super klar.

»Frank, kennst du Horace Mann?« Fikes rosa Zungenspitze fährt einmal spitzbübisch um die Lippen herum. Er wird mir nicht antworten. Will ich eigentlich auch gar nicht.

»Nicht persönlich, nein.«

»Also, Frank. Horace Mann sagte – oder schrieb, ich habe gestern Abend seine Biografie gelesen, als ich versuchte, eine Weihnachtsandacht zu verfassen, die ein bisschen was auf den Rippen hat. Horace Mann sagte: ›Sie sollten den Tod fürchten – es sei denn, Sie hätten etwas für die Menschheit getan.‹ Das fand ich interessant. Etwas für die Menschheit tun.« Fike verschränkt die pummeligen Arme über seiner dicken Aktentasche und umschlingt sie wie einen rettende Planke, dann verzieht er den Mund zu einem kleinen runzligen Pfirsich, als wartete er nun darauf, was ich wohl als Nächstes sage. Fikes Finger sind schmal und hübsch wie die eines Mädchens, mit kurzen, rosigen, gepflegten Nägeln. Er ist eine seltene Sorte Arschloch.

Die großen Krähen krächzen weiter auf uns nieder, wie wir da auf dem feuchten Kiesschotter stehen. Uns beiden wäre garantiert am liebsten, wenn der andere weggehen würde.

»Darüber werde ich nachdenken, Fike. Danke.«

»Weißt du, Frank. Wenn ich an Gouverneur Romney denke, im Gegensatz zu diesem Präsidenten, den wir derzeit haben – das tue ich oft –, dann weiß ich, glaube ich, wer von ihnen den Tod mehr fürchtet. Du sicher auch.« Fike nickt. Seine feuchten Mundwinkel zucken hoch, runter, wieder hoch. Er bildet sich ein, er hätte gerade einen kleinen Sieg davongetragen. Ich gucke schnell auf die Stoßstange meines Sonata, ob der Obama-Sticker da noch klebt. Meistens behalte ich die. Nach Thanksgiving hatte ich angefangen, ihn abzukratzen, dann aber vergessen, es fertig zu machen. Das kleine Pastorenwiesel hier hat das gesehen – und deshalb »diesen Präsidenten« erwähnt. Das ist seine einzige Religion. Politik und Kohle. Gott ist bloß der Brotjob.

Ich sage gar nichts, starre ihn nur an. Wenn »dieser Präsident« den Tod fürchtet, dann weil er genau weiß, dass die Fike Birdsongs dieser Welt auf ihn angelegt haben. Einmal habe ich gesehen, wie Fike aus dem vietnamesischen Massagesalon draußen an der Route 1 kam – ein fensterloser Ytong-Flachdachbunker, früher eine Rusty-Jones-Autowerkstatt, mit einer fahrbaren Leuchtschrift davor. *Kum-Wow.* Ich könnte jetzt eine billige Anspielung machen. Fike könnte das in seine Weihnachtsandacht einbauen. Was Horace Mann über *KumWow* sagen würde vielleicht? Als Trost für unsere unausgesprochene Trauer? Bloß dass heute Heiligabend ist. Und selbst für einen Nichtgläubigen ist es einfacher, nicht zu insistieren. Allerdings frage ich mich, was Fikes Vater da unten in Fairhope wohl von ihm hält. Fike ist ungefähr so alt wie mein Sohn Ralph – gewesen wäre.

Fike starrt mich über seinen kleinen lila Priesterkragen hinweg hungrig an. Schweigen ist die beste Verteidigung gegen Nullen – damit sie einfach substanzlos werden, sich auflösen wie Nebel. Ich wittere den scharf-schwefligen Meereshauch, der von der Küste her ins Hinterland weht. Seine wispernden Wellen tragen Gefahren heran.

»Frank. Zeig dich nicht zu geschockt, wenn du den armen alten Eddie siehst. Okay? Er sieht heftig aus. Untendrunter ist er aber immer noch Eddie. Er wird sich bestimmt sehr freuen, dass du kommst.« Fike ist wieder selbstbewusst geworden – ganz von allein. Um das zu beweisen, verzieht er seinen Mund zu einer nach unten zeigenden Kurve, wie ein Banker, der eine Kreditverlängerung ablehnt. *Bong, bong, bong. Let eeeeevry hear-ar-art pre-pa-re hi-um roo-ooo-ooom and heavin'n nachure sing ...*

»Ich werde mich wappnen, Fike.«

»Vielleicht sehen wir uns im Radio, Frank?« Fike umklammert seine Aktentasche fester, bereits im Rückwärtsgang, als stünden wir uns in einer engen Seitengasse gegenüber. »Dieser Narpuhl, den du in der Sendung vorliest, gefällt mir. Obwohl ja nicht gerade viel passiert, oder?«

»Darum geht's ja gerade, Fike. Du sollst dich überzeugen lassen von Dingen, die du nicht sehen kannst.«

»Sieh mal einer an! Das ist ja genau, was ich predige, Frank. Das Überzeugtsein von Dingen, die man nicht sieht usw. Hebräer elf.« Das gefällt ihm jetzt. Seine Züge hellen sich deutlich auf, während er weiter zurückweicht. Wir haben unseren gemeinsamen Punkt gefunden – im Ungesehenen –, eine heilige Übereinkunft, die uns erlaubt, bis ans Ende aller Tage getrennte Wege zu gehen – und das tun wir nun. Ein Segen.

Eddies Haustür öffnet sich ein weiteres Mal, diesmal ist es eine dicke, knuffige schwarze Frau in engen roten Torerohosen, die über und über mit kleinen grünen Weihnachtsbäumen bedruckt sind. Sie wirft mir einen desinteressierten Blick zu und tritt zurück, um mich hereinzulassen. Ihre Oberbekleidung ist ein grüner OP-Kittel, dazu trägt sie stark zerbeulte weiße Schwesternschuhe. Um den Hals hat sie ein Stethoskop. In einer Hand hält sie einen Schwamm, als hätte sie gerade abgewaschen. Sie riecht nach Pfefferminz.

»Ich heiße Frank Bascombe«, sage ich, fast flüsternd. »Ich glaube, Eddie erwartet mich.«

»In Ordnung«, sagt sie, als ich eintrete. »Finesse«, fügt sie hinzu, und ich nehme das als ihren Namen. »Ich bin seine Hospizhelferin. Er hat ganz schön Rabatz gemacht beim Warten auf Sie.« Sie tritt zur Seite, führt mich nach rechts, aus der halbdunklen Eingangshalle und dem Empfangssalon des Haupthauses heraus – neogriechischer Stil, Schiebetüren, Bücherschränke, ein sonniger Frühstücksplatz, den man durch Türen zur Rückseite hin erkennt. Alles im Haupthaus ist in einem ultramodernen Siebziger-Jahre-Stil *gemacht* worden – glänzende Stahlrohr-Leder-Sessel, die Wände von Hand mit kühnen gezackten rot-grünen Streifen bemalt, darauf große Schwarzweißfotos von der Serengeti, Flechthütten, dem Kilimandscharo, einem riesigen, still daliegenden Fluss mit Nashörnern in voller Aktion, außerdem liegt massenweise Kunsthandwerk herum – ein zeremonieller Trommeltisch mit Zebrafell, ein Bündel Speere in einem Elefantenfuß-Schirmständer, Wände voller hohläugiger Masken und Schilde und Brustharnische aus Leoparden-fell – die Designseite des dunklen Kontinents. Alles ist still und wirkt unberührt. Wahrscheinlich hat hier kein Leben stattgefunden, seit die Dame des Hauses zurück ins Quadratschädelland geflogen ist und alles als ihre Gedenkstätte zurückgelassen hat.

Körpergröße und ausladender Gang von Finesse sorgen für einen pfefferminzigen Luftstrom, dem ich einfach folge. »Dachte schon, der komische kleine Priester da – keine Ahnung, was der war – würde gar nicht mehr gehen«, sagt sie, als würden sie und ich uns kennen. »Fice. Ist das nicht ein Hundename? Sie kenn ich aber noch nicht, glaub ich. Ein paar von ihnen hab ich schon kennengelernt.« Sie führt mich durch einen dunklen Kinoraum und weiter in ein vertäfeltes Männerarbeitszimmer mit Drucken aus *Vanity Fair*, gekreuzten Tennisschlägern aus Holz, den (anscheinend) vollständigen Harvard-Klassikern und einem großen Kaffernbüffelkopf, der finster von der Wand herunterstarrt. Dann kommen wir in einen Klubraum – Billardtisch, hochbeinige Stühle, Tiffany-Lampen, tiefdunkelrote Wände, Queueständer, Kreide, ein Dreieck aus roten Kugeln auf einem perfekt grünen Tuch. Auch hier scheint nichts benutzt zu werden. Pläne wurden gemacht. Und fallengelassen.

»Ich bin ein *alter* Freund.« Ich kann kaum Schritt halten. Durch Doppeltüren betreten wir einen kleinen, teuer beleuchteten Raum mit Seefahrtthema – messinggerahmte Seekarten, Messingarmaturen, Messingteleskope, Ankerwinden, Affenfaustknoten, Bootshaken, Belegnägel, Mastreling – fehlt bloß noch ein Verlies. Plus Wände mit riesig vergrößerten Hochglanzfotos von Eddie auf seiner geliebten Tore-Holm-Jolle, der *Jalina*, zu Ehren der fortgegangenen Gattin auf ihren Namen getauft und seit langem an Gläubiger verloren. Eddie ist unverkennbar (wenn auch verkleinert) der kühne Steuermann des großen 70-Fuß-Bootes, Bugspriet (oder wie das heißt) in Getöse und Gischt gerichtet, mit geblähten Segeln, der überglückliche Befehlshaber in weißen Hosen und Sonnenbrille, neben ihm die an seine Schultern geklammerte Jalina, deren stramm geflochtene Zöpfe hinter ihr herwehen (und ein Gesicht enthüllen, das ein bisschen zu klein für *ihre* Schultern ist). Nie im Leben könnte mir etwas so viel wert sein. Wenn man berufsmäßig Häuser verkauft, begreift man, dass man mit deutlich weniger leben kann, als man denkt.

»Okay, eines noch.« Finesse kommt damit an, als wir eine weitere Doppeltür durchschreiten wollen, wahrscheinlich die zu Eddies letztem Zimmer, wo seine letzten Tage ihn gerade ereilen. Wenn ich mir, sobald es so weit ist, eine Krankenschwester aussuchen müsste, wäre Finesse meine erste Wahl – groß wie ein Traktor, stark wie ein Bison, knisternd vor Autorität und Kompetenz, aber auch ausgestattet mit extremer, unverkünstelter Empathie, erworben im Lauf eines Lebens, das sich nur darum drehte, reiche weiße Menschen unter geringstmöglichen Scherereien aus diesem Jammertal hinauszugeleiten. Wahrscheinlich hat sie eine Geschäftskarte.

Ihre vorstehenden, gelb unterlaufenen Augen und die ausladende Stirn beugen sich jetzt als Vorboten einer bedeutsamen Aussage zu mir. »Mr. Medley ist *sehr* krank. So gut wie tot.« Sie hebt das Kinn, ihren üppigen Mund zu einer straffen, frommen Linie zusammengezogen, als Ausdruck von 1. Ernsthaftigkeit; 2. Respekt; 3. Feierlichkeit; 4. Kummer; 5. Rücksicht; 6. Ergebenheit; 7. Aufrichtigkeit; 8. Bedauern. Plus hundert unausdrückbare Dinge, die ins Spiel kommen (können), wenn wir beschließen, uns den letzten Stunden eines anderen Menschen auszusetzen.

»Ich weiß«, sage ich kleinlaut. Jetzt, da ich im maritimen Vorzimmer des Todes stehe, wäre ich am liebsten meilenweit entfernt. »Eddie hatte ja schon im Radio verkündet, dass er im Sterben liegt.«

»Ja. Über diese Schnapsidee weiß ich so gut wie alles.« Finesse dehnt ihre maximal großen Brüste fast hörbar gegen ihren Schwesternkittel, schiebt die Stethoskop-Scheibe auf mich zu und zieht sie wieder ein. »Aber er ist glücklich. Es macht ihm nichts. Sein Hirn ist auf dem Abmarsch. Sie brauchen also nicht traurig zu sein. Weil er's nämlich nicht ist.«

»Okay«, sage ich. »Ich rechne nicht damit, lange zu bleiben.« Hoffentlich. Finesse trägt, wie ich sehe, einen schmalen goldenen Ehering, der tief im Fleisch ihrer Finger kaum zu erkennen ist. Irgendwo gibt es einen Mr. Finesse. Bestimmt in Trenton. Einen zähen, drahtigen, angenehmen Mann, den sie herumkommandiert und jeden Tag daran erinnert, wie die Dinge sein werden in dieser Welt und in der nächsten. Ich kann nur ahnen, wie sehr er sie liebt – alles, was es da zu lieben gibt.

»Bleiben Sie grad so lang da drin, wie Sie Lust haben«, sagt Finesse, immer noch mit dem gelben Schwamm in der Hand. »Is ja nicht so, als würden Sie ihn müde machen. Er ist schon müde.«

»Okay.«

»Also, dann rein in die gute Stube.« Sie greift nach dem Türknopf, schiebt die Tür auf und offenbart … Eddie (denk ich mal) … aufrecht im Bett sitzend. Er sieht nicht aus wie Glenn Ford, sondern wie ein kleiner bebrillter Affe, der den *Economist* liest.

»Wer ist das?«, sagt das kleine Wesen, das Eddie sein könnte, fast beunruhigt, den Mund zu einer entsetzten Grimasse mit vielen Zähnen verzerrt, die Stirn über der Lesebrille gerunzelt, mit kleinen Spinnenfingern die Zeitschrift beiseitelegend, um etwas sehen zu können. Er sieht erschreckend und erschrocken aus. Ich erkenne fast nichts Eddiehaftes wieder.

»Was glauben Sie denn?«, sagt Finesse schelmisch. »Ihr alter Männerfreund, der heute Morgen angerufen hat.«

»Wer?«, krächzt Eddie.

»Ich bin's, Olive. Frank.« Gegen mein fast übermächtiges Wider-streben setze ich einen unbeholfenen Schritt durch die Tür, lasse ihn nicht aus den Augen. Mein Mund und meine Wangen arbeiten an einem Lächeln, das sich nicht recht einstellen mag. Ich stopfe die Hände in die Hosentaschen, als wäre mir kalt. Ich mache das schlecht, von Anfang an. Mir fehlt das Knowhow. Wer hätte das schon gern?

»Jetzt tun Sie bloß nicht so, als wüssten Sie nicht, wer's ist«, sagt Finesse herrisch und bewegt sich mit beiläufiger, berghoher Autori-tät auf das Fußende des Metallbettes zu, das ihr Hospizteam hier hereingebracht hat. Als Teil des Sterbepakets. Brüsk rückt sie den metallenen Tropf zurecht, an dem Eddie hängt und der aus einem faltbaren Beutel eine klare Flüssigkeit in einen Port auf dem Rücken seiner leichenhaften linken Hand schickt. Eddie liegt bis zum Kinn unter einem krankenhausblauen Laken und ist darunter kaum auf-spürbar.

»Okay, okay. Weiß schon.« Er hustet, ohne sich den Arm vor den Mund zu halten, was aber besser wäre.

»Und nehmen Sie den Arm vor den Mund, ist ja ekelhaft!« Fines-se wirft dem winzigen Eddie ein strenges Stirnrunzeln zu, als könn-te er sie nicht hören.

»Ich bin nicht ansteckend«, sagt Eddies kleiner Kopf. Das hat er auch am Telefon gesagt. Seine umschatteten Augen flitzen zu mir, sein Lächeln wird verschwörerisch. Da drunter *ist* unser Olive.

»Wer sagt denn, dass Sie nicht ansteckend sind? Kann man doch gar nicht wissen.« Finesse legt Eddie eine große Hand auf den hageren Nacken und die andere auf seinen unteren Rücken. Dann schiebt sie ihn wie eine Gliederpuppe nach oben auf seinen Kis-senstapel, wobei knochige Schultern, noch mehr von seinen Armen und ein bisschen abgemagerte Brust und Rippen unter seinem Krankenhausgewand sichtbar werden, das von demselben faden Grün ist wie ihres. »Setzen Sie sich auf«, sagt sie gereizt. »Sind ja ganz zusammengeknüllt. Wie wollen Sie da mit Ihrem Freund reden?« Finesse hat mich nicht mehr angesehen, seit wir hereingekommen sind. Eddie gilt ihre Wachsamkeit, nicht mir. »Sie können ruhig näher rankommen«, sagt sie, ohne einen Blick zu mir. »Er könnte Sie allerdings anhusten, also passen Sie auf.« Ihren Schwamm hat sie sich unter den Arm gesteckt.

»Wusste gar nicht mehr, dass du so verdammt groß bist«, krächzt Eddie aus seinen Kissen. Er wirkt immer noch wie ein Affe. Ich rücke langsam näher, ungewollt, unwillkürlich. Das Zimmer ist ein Schlafzimmer. Schwere Vorhänge verdunkeln die Fenster. Fahles Licht sickert von draußen um die Ränder herein und färbt die Luft grünlich. Man könnte meinen, es wäre drei Uhr nachts statt zehn Uhr vormittags. Eddie hat eine Schwanenhalslampe, die dahin leuchtet, wo er eben noch in seinem *Economist* las. Ein kleiner, unmajestätischer Weihnachtsbaum aus Plastik steht auf dem Nachttisch, garantiert hat Finesse den in der Supermarktapotheke gekauft und mitgebracht. Sein Bett ist übersät von Büchern, Zeitungen, Weihnachtskarten, einer Nummer des *Playboy*, einem Laptop, einem CD-Player aus Plastik, der ihm über ein Kabel Musik ins Ohr bläst, nur dass es derzeit ungenutzt auf dem Laken liegt. Woanders liegt ein Stapel Prospekte, sieht jedenfalls danach aus, obendrauf wird »Sonderangebot Kalkutta« angepriesen – als wollte Eddie verreisen. Fike, der kleine Christenbandit, hat eine Hochglanzbroschüre mit einem roten Kreuz vorne drauf dagelassen, darunter der Text »Wir appellieren an Dich«. Ich habe gar nichts mitgebracht, nicht mal mein ganzes Ich.

»Guck dir *den* Scheiß an«, scharrt Eddie, dessen Stimme nach dem Hustenanfall abgehackt klingt, zu hoch. Er zeigt fuchtelnd auf zwei große Fernseher, die nebeneinander hoch an der Wand befestigt sind, über der Tür, durch die ich gerade hereingekommen bin und durch die Finesse jetzt nach draußen gleitet, mit den Worten: »Redet ihr nur weiter. Ich bin nebenan.« Beide Fernseher laufen, aber ohne Ton. Auf einem Bildschirm drängen sich lauter grinsende dicke weiße Männer in Geschäftsanzügen und Cowboyhüten hinter dem Podium der Börse, während sie ohne einen Laut und mit unschuldigen Gesichtern die Halsabschneiderprofite eines weiteren Tages einbuchen. Auf dem anderen ist eine Luftaufnahme der Küstenlinie zu sehen. Schaumige Brandung. Strände leer. Die berühmte Achterbahn bis zu den Knien im Ozean. Irgendwo da unten macht meine Frau gerade Trauerbegleitung. Wahrscheinlich ist für einen sterbenden Mann alles nur ein Emblem desselben Sachverhalts: lauter Scheiße, wo man hinguckt.

Eddie hat wieder angefangen zu husten, aber er scheint auch zu lachen. Er schüttelt den Kopf, versucht zu sprechen. »Na, Basset, Klarheit ist und bleibt Mangelware, was?« Sein Lachen trifft tief unten auf schlimme Hindernisse. »Ich finde nicht …« (hust, scharr, würg, schluck) »… dass Wissen …« (letzter Versuch eines Lachens, dann das tiefe »Ooohooa«-Ächzen, das ich schon am Telefon gehört habe) »… dass Wissen wirklich Macht ist, du etwa?«

»Vielleicht nicht. Hab ich noch nicht richtig drüber nachgedacht.«

»Warum auch?«, bringt Eddie hervor. »Jeder weiß doch alles. Ist wahrscheinlich auch besser.« Er sinkt zurück in seine zerknüllten Kissen und verstummt.

Eddie ist der Pin-up-Boy für den Tod auf zwei Beinen. Kein Mensch war je dafür gedacht, im lebendigen Zustand wie Eddie auszusehen – die Gesichtshaut wie Pergament, die Augen tief in knochigen Zombiehöhlen, die Schläfen eingefallen. Jemand (Finesse) hat Vaseline auf seine glattrasierten Wangen geschmiert, damit da keine ... was? Austrocknung stattfindet? Verflüssigung? Sein Gesicht schillert böse. Der ganze Raum fühlt sich dumpfig und klitschig an, das Biotop eines Bald-Verschiedenen als Inhalat. Warum bin ich nur gekommen, wo ich wunderbar hätte daheim bleiben können, Copland summen, meinen Narpuhl üben? Nur weil ich *konnte*? Nicht hinreichend.

Und wo ist der Gefährte mit der weichen Stimme, mit dem ich am Telefon gesprochen habe? Offenbar hat Finesse seinen Platz eingenommen. Ich vermisse ihn, ohne ihn zu kennen.

Auf dem Nachttisch neben dem albernen Plastik-Weihnachtsbaum türmen sich all die widerlichen Krankenzimmer-Hilfsmittel, die Eddie zum leichteren Sterben braucht – Taschentücher, ein abgedecktes Metalltablett, eine silberne Schnabeltasse mit einem weißen abknickbaren Strohhalm, wenn er einen Schluck trinken will. Mehrere bedruckte Schachteln mit verschreibungspflichtigen Medikamenten. Allerdings keine Wiederbelebungsapparaturen – kein Wand-Defibrillator, keine Elektroden, von denen man sich fernhalten muss, keine digitalen Messgeräte, die das allmähliche Sink-sink-sinken des Herzens Richtung Nirwana runterzählen. Nur, zusammengeklappt in der Ecke, eine blinkende neue Gehhilfe und ein leerer Rollstuhl. Der Patient wird hier nicht in einem besseren Gemütszustand hinausspazieren.

Allerdings hat sich Eddie *zusätzlich* sein dickes Haar pechschwarz färben lassen. Wobei die Farbe, die Finesse auch in der Supermarktapotheke geholt haben muss, unter Eddies Haaransatz gelaufen ist, so dass er noch merkwürdiger aussieht – schlimmer, als er demnächst nach seinem letzten Schnaufer aussehen wird. Alles in allem steht ihm das Leben nicht gut.

Komischerweise – finde ich jedenfalls – hängt direkt unter den Wandfernsehern ein Farbfoto: ein Lächel-Obama, das gebleckte Gebiss so weiß wie aufgereihte Aspirintabletten, die Ellbogen pseudosportlerisch an die mageren Rippen gepresst, er beugt sich nach vorn und schüttelt dem kleinen, grinsenden grauhaarigen Mann die Hand, der Eddie früher mal war. Hinter ihnen hängt ein rechteckiges rot-graues Banner mit der Aufschrift *MIT-Unternehmerclub für Barack*. Bestimmt hat Fike das zur Kenntnis genommen.

»Also.« Eddie starrt an die leere Decke. Ein kleiner Huster, er zieht mit gespenstischen Fingern das Laken bis zum Kinn hoch, was die Schläuche in seiner Hand in ungute Spannung versetzt. Wer weiß, vielleicht übt er schon, wie es als Leiche so ist. »Wie geht's dir, Frank?«

»Ziemlich gut«, sage ich flüsternd. Wieso?

»Was liest du gerade?« Eddie atmet tief ein. Ein Klonk-Geräusch nach rostigem Metall kommt aus ihm heraus, anscheinend nicht durch seinen Mund.

»Ich lese gern Briefe berühmter Schriftsteller«, sage ich. Das stimmt. »Das ist für mich, als dürfte ich bei einem interessanten Gespräch mithören. Ich lese Larkins Briefe an seine Freundin. Er war ein Antisemit, ein Rassist und ein Schuft. Ziemlich interessant, finde ich.«

»Aha«, grunzt Eddie. Kein Interesse. Noch ein kleiner Huster. »Diesen Dreck hab ich mir geholt, als ich vor ein paar Jahren von London aus durch diese beschissene Vulkanasche fliegen musste. Oder vielleicht war es auch der verfluchte Hurrikan, wer weiß. Keine Ahnung. Gibt sonst keine sinnvolle Erklärung.«

Ich halte mich zurück. Unwahrscheinlich. »Kann schon sein.«

Eddie schiebt seinen kleinen linken Fuß seitwärts unter dem Laken hervor. Die Oberseite sieht gereizt, ausgetrocknet und hager aus – verkümmert. Er wackelt mit den Zehen, hebt den Kopf und schaut hin, um wieder Verbindung mit der Existenz seines Fußes aufzunehmen. Aus irgendeinem Grund stelle ich mir vor – ein schauriger Gedanke –, wie Eddie in seinem aufklaffenden grünen Kittel aus dem Bett geholfen wird (um aufs Klo zu gehen) und wie sein hässlicher Hintern und sein armer Schwanz (selbes Format) dabei entblößt werden. Ich würde den Blick abwenden.

»Du hast ein Buch geschrieben, oder?« Eddie zieht den verbrüht aussehenden Fuß unter den Schutz der Decke zurück.

»Vor langer Zeit«, sage ich. »Zwei, ich habe zwei geschrieben. Das zweite habe ich in die Schreibtischschublade gesteckt und abgeschlossen und den Schreibtisch dann verbrannt.« Stimmt zwar nicht, aber annähernd.

»Ich frage mich«, sagt Eddie, kurz haben sich Stirn und Mund entspannt. »Ich frage mich immer. Ich war Ingenieur.« Die Vergangenheitsform passt natürlich zur Situation. »Ich frage mich, wenn man ein Buch schreibt, woher weiß man, wann es vollendet ist? Weiß man das im Voraus? Ist das immer klar? Mir ist das ein Rätsel. Nichts, was ich je gemacht habe, lief auf ein Ende zu.«

Genau das haben mich natürlich meine Studenten vor dreißig Jahren auch immer gefragt, als ich ein paar harte Monate lang an einem kleinen College in New England unterrichtete, während meine erste Ehe gurgelnd den Bach runterging, kurz nach dem Tod unseres Sohnes. Warum sie das so interessierte, war immer *mir* ein Rätsel, denn sie standen am blendenden Beginn ihres privilegierten Lebens, hatten noch nie etwas Bedeutendes zu Ende gebracht und würden es vermutlich auch nie. Eddie ist/war (beides!) wahrscheinlich einer jener Menschen, die über alles, was sie tun, alles wissen wollen, und zwar genau dann, wenn sie es gerade tun. In diesem Fall sterben.

»Das Ende ist mir immer ziemlich beliebig vorgekommen, Eddie. Ich war da auch nicht besonders gut drin. Und ich bin nicht der Einzige, der das sagt.«

Eddie richtet langsam seine kleinen Rosinenaugen hinter den verschmierten Brillengläsern auf mich. Ein Blick, in dem sich diebische Freude und Vorwurf mischen. Er sieht wirklich schrecklich aus – das gefärbte Haar, die vaselinierten Wangen, das Piratenflaggengrinsen voll todgeweihter Dringlichkeit. Aber scharf nachdenken und Vorwurf empfinden, das kann er noch. »Du meinst, du hast einfach aufgehört, wenn dir danach war?«

»Nicht ganz. Ich fragte mich, ob ich noch etwas zu sagen hätte – ob ich mich gänzlich ausgedrückt hätte. Und falls die Antwort ja lautete, hörte ich auf. Unbedingt. Aber falls nein, schrieb ich weiter Worte aufs Papier.«

»Klingt irgendwie falsch.« Eddie hustet drei Mal flach in bellendem Stakkato und tastet nach einem Taschentuch aus der Nachttischschachtel. Nochmal Bellen, dann deponiert er irgendwas Unaussprechliches in eine Falte des Taschentuchs und schmiert sich ein bisschen davon beim Abwischen auf die Lippen. Wahrscheinlich wird er gleich wieder damit anfangen, dass zu wenige Leute sterben und wir müssten schleunigst was deswegen unternehmen. Er ist immer noch mitten dabei.

Ich höre Finesse im Nebenzimmer. Sie hat die Tür angelehnt gelassen, damit sie uns unter Kontrolle hat, gleichzeitig telefoniert sie. »Ich dachte, er kommt rauf und holt mich ab, ja?«, sagt sie gerade streng. »Ich dachte, ich kenne ihn. Aber das soll man nie glauben, von niemandem. Weißt du? Ich meine, wenn ich schon mit einem Sechzigjährigen ficken soll, dann aber verdammt nochmal mit meinem Ehemann. So.«

Eddies Blick ist zurück zu den Fernsehern gewandert. Auf

dem einen läuft Reich-des-Bösen-Fox. Auf dem anderen das höfliche Bleiben-Sie-ruhig-bei-Ihrer-Meinung-CNN. Fox zeigt die Eisbahn am New Yorker Rockefeller Plaza, wo die halbe Welt unter einem protzig großen strahlenden Weihnachtsbaum ihre Runden dreht. CNN betet die Darbietungen der Hockey-Liga des letzten Wochenendes herunter. Plötzlich habe ich Angst, Eddies literarisches Interesse läuft womöglich darauf hinaus, dass er mich gleich anhaut, irgendwas zu lesen, das er geschrieben hat, seine eigenen Memoiren oder einen »Roman«, dessen Hauptperson ein Erfinder namens »Eric« ist. Wenn du einmal ein Buch veröffentlicht hast, und sei es hundert Jahre her, dann bist du, auch wenn du inzwischen auf beiden Augen blind sein solltest, ewiges Freiwild.

Plötzlich streckt Finesse ihren großen frisierten Kopf durch die Tür zum Seefahrtzimmer, rotes Handy am Ohr. »Alles an Bord? Is ja mordsleise hier drin.« Sie wirft uns einen mitleidigen Blick zu. »Ich hör kein Lachen, keine Witze. Ihr werdet doch wohl nicht todernst geworden sein, was?« Mir schenkt sie ein gespieltes Stirnrunzeln. »Nicht dass ich euch beiden noch einen Einlauf verpassen muss. Er hat seinen schon gehabt. Meine Schwester in Newark sagt, da zieht ein fieses Unwetter auf. Hoffe, keiner von euch hatte vor, zu Weihnachten zu verreisen.« Ich schon. Sie verschwindet wieder.

»Ich werde hier nicht am Leben gehalten, Frank«, sagt Eddie – heiser, mit angestrengter jungenhafter Stimme. »So läuft Hospiz nicht. Entweder lebst du von selbst oder eben nicht. Mit Tapferkeit hat das nichts zu tun. Das ist interessant. Sollte jeder mal machen, zumindest einmal.« Eddies angestrengtes Gesicht mit den gefärbten Haaren und der verschmierten Vaseline schaut schockiert drein, als versuchte er wieder zu lachen, könnte aber nur Panik ausdrücken. »Oh«, bringt er hervor. »Oh-oh-oh-oh-oh.«

»Kann ich irgendwas für dich tun, Eddie?« Ich bin ein kleines Stück näher an sein Bett gerückt, aber anfassen werde ich ihn nicht.

»Zum Beispiel?«, krächzt Eddie.

»Einlauf?«

Eddies Augen schnauzen mich an. »Das würde dir wahrscheinlich noch gefallen.«

»Nicht alles«, sage ich. »Du oller Olive. Hier geht's ganz schön ans Eingemachte, was?«

»Findest du«, sagt Eddie, die trockenen Lippen geschürzt.

Finesse lacht über irgendetwas, das ihre Schwester in Newark zu sagen hatte. »Ich konnte sowieso nie gut schlafen«, sagt sie mit heiserem Lachen.

Eddie holt tief und rasselnd Luft. Jeder dieser Atemzüge könnte sein letzter sein. Eddie könnte hier mausetot umfallen, während ich, der ich ihn kaum kenne, völlig nutzlos herumstehe. »Mr. Medley verschied, während er mit einem unidentifizierten Mann über Einläufe scherzte.«

Von draußen ist, über die klitschigen, matschigen Gründe von Haus Eddie hinweg, das einsame *Ping-ping-ping* und das gutturale Ächzen und Wummern eines Heizöllasters zu vernehmen. Von Skillman's – hab ich auf der Herfahrt gesehen. Er liefert aus, womöglich an genau dieses Haus. Ich hoffe, mein Sonata steht nicht im Weg, wenn der Fahrer nachher zurücksetzt, ohne zu gucken.

»Weißt du« – Eddie schluckt schwer und trocken und dünn –, »all der Scheiß, von dem du dachtest, dass du niemals damit leben könntest. Kolostomiebeutel. Wachkoma. Kommandant von Bergen-Belsen. Man kann mit allem leben. Der Kopf springt einfach zu einem früheren Zustand zurück.«

»Vielleicht ist *das* genug Klarheit«, sage ich neben seinem Bett.

»Ja. Vielleicht.« Eddie atmet wieder, fast leicht diesmal. Einen

Moment lang wirkt es weniger so, als würde er ständig heimtückisch attackiert – als hätte sein Gehirn mit den Angreifern seines Körpers einen Waffenstillstand geschlossen. Vielleicht ist meine Anwesenheit hier wohltätig. Jetzt dringt ein ganz übler Geruch unter Eddies Bettdecke hervor, unmöglich zu sagen, was es ist. »Womit ich nicht leben kann – es ist furchtbar, das zu sagen. Furchtbar, es zu wissen. Mir ist klargeworden, dass ich nie im Leben in einer Drehtür an einer Frau vorbeikommen werde, die mich auf diese ganz bestimmte Weise anschaut. Weißt du? Aus, vorbei. Es ist beschämend, das zu sagen. Jede produktive Handlung, die ich je vollbracht habe, kam aus diesem Gefühl. Das weiß ich von mir.« Eddie fummelt mit der Hand, an der keine IV-Schläuche hängen, unter seinem Laken herum. »Ohhh«, stöhnt er und wendet das Gesicht ab, als er erkennt, womit er da unten in Berührung gekommen ist (was immer es war). Mit einem Katheter oder irgendeinem vergleichbar monströsen Eingriff in seine Person. So viele Dinge können schiefgehen, dass es seltsam ist, wenn überhaupt etwas gut geht. Ich überlege, dass zwei winzige vietnamesische Masseurinnen – ein Gnadenbesuch von *KumWow* – Eddie wahrscheinlich einen besseren Abschied bereiten könnten, als es mir gegeben ist; und seinen Glauben bestätigen, dass das Leben so lange passiert, bis es nicht mehr passiert. Finesse hätte bestimmt nichts dagegen.

»Das ist nicht beschämend, Eddie«, sage ich, bezogen auf die Quelle dessen, was ihn ausmacht. »Alles kommt irgendwoher.«

»Ich muss dir etwas sagen, Frank«, sagt Eddie schnell, wobei seine Brust sich unter dem blauen Laken ausdehnt, als versuchte er einem neuen Ansturm zu trotzen.

»Dafür bin ich ja hier.« Das stimmt nicht wortwörtlich. Eddie mag mich irrtümlich für den Engel des Todes halten und diesen Augenblick für seinen letzten Versuch, etwas Sinnvolles zu formulieren. Der Tod verwandelt alle Bestandteile des Lebens in einen Traum.

»Ich muss das aus meinem Kopf rauskriegen. Ich will nicht sterben und daran wahnsinnig werden. Da könnte ich ja gleich am Leben bleiben.«

»Gib dein Schlimmstes, Eddie.« Klug, alle Reaktionen auf ein Minimum zu beschränken. Mein Elementar-Ich orten. Es ist sowieso egal, was ich sage. Eddie und ich sind uns einig – das Leben ist ein stetiges Wenigerwerden.

Finesse beugt sich erneut zur Tür herein und betrachtet uns mit besorgter, aber gespielter Missbilligung. »Ihr seid vielleicht Spaßbremsen.« Sie bläst die Wangen auf, als wäre sie angewidert. Eddie und ich könnten glatt ein und dieselbe Person sein.

»Ich habe mit Ann gefickt.« Eddie starrt strikt nach oben, aus seinem besiegten, bald nicht mehr bewohnten Körper heraus, die schaurigen Knopfaugen in ihren hohlen knochigen Höhlen liegen ohne ein Blinzeln hinter der Brille, und obendrüber ist schwarzes Haarfärbemittel ausgelaufen.

Zumindest *glaube* ich, dass Eddie das gerade gesagt hat. Sein bekümmertes Gesicht macht deutlich, dass *er* meint, etwas Wichtiges gesagt zu haben.

»Was?« Vielleicht habe ich mich ja verhört. Keiner von uns spricht besonders laut. Dann, für den Fall, dass ich richtig gehört habe: »Wann?«

Eddie lässt einen immensen Hustenanfall los – der scharrt bis zum Grund. Diesmal hält Eddie die Hand vor den Mund und gibt ein Stöhnen von sich. Einen Moment lang kann er nichts sagen und schürzt seine verschleimten Lippen, als wären sie ein Reißverschluss.

»Was?«, wiederhole ich, immer noch nicht besonders laut, aber ich nähere mich.

Eddie räuspert sich, stößt ein schauriges gurgelndes Keuchen aus und sagt sehr schnell: »Du-warst-irgendwo-Unterrichten. Nicht-lang-nach-dem-Tod-deines-Sohnes-sie-war-allein – Jalina-war-gerade-weg. Archhhch. Es tut mir wirklich leid. Das war achtlos von mir.«

»Was?«, sage ich zum dritten Mal. »Als ich … Unterrichten war? Da hast du mit Ann gefickt?« Eine Pause. »Mit meiner Ann?« Noch eine Pause. »Warum hast du das getan?«

Diese Worte sage ich weniger, als dass sie *durch mich hindurch* eine Stimme bekommen. Ich höre sie im selben Moment wie Eddie.

»Ich krieg den Geist nicht zurück in die Flasche, Frank.« Eddie schluckt, gurgelt, wendet den Kopf ab, als wollte er in die tödliche Luft entschwinden wie der Schemen, der er bald sein wird. Draußen beginnt der Tanklaster von *Skillman'* mit seiner großen Infusion, schlurbel, schlurbel, schlurbel durch die Rohre des Hauses in ein gegossenes Behältnis. »Ich war in sie verliebt, Frank«, bringt Eddies erstickte Stimme hervor, während sein Affengesicht immer noch starr wegschaut. »Ich wollte, dass sie mit mir nach Frankreich geht. Nach Deauville. Ich wollte sie auf meinem Boot hinbringen. Sie hat nein gesagt. Sie hat dich geliebt. Ich will nicht sterben und diese Täuschung hinterlassen. Es tut mir so leid.« Eddie japst. Schmerzen, Schluchzen – wo ist der Unterschied?

»Warum …« Ich stehe kurz davor, etwas zu sagen, dessen Zielrichtung mir gar nicht ganz klar ist. *Warum* erzählst du mir das? *Warum* soll ich dir das glauben? *Warum* fällt dir das jetzt ein – wo deine letzten Atemzüge einen hohen Wert haben und hochwertigen Äußerungen vorbehalten bleiben sollten? *Warum* sollte ich das hören wollen? Mein Blick fällt nach unten auf den armen Eddie. Keine Ahnung, was mein Gesicht ausdrückt. Was *sollte* es ausdrücken? Gut möglich, dass ich weder Worte noch Gefühle für das habe, was Eddie mir gerade gesagt hat. Das finde ich befriedigend.

»Ihr-zwei-wart-fast-schon-geschieden, Frank«, sagt Eddie hastig, als hätte ich die Hände um seinen Hals gelegt. Hab ich aber nicht.

»Tja.« Ich halte inne und gehe in Gedanken in der Zeit zurück.

»Das stimmt nicht so ganz, Eddie.« Ich bin ungemein, unerschütterlich ruhig. Eine Ruhe, die wenig Worte macht. »Wir *haben* uns scheiden lassen. Das stimmt. Aber wir waren nicht *fast* geschieden. Wir waren verheiratet. Das ist die falsche Reihenfolge. Die Zeit läuft in die andere Richtung. Früher jedenfalls.«

»Ich weiß«, krächzt Eddie. »Du und ich, wir kannten uns damals nicht so gut, Frank.« Und wieder diese rasselnden, klonkigen Kaminscharrgeräusche tief in Eddies Atemapparat – nicht identifizierbar, außer als tödlich.

»Nein«, sage ich. Nein, das stimmt. Nein, das stimmt nicht. Nein, vielleicht ist es jetzt Zeit für deinen letzten Atemzug.

Dieser Tage habe ich eine winzige Furche im hinteren Teil meines unteren rechten Eckzahns bekommen, wogegen mich meine nächtliche Beißschiene eigentlich schützen sollte, was sie aber natürlich nicht tut. Meine Zunge geht da jetzt hin und schrubbt emsig darüber, bis ich schweres Zungenblut aus dem Leck schmecken kann. Außerdem verspüre ich unter Deck die Hitze leichter Beckenbodenschmerzen. Ich würde scheißgern hier wegkommen; vielleicht draußen stehen und in der Einfahrt ein paar Worte mit Ezekiel Lewis wechseln, dem Fahrer des *Skillman'*-Lasters und Spross einer langen Linie von Lewises aus Haddam, die weit in die Nebel des letzten Jahrhunderts zurückgeht, als ihr Ururgroßvater Stand-Off Lewis als Kammerdiener eines robusten jungen weißen Seminaristen aus Dixie hierherkam. Und natürlich blieb. Ezekiels Vater Wardell habe ich einmal engagiert, als ich im Immobiliengeschäft war. Sie sind unser Kulturerbe. Wir sind ihr verdorbenes Vermächtnis. Wenn ich auch nur einen schwarzen Freund in der Stadt hätte –

den würde ich nicht aussortieren. Ihn oder sie. Da gäbe es viel Gelächter. Statt dieser müden, ermüdenden, unglücklichen Totenbettscheiße, mit der ich jetzt zu tun habe. Die Scheiße der Weißen. Kein Wunder, dass wir aussterben. Wir sind überzüchtet. Unser Geist ist aus der Flasche.

»Sag mir, was du von mir denkst, Frank.« Eddies Blick möchte gern zu mir zurückkehren, wird aber von den beiden Fernsehern an der Wand festgehalten. Fox zeigt den Loser Romney bei einer Rede vor einer Versammlung von Nonnen im Habit, er strahlt, als hätte er gerade was gewonnen. CNN zeigt den lächelnden Andy Williams, der leider gerade gestorben sein muss. Beide – der Tote und der Lebende – buhlen um unsere Zustimmung.

Aber läuft das Leben, wenn man so gut wie alles weggenommen kriegt, nur darauf hinaus? Was denkst du von mir? Sag's mir, sag's mir, *sag's mir!* Vor ein paar Tagen hat meine Frau mich dasselbe gefragt. Das nicht zu wissen, sorgt offenbar für Kummer.

»Es verändert gar nichts, Olive«, sage ich, nicht ganz sicher, was ich damit wohl meinen könnte. Etwas Wahreres fällt mir nicht ein. Vielleicht hätte Eddie gern, dass ich ihm auf seinem Totenbett die Fresse poliere. (Was Finesse wohl *davon* halten würde?) Aber ich bin nicht wütend – auf niemanden. Eine Wunde, die man nicht spürt, ist keine Wunde. Die Zeit heilt alles, fast alles.

»Ich leide an Schlaflosigkeit, Frank«, sagt Eddie mit flachem Husten, den Blick immer noch auf die Fernseher fixiert – schwer zu sagen, auf welchen, Mitt oder Andy. »Dann gehen mir Dinge durch den Kopf, die nicht wieder weggehen.«

»Die meisten Schlaflosen schlafen mehr, als sie glauben, Eddie.« Ich trete von seinem Bett zurück. Ich bin im Aufbruch. Das sind wir beide.

Eddies Handy auf dem Bett fängt an zu klingeln, *Cabaret* als

Klingelton. *What good is sit-ting alone in your room, come hear the muuuu-sic play …*

»Ich sterbe, und das Scheißtelefon klingelt«, klagt Eddie, und seine Spukhand klammert und fummelt sich durch die Bettlaken. Er lächelt mich dankbar und gehässig an. »Ich geh hier mal dran. Falls ich es schaffe. 'tschuldigung.« Er keucht und presst seine müden Augen zusammen, um sprechen zu können.

»Nur zu, Olive.« Ich hebe die Hand wie ein tapferer Indianer.

»Eddie Medley«, höre ich ihn sagen, heiser, hoch, dahinschwindend. »Wer ist da? Hallo!«

Start by ad-mit-ting from crad-le to tomb is-n't that long a stay …

Ich bin weg.

Im Spätdezember-Spätvormittags-Frühling draußen kann man sich kaum vorstellen, dass binnen eines Tages alles weiß und weihnachtlich sein soll und ich auf eine sentimentale Reise in die Mitte der Nation gehen werde. Mein Sohn und ich werden lachen, ein paar ranzige Witze reißen, einen großartigen Fluss und den Beginn der Great Plains anschauen, erstklassiges Kansas-City-Steak essen, vielleicht Hallmark besuchen und das Haus von Thomas Hart Benton (einem meiner Lieblingsmaler) und bis tief in die Nacht über Mietkauf reden. Ich muss nur da hinkommen.

Die beiden schimpfenden Krähen haben ihren Ast in der Buche verlassen. Ich höre sie nicht allzu weit weg in einem anderen Garten, wo sie mit anderen Dingen beschäftigt sind. Ich bin mit diesem Tag, der noch längst nicht vorbei ist, ganz zufrieden, was angesichts des Geschehenen überraschend ist. Der Blutgeschmack in meinem Mund ist verschwunden.

»O-kay, o-kay …« Die Stimme kenne ich. Ezekiel kommt um die Ecke von Eddies heruntergewirtschaftetem Haus, gleich wird er die

Ölrechnung unter der Tür durchschieben, so wie er es auch bei meinem Haus tut. »… Weihnachtsgeschenk!«, jubiliert er und lächelt mich an, als wäre ich hier draußen auf dem Kiesschotter fest installiert, ungefähr wie die Henry-Moore-Bronze.

»Weihnachtsgeschenk«, erwidere ich, so wie es der alte Brauch des Südens verlangt. Er hat es als Erster gesagt, jetzt muss ich ihm was schenken. Dabei ist er so was von typisch New Jersey. Ezekiel ist ein bärenstarker, lächelnder, glatzköpfiger spiritueller Dynamo in seinem grünen *Skillman'*-Overall. Wir »haben eine gemeinsame Geschichte«, ohne dass wir uns besonders gut kennen oder gar Freunde sein müssten. Wir weißen Südstaatler glauben alle, wir würden Neger besser »kennen«, als wir es tun und je tun könnten. Vielleicht glauben sie auch, uns zu kennen – sie hätten mehr Grund dazu. Aber Ezekiel ist, ganz gleich, welchen Maßstab für menschliche Güte man anlegt, ein guter Mensch. Er ist neununddreißig, geht drüben im schwarzen Viertel in die African Methodist Episcopal Church, trainiert die Ringer im YMCA, unterrichtet in der Sonntagsschule und macht Freiwilligenarbeit in der Armenküche. Seine Frau Be'ahtrice unterrichtet Mathe an der Highschool und kann internationale Gebärdensprache.

Mehrere Straßen entfernt höre ich wieder die Glocken von St. Leo, die Weihnachtslieder für die spirituell Schwankenden in die Welt hinausgongen. »Fühlt sich nicht gerade weihnachtlich an«, sage ich.

»Alle schimpfen auf das Wetter …« Ezekiel geht an mir vorbei, lächelnd, als hätte er ein Geheimnis.

»… aber keiner tut was dagegen«, sage ich. Keiner, den ich kenne, ist zitatfester als er. »Große Pläne für die Feiertage, Mr. Lewis?« Ich stehe neben meinem immer noch warmen Auto und mustere ihn bewundernd.

»O ja. Ich habe großes Glück.« Er bückt sich, um die gelbe Karte unter der Tür durchzuschieben. Eddie wird sie nie zu Gesicht bekommen. Ezekiel ist ein massiger Mann, doch anmutig in seinen gewohnten Bewegungen. »Unsere Kirche bringt den Leuten, die an der Küste zu leiden haben, einen LKW mit Essen und wasnichtalles rüber. So viel kann ich nicht tun. Aber ich bin da. Kann ja auch nicht nichts machen.« Er kommt in der Sonne des Vormittags auf mich zu.

»Das stimmt«, sage ich. Tut es auch. Darüber werde ich noch weiter nachdenken. Die Zeit heilt vieles, aber sie ist auch kurz und wertvoll.

»Ich lerne jetzt im YMCA Spanisch«, sagt Ezekiel. Ein Hauch Heizöldunst begleitet ihn und seine großen verdreckten Arbeiterhandschuhe. »Be'ahtrice und ich, beide. In Asbury drüben gibt's eine Kirche. Und viele von denen sprechen nicht mal unsere Sprache. Wie sollen die das denn schaffen?« Er nickt, die Wangen ein wenig aufgebläht von seinen Gedanken. Er nimmt Weihnachten richtig ernst. Als Gelegenheit. Heizöl ist zweitrangig.

Und dann hängen wir unerwartet im Augenblick fest – zu viel plötzlicher Ernst. Wir verstummen. Wobei er mich bestätigend anlächelt. Ich erwidere sein Lächeln. Es wird für uns zu einem Augenblick der Erkenntnis, wie groß und immer größer alles ist.

»Wie geht's Ihrem Sohn Ralph, Mr. Bascombe?« Er meint meinen Sohn Paul. Sie waren vor langer Zeit Schulkameraden. Das ist so lieb, mir steigen die Tränen hoch.

»Ihm geht's gut, Ezekiel. Ihm geht's ganz gut. Ich werde ihm sagen, dass Sie sich nach ihm erkundigt haben.«

»Ist er immer noch ...« Ezekiel betrachtet mich seltsam. Er hat seinen Fehler gemerkt und ist erstarrt. Für mich alles in allerbester Ordnung.

»Ja«, sage ich. »Er ist immer noch in Kansas City. Er hat da einen Gartenmarkt.« Ich berühre einen Augenwinkel mit der Fingerspitze.

»Das konnte er immer gut«, sagt Ezekiel.

»Stimmt«, lüge ich.

»Na dann.« Ezekiel kommt in Gang. »Jetzt muss der Weihnachtsmann mal wieder auf seinen Schlitten und abfliegen.«

»Machen Sie mal«, sage ich. Er schüttelt mir die Hand mit seiner großen, verblüffend weichen Hand. Das ist alles, was wir einander am Weihnachtsabend sagen können: ein paar gute Worte.

Dann geht er. Und ich gehe. Der Tag, der uns kurz zusammengebracht hat, ist gerettet.

DANKSAGUNGEN

Ich danke meinem großartigen Freund Daniel Halpern, dass er mich ermuntert hat, dieses Buch zu schreiben. Danke meiner lieben Amanda Urban, dass sie dieses Buch und mich vertritt. Ebenso danke ich dem wunderbaren Dale Rohrbaugh für seine unschätzbare, findige Hilfe. Und Laurie McGee – eine bessere Korrektorin gibt es nicht. Eleanor Kriseman danke ich für ihre wertvolle Unterstützung in vielen Lebensphasen dieses Buches.

Janet Henderson bin ich dankbar für die langen Gespräche, die mir im Lauf der Zeit viele wichtige Informationen für eine dieser Geschichten lieferten. Den Künstlern von *Gros Morne Summer Music* danke ich dafür, dass sie in Neufundland für mich Copland gespielt haben. Danke an meinen Freund, den Dichter Philip Levine, für sein Wissen über starrsinnige Schweine.

Mehrere Freunde, die die Ursprünge dieses Buches inspiriert und beeinflusst haben, sind leider verstorben, ich vermisse sie sehr. Ich bedanke mich bei der überaus geistreichen Holly Eley; bei Jeff Levin für seine Raffinesse, seinen Humor und seine Naivität; und bei Bill Wyman für seine Zuneigung.

Außerdem danke ich Charlie Scott, immer schon mein Freund und ein großes Vorbild im Leben. Und am meisten danke ich Kristina Ford für ihre zahllosen anmutig-ermutigenden Anmerkungen.

INHALT